놀이지도

황옥경 · 김정화 · 유준호 · 윤란호 · 정연아 · 명준희

창지사

머리말

영유아기 놀이의 중요성에 대해서는 이견이 없지만, 어떻게 놀이해야 하는가에 대해서는 연구자나 관련 분야에 따라서 조금씩 차이가 있다. 근래 아동권리에 대한 이해가 깊어지면서, 영유아기 놀이가 자기주도적이고 자유로워야하며, 즐겁고 재미있어야 한다는 아동권리 관점의 놀이가 강조되고 있다. 놀이의 혜택에 매몰된 놀이의 수단화를 경계하고, 놀이가 더 이상 '놀이가 아닌 것'으로 변질되지 않도록 해야 한다는 인식도 확산되었다. 이 책의 필진은 영유아가 '놀이 그 자체의 즐거움'을 누리고, 자신의 욕구와 의도, 상상에 따라서 자유롭게 놀이를 전개할 수 있는 놀이문화를 안착시켜야 한다는 데 뜻을 모으고 이 교재를 집필하였다.

본 서는 영유아 권리 관점에서 영유아 놀이를 새롭게 바라보고, 개정된 0~2세 표준보육과정과 3~5세 누리과정에서 강조하고 있는 영유아중심, 놀이중심 놀이를 지원하는 저서이다. 본 책에서는 놀이의 기본원칙인, '구조화되지 않은 놀이', '목적이 없는 놀이', '강제하지 않는 놀이'에 대하여 소개하고, 영유아가 주도하고 도전하며 즐거움을 느낄 수 있도록 하는 놀이를 지지하고 지원하는 방법과 내용을 제시하였다. 이 책은 보육교사와 유치원교사가 되고자 하는 예비교사가 놀이의 기본개념을 이해하고, 표준보육과정과 누리과정에 바탕을 둔 놀이중심 보육 및 유아교육과정 적용 능력을 향상하는 데 도움이 될 것이다.

본 서는 총 12장으로 구성되어 있으며 크게 놀이의 본질과 의미를 알아보고 놀이와 발달의 관계를 살펴보며, 어린이집과 유치원 등 기관에서의 놀이 실행 방법을 소개하는 순서로 구성되었다. 각 장의 구체적인 내용을 살펴보면 다음과 같다.

1장 '놀이의 의미 이해'에서는 영유아 놀이에 대한 정의와 함께 영유아의 권리로서의 놀이가 어린이집과 유치원에서 어떻게 향유되어야 하는지를 설명하였다.

2장 '놀이와 뇌 발달'에서는 영유아기 뇌 발달 특징에 대하여 살펴보고, 놀이가 영유아의 뇌 발달에 어떠한 영향을 미치는지에 대하여 알아보았다.

3장 '놀이이론'에서는 놀이에 대한 역사적 관점의 변화와 함께 학자들의 다양한 견해에 따른 놀이이론을 고전적 놀이이론과 현대적 놀이이론으로 구분하여 소개하였다.

4장 '영유아 발달과 놀이'에서는 영아와 유아의 발달에 따른 놀이를 설명하고 성인 주도 놀이와 영유아 주도 놀이를 비교하고, 영유아 주도 놀이의 중요성을 조명하였다.

5장 '놀이와 교사'에서는 영유아가 놀이의 특성을 그대로 즐길 수 있도록 하기 위하여 교사가 어떠한 준비와 역할을 해야 하는지에 대하여 살펴보았다.

6장 '놀이 지지환경'에서는 영유아 놀이를 지지해 주기 위한 부모나 교사 그리고 또래 등의 사회적 환경과 물리적 환경이 무엇인지 살펴보았다.

7장 '영아 놀이와 표준보육과정'에서는 제4차 표준보육과정의 영역별 영아의 놀이 경험과 이를 지원하는 교사의 놀이지원 사례를 소개하였다.

8장 '유아 놀이와 누리과정'에서는 개정 누리과정에 기초한 유아 놀이 실행 실제와 교사의 놀이지원 사례를 제시하였다.

9장 '놀이 관찰, 기록 및 평가'에서는 영유아 놀이 관찰, 기록 및 평가의 중요성에 대해 살펴보고, 유아의 놀이 관찰과 기록방법을 소개하였다.

10장 '문화가 반영된 영유아 놀이'에서는 영유아의 놀이를 문화적 관점에서 살펴보고, 문화가 반영된 영유아의 놀이와 환경 구성에 대해 설명하였다.

11장 '기관과 부모의 놀이 파트너십'에서는 영유아가 주도적으로 놀이할 수 있도록 돕기 위하여 영유아보육 · 교육기관과 부모가 어떻게 파트너십을 구축해야 하는지를 제시하였다.

12장 '더 나은 놀이를 위한 도적과 전략'에서는 영유아의 놀이 위기 상황을 살펴보고, 놀이가 지속적으로 이루어질 수 있는 전략과 방안을 소개하였다.

본 책을 집필하는 과정에도 코로나19는 더 크게 확산되어 우리의 일상을 송두리째 바꾸어 놓았지만, 어린이집이나 유치원에 다니고 있는 영유아들은 마스크를 착용한 채로 중단 없이 놀이하였다. 본 도서의 집필을 마무리하면서 여러 아쉬움이 있지만, 이 책이 우리나라 영유아의 놀이를 더 자유롭고, 더 즐거우며, 더 다채로워질 수 있도록 하는 데 큰 도움이 되기를 바란다.

본 도서의 집필 작업 과정에서 적극적인 관심과 지원을 아끼지 않으신 창지사 이상대 상무님과 편집진께 깊은 감사를 드린다.

2022년 2월

저자 일동

차례

Chapter 01

놀이의 의미 이해

본 장은 영유아 놀이의 의미를 이해하고, 영유아의 놀이가 왜 권리이며, 어린이집과 유치원 등에서 놀 권리가 어떻게 향유되어야 하는지를 살펴보고자 한다. 이를 위해 본 장은 영유아 놀이에 대한 정의, 유엔아동권리협약의 놀 권리 규정, 그리고 대한민국 아동권리헌장에 명시된 놀 권리에 대해 알아본다. 이외에도 영유아가 창의적 사고에 기초한 일탈적 놀이 행동을 보일 때, 교사가 이에 대해 어떻게 반응해 주어야 하며, 누리과정의 놀이 의미 적용 원칙 등을 살펴본다.

1. 영유아 놀이의 본질과 의미

1) 놀이의 본질: 삶 그 자체, 그리고 본능

영유아에게 놀이는 곧 삶이다. 영유아는 노는 것을 좋아한다. 때때로 영유아가 노는 것을 볼 때 부모로서, 교사로서 가슴이 벅차오르기도 한다. 영유아는 놀이를 통해 세상을 탐색하고, 새로운 기술을 시험해 보고, 익혀 나간다. 자신이 한 행동의 결과가 어떤 것으로 나타나게 되는지도 배운다. 놀이는 영유아에게 재미와 웃음을 주고, 노래를 부르게 하고, 달리고 뛰게 하며, 창의적인 활동을 하도록 한다. 다른 사람과 함께 나누는 경험을 하고, 새로운 발견을 하도록 이끌어 주며, 모든 것에 대해 궁금증을 갖게 한다. 그뿐만 아니라 놀이는 영유아가 스스로 어려움을 이겨낼 수 있는 힘을 준다.

이러한 영유아의 놀이는 본능이면서 권리이다. 영유아의 놀이와 여가는 선택사항이 아니고, 성장과정에서 기본적이면서도 필수적으로 일상에서 주어져야 하는 아동 삶의 일부이다. 영유아기의 놀이는 해도 되고 안 해도 되는 럭셔리한 장식품이 아니다. 그렇기 때문에 놀이는 영유아기의 신체 · 정서 · 사회 · 인지 · 언어발달 영역에서의 성취만큼이나 중요하게 다루어져야 한다(황옥경 외, 2014). 신체 · 건강 발달과 영유아의 행복 등에 버금갈 만큼 놀이는 중요하다.

많은 사람들이 놀이를 단순히 영유아가 하는 활동이라고 생각하지만, 연구자들은 놀이를 영유아 발달에서 매우 복잡하고 중요한 것으로 본다. 놀이는 영유아기의 생각과 질문, 경험을 조합한다. 놀이 과정에서 영유아는 자신의 바람, 생각, 그리고 흥미와 관심사에 따라서 자기만의 방식으로 자기가 하고 싶은 놀이와 내용을 선택할 수 있어야 한다. 이를 통해 영유아기 아동은 자신이 열광하거나 놀라거나 관심을 갖거나 황홀하게 만드는 것들을 오랫동안 깊이 있게 탐색할 수 있다. 영유아는 놀이를 할 때 위험으로부터 해방될 수 있고, 자신의 아이디어와 생각을 더욱 발전시켜 나가기도 하며, 때로는 그것을 변환하기도 한다(황옥경 외, 2014). 영유아의 놀이는 영유아가 속한 문화로부터 탄생하며, 영유아는 놀이를 통하여 문화를 만들고 의미를 발견하기도 한다. 이렇듯 영유아는 놀이를 통해서 상상력과 창의력을 발휘하고, 의사소통하는 방법, 그리고 다른 사람들과의 관계 맺기를 배운다. 정말로 중요한 발달 역량이 영유아기의 놀이를 통해서 형성된다. 오늘날의 연구자들은 사회적 관계망과 사회관계의 거리가 과거 세대보다 좁아졌기 때문에 이전 세대보다도 영유아기의 놀이를 더욱 심각하게 받아들일 것을 주장한다.

영유아 시기의 충분한 놀이는 전반적인 발달 및 삶의 질과도 직결된다. 놀이는 모든 영유아에게 차별 없이 균등하게 제공되어야 하는데, 영유아가 제대로 놀이할 수 있도록 어른들이 도와야 한다. 어른들은 영유아가 놀이할 수 있는 시간과 공간, 즉 환경을 마련해 주어야 한다. 아동은 자신이 생활하고 있는 공간에서 자유롭게 놀이를 할 수 있어야 한다. 영유아가 이렇게 놀이할 수 있도록 모든 사람들이 도울 때 영유아의 삶은 보다 더 행복해질 것이다.

2) 놀이의 의미

놀이는 인간의 본성이다. 인간의 특성을 이해하기 위해서는 생각하는 인간을 의미하는 호모 사피엔스(homo sapiens)라는 이성적인 측면과 물건을 만들어 내는 존재를 의미하는 호모 파베르(homo faber), 그리고 창조적인 측면과 인간의 비합리적이고 비목적적 활동 등과 같이 감성적 특징을 강조하는 호모 루덴스(homo ludens)적인 요소를 함께 고려해야 한다(Huizinga, 1949).

놀이 정의가 최근 아동권리의 관점에서 새롭게 강조되고 있다. 이 관점에서 놀이란 영유아 자신이 조절하고, 구조화하고, 시도하는 어떤 행동, 활동 혹은 과정을 의미한다. 놀이란 인간의 이성 활동과 창조 활동과 밀접하게 관계되어 있으므로 그저 무료한 시간을 때우기 위한 활동이나 무의미한 활동으로 간주되어서는 안 된다(김정래, 2002). 황옥경 등(2014)은 아동 놀이가 강제적으로 이루어져서는 안 되고, 순전히 아동 자신의 동기와 목적에 따라서 행해져야 할 것이라고 보았다.

또한 놀이는 재미있고 정해진 답이 없으며 도전적이고 융통성이 있고 비생산적이며, 즐거움을 주고 결과에 상관없이 계속할 수 있는 그 어떤 것을 의미한다고 보았다. 놀이는 특정한 목적을 달성하기 위한 학습의 수단이라기보다는 자기주도적으로 이루어지는 자유로운 행위 그 자체로 받아들여야 한다(Huizinga, 1949). 때문에 놀이는 예측 불가능성, 무목적성, 자유로움, 자기주도성과 같은 특징을 갖는다. 놀이는 신체, 사회, 정서, 인지, 정서, 영적 발달과 더불어 아동기에 경험해야 할 기본적이고도 필수적인 발달 영역으로 아동기 즐거움의 원천이다(황옥경 외, 2014).

연구자들의 놀이에 대한 정의는 영유아 발달에 대한 이론적 입장에 따라 다양하다. 피아제(Piaget), 비고츠키(Vygotsky), 그리고 브루너(Bruner)는 모두 놀이를 발달의 중요한 표식으로 보았다. 피아제(Piaget)는 놀이를 배움과 마찬가지로 발달적 관점으로 이해하였으며, 연습놀이로부터 상징놀이를 거쳐 규칙을 지닌 게임형태로 놀이가 발달한다고 보았다. 피아제는 아동의 놀이는 아동이 경험한 것과 배운 것을 통합하는 방식으로 사용되는 것이라고 믿었다. 피아제는 놀이가 하나의 과정이며, 어떻게 놀이가 아동에게 규칙과 규범을 배우도록 하는가에 관심을 두었다.

비고츠키(Vygotsky)는 아동이 가장놀이에서 이미 알고 있고, 할 수 있는 것에 대해 더 많이 보여 준다고 믿었다. 비고츠키(Vygotsky)는 놀이할 때 아동들은 실제 자기가 가진 역량보다 '더 큰 역량'을 발휘한다고 보았다. 피아제(Piaget)처럼 비고츠키(Vygotsky)도 규칙을 가진 게임으로 발전하는 놀이에 관심을 가졌으나, 비고츠키(Vygotsky)는 모든 놀이 과정에서 아동들이 협상과 조정을 통해 동의를 이끌어 내는 규칙을 만들어 나가는 놀이의 발달과 배움의 사회적 속성에 관심을 기울이고, 이를 강조하였다. 그는 규칙을 가진 모든 게임이 상상적 측면을 포함하고 있다고 보았다.

브루너(Bruner)는 놀이를 그 자체로 하나의 단순한 활동만이 아니라, 무언인가를 하려는 접근으로 이해하고, 놀이를 하나의 배움 방식 또는 배움의 유형으로 본다. 이 관점에서 놀이는 하나의 과정이다. 이 관점은 우리가 놀이를 단순히 그 자체로서 하나의 활동으로만 볼 것이 아니라, 아동이 놀이를 통해서 언어나 수학 혹은 물질세계나 과학 세계, 그리고 그 밖의 양상에 대해 습득할 수 있다고 본다. 브루너는 놀이를 행동을 통한 기억이라고까지 설명하였다.

대부분의 포유류 새끼들이 놀이한다는 것에 관심을 가진 브루너(Bruner)는 다른 종에 비해 인류의 아동기 시기가 긴데, 아동기가 안전하고도 재미있는 탐구 기간이 되도록 하려면 놀이가 '심각해지지 않아야 한다'고 주장하였다. 이 관점에서 놀이는 '재미'와 '행복'이란 단어로 설명된다. 브루너(Bruner)는 이같이 재미있는 탐구가 없었다면, 도구의 발달과 사용은 없었을 것이라고 보았다. 브루너(Bruner)는 놀이의 '가장' 특성이 아동으로 하여금 현실에 대한 대안을 창조하도록 허용하며, 아동은 이런 식으로 상징을 창조한다고 믿었다. 본질적으로 가장놀이에서 아동은 '마치' 그것이 진짜인 것처럼 연극의 액션을 따라하거나 '이렇게 하면 어떻게 될까' 하는 식의 새로운 조합과 시퀀스를 개발해 낸다. 아래의 사례는 이를 잘 보여 준다.

미심이는 어린이집의 역할놀이 코너의 집 모형에서 티 파티 테이블을 준비하고 있다. 진짜 티 파티를 할 것 '처럼' 행동하고 있으며, 예전에 티 테이블을 준비했던 사람들을 본 경험을 그대로 따르고 있다. 혹은 책이나 영화의 티 파티처럼 혹은 그런 데서 등장할 법한 행동을 따라 하고 있다.

주환이는 운동장에서 정글짐 꼭대기로 오르고 있고 그가 모래밭 너머에 바로 있다고 믿는 해적들을 찾으려고 그 너머를 고개를 쭉 빼들고 내다보고 있다. 마치 선원처럼 행동하고 있고, 자기가 선원이면 이래야 한다고 생각하는 것을 연기하고 있다.

브루스(Bruce, 1991)는 놀이에 대한 두 가지 대조적인 입장을 설명하였다. 첫째는 놀이가 삶을 위한 준비라고 이해하는 것이고, 두 번째 입장은 '통합 메커니즘'으로서의 놀이 이해이다. 브루너(Bruner)는 어른들의 놀이란 '삶을 위한 준비'라는 인식이 아동놀이에 대한 어른들의 지나친 개입과 제안, 그리고 통제로까지 이어지는 것이라고 보았다. 이러한 그의 인식은 "00아, 놀이터에 가서 놀아라"나 "이제 블록을 가지고 놀지 그래?"와 같이 어른들이 영유아에게 건네는 말에서도 확인할 수 있다. 통합 메커니즘으로서의 놀이 개념에 따르면 놀이에서 아동은 그들이 이미 배운 것들을 강화하고 새롭게 무언가를 배워 나간다.

모일스(Moyles, 1998)는 놀이를 어린 아동으로만 한정하지 않았다. 놀이는 모든 아동과 때로는 어른들에게도 중요한 것이다. 모일스(Moyles)는 놀이를 아동이 주도하는 게 중요하다고 본다. 그는 아동이 무엇을 할지를 결정하고, 이에 따라서 놀이해야 아동이 놀이에 깊이 몰두할 수 있고, 원래 계획하지 않았던 것들을 포함할 수 있다고 본다. 이렇게 놀이하면, 아동은 놀이 과정에서 실패를 경험하지 않을 수 있다. 어린 영유아는 "이게 뭐예요?"라고 물은 뒤 "이것이 무엇을 하는 거예요?"라고 묻는 경향이 있다. 아동은 놀이를 통해서 대상과 그 특질을 탐구하는 것에서부터 대상의 기능을 탐구하는 것으로 나아간 뒤 자기 목적에 맞춰 대상을 사용한다.

놀이는 아주 많은 경우에 '가장'의 형식으로 나타난다. 아동들은 그들이 하고 있는 것이 '진짜'가 아님을 알고 있다. 주환이는 피자가 도착하지 않으리라는 것을 알고 있고, 자신이 받아 적은 메시지가 아무에게도 읽힐 수 없다는 것을 알고 있다. 은환이는 아기가 공이고 유모차가 양동이이며 자기가 아기의 부모가 아니라는 사실을 알고 있다. 놀이의 가장적 속성은 압박감으로부터 아동을 자유롭게 해주고, 이러한 압박감의 해소는 영유아의 발달에서 대단히 중요하다.

호연이는 읽기를 배우는 데 어려움을 겪고 있다. 그는 겨우 5세이며 자신만의 이론들로 가득 찬 아이이다. 그는 몇 년 전의 물건들을 자세하게 기억할 수 있고, 풍부한 내적 삶을 갖고 있는데 그는 벅찬 흥겨움으로 고안한 맥락 안에서 다양한 역할들을 놀이한다. 때때로 놀이에서 호연이는 읽는 '척한다'. 이것이 '진짜' 읽는 것이 아님을 호연이는 알고 있지만. 모두 호연이가 고안한 세계에 있는 것이기에 그것이 문제되지 않는다는 것을 교사는 언제나 분명히 해 줄 필요가 있다. 호연이는 가장 형식을 시도함으로써 호연이가 아직 할 수 없는 것을 '안전하게' 다루고 있다.

프로이트(Freud)는 놀이가 아동들에게 카타르시스적인 어떤 것이라고 보았다. 프로이트는 놀이가 아동에게 자신들의 숙달과 통제를 경험하기 위해서 현실과 가상을 넘나드는 것을 허용한다고 믿었다. 아동들은 이렇게 안전한 방식으로 그들 자신의 불안, 공포, 갈등을 다룰 수 있다. 이것이 이후 발달한 많은 놀이 치료의 뿌리이다.

3) 영유아 놀이의 7가지 원칙

영유아의 놀이는 재미있고 정해진 답이 없으며, 결과보다 과정에 주목한다. 놀이는 도전적이고 융통성이 있으며, 비생산적이어야 한다(황옥경, 2011). 놀이는 아동의 신체적 · 정신적 · 사회적 정서 발달에서 핵심적인 것이며, 놀이를 통해서 영유아는 자신의 잠재적 능력을 확인하고, 환경에 유연하게 적응할 수 있게 된다. 놀이는 자율성을 연습할 기회를 제공한다. 놀이는 영유아 혼자 혹은 집단이 함께하며, 무한한 형태로 변형할 수 있다.

기회가 주어졌을 때, 놀이는 언제 어디서나 가능할 수 있어야 한다. 영유아를 돌보는 사람은 영유아가 잘 놀이할 수 있는 환경을 제공해 주어야 한다. 놀이에 관한 연구자들의 관점과 영유아 권리 관점의 놀이는 다음과 같은 원칙이 지켜져야 한다(황옥경 외, 2014).

(1) 놀이는 영유아가 선택한다.

영유아가 어떤 놀이나 활동을 시작할 때, 영유아 자신이 활동하고자 하는 주제를 선택하고 통제할 수 있어야 한다. 어른은 영유아가 주도하는 놀이에서 일정 역할을 담당할 수 있다. 이를테면, 교사가 공간을 제공하고, 영유아가 그곳에서 무엇을 가지고 어떻게 할지를 선택하는 것이 놀이이다. 영유아가 물체나 활동을 탐색하고, 창의적으로 활용할 수 있도록 교사는 영유아가 선택한 것을 존중하고, 사용하도록 허용한다. 즉 성인이 주도하지 않고, 어떤 지시도 하지 않으면서 영유아가 스스로 놀이를 이끌어 가도록 지지해 준다. 영유아에게 자기답게 지내는 공간, 영유아가 원하는 방식으로 놀이할 수 있는 공간을 제공한다. 영유아가 놀 수 있는 기회, 그들이 원하는 것을 마음껏 선택할 수 있는 자유의 기회를 열어 준다.

(2) 놀이는 대부분 즐거운 것이다.

영유아는 자신이 선택한 놀이를 즐겁게 하고, 대부분 놀이를 하는 동안 흥겨워한다. 때때로, 놀이가 복잡해질 수 있으며, 언제나 영유아가 하는 놀이가 영유아에게 즐거움을 주지 않을 수도 있다. 전쟁, 노숙, 학대, 트라우마를 경험한 아동들도 여전히 놀이를 하는데, 종종 그들이 경험한 끔찍한 일들을 상징적으로 재현해내는 방식이 놀이가 되는 경우도 있다. 이러한 경우, 놀이는 재미있지도 않고 즐거움도 없을 것이다.

(3) 언제나 심각하게 영유아의 마음을 사로잡는 일이 놀이로 나타난다.

영유아는 자신의 관심을 쫓는 데 긴 시간을 보낼 수도 있다. 하나의 놀이를 하는 데 몇 시간씩 마음을 빼앗겨 몰입하고, 흥겨워하기도 한다. 영유아가 선택한 놀이는 대부분 영유아의 마음을 심각하게 사로잡은 일인 경우가 많다. 놀이에 몰입해 있는 영유아가 자신의 상상력과 탐구심을 충분히 발휘할 수 있도록 어른들이 방해하지 말아야 한다.

(4) 놀이는 실패할 위험이 없다.

아동이 무엇을 할지, 어떻게 할지 선택하고 관심사에 따라 놀이가 바뀔 수 있고, 다른 방식으로 할 수도 있다. 영유아가 물체나 활동을 탐색하고 창의적으로 사용할 수 있도록 한다. 인내심을 갖고 아이들이 새로운 것을 배우는 동안 실수를 허용해야 한다. 하나의 무엇을 완성하기 위해서 여러 번의 시도가 필요하더라도, 이 과정에서 영유아는 새로운 기술을 습득하고 있는 것이다. 영유아의 이런 모습을 침착하게 바라보면 영유아는 어른의 이러한 태도에서 자신을 지지하는 어른을 발견하고 자신감을 얻는다.

(5) 결과보다 과정을 주목한다.

영유아의 놀이 환경이 강제적이지 않아야 한다. 순전히 아동 자신의 동기와 목적에 의해서 놀이가 이루어져야 하며, 마지막까지 마무리하는 것을 목표로 하지도 않는다. 따라서 영유아의 놀이는 실패할 위험이 없어야 한다. 영유아가 뭘 할지, 어떻게 할지 선택하고, 잘못 선택했다고 생각하면 방식을 바꿀 수 있고, 다른 것을 하거나 다르게 할 수 있다.

(6) 반복되는 놀이는 성취감을 얻는 데 도움을 준다.

같은 놀이를 하거나 같은 책을 반복해서 읽는 것은 영유아가 새로운 기술을 습득하고 성취감을 얻는 데 도움이 된다는 것을 기억해야 한다. 아동의 놀이가 지루하게 반복되는 듯이 보여도 어른들은 영유아를 역량이 있는 존재로 존중하고 그들에게 욕구가 있음을 이해하며, 놀이를 지시하거나 조직하지 않고 언제 개입하는 것이 적당한지 판단할 수 있어야 한다.

(7) 놀이할 때, 주변에 방해물을 없애야 한다.

어른들은 영유아와 놀이할 때 텔레비전을 끄거나 휴대폰을 멀리 두는 습관을 가져야 한다. 놀이를 방해하는 방해물을 제거하고 어른들과 함께 노는 재미있는 세상에서 영유아가 자신의 감정과 욕구를 맘껏 표현하고 즐길 수 있도록 해 준다. 그리고 아동들이 자신의 놀이를 확장하도록 하고, 놀이공간이 아동 자신의 방식으로 활용 가능한 포괄적인 놀이 환경이 되도록 해야 한다.

〈표 1-1〉 놀이의 7가지 사실

1	영유아가 선택한 것이다. 영유아가 놀이를 시작하고, 스스로 놀이 주제를 통제한다. 어른이 어떤 결과가 도출되도록 유도하지 않는 범주에서 공간을 제공하는 등의 역할을 할 수 있다.
2	놀이는 대부분 즐거운 일이다. 대부분의 놀이는 즐거운 것이지만, 놀이가 불만스럽고 복잡해질 수 있으며 언제나 즐거운 일이 아닐 수도 있다.
3	놀이는 언제나 심각하게 영유아의 마음을 사로잡는 것으로 나타난다. 영유아는 사람의 관심을 얻는 데 긴 시간을 보낼 수도 있다.
4	놀이는 실패할 위험이 없다. 영유아가 뭘 할지, 어떻게 할지 선택하고, 잘못 선택했다고 생각하면 방식을 바꿀 수 있고, 다른 것을 하거나 다르게 할 수 있다.
5	놀이의 결과물보다 과정에 주목한다. 순전히 영유아 자신의 동기와 목적에 의해서 놀이가 이루어져야 하며, 마지막까지 마무리하는 것을 목표로 하지도 않는다. 따라서 영유아의 놀이는 실패할 위험이 없다.
6	반복되는 놀이는 성취감을 얻는 데 도움이 된다. 같은 놀이를 하거나, 같은 책을 반복해서 읽는 것이 영유아가 새로운 기술을 습득하고 성공을 이끌어 내는 데 도움이 된다
7	놀이할 때, 주변에 방해물을 없앤다. 어른들은 영유아와 놀이할 때 텔레비전을 끄거나 휴대폰을 멀리 두는 습관을 가져야 한다.

생각해 보기

- 자유롭게 자기가 주도하는 놀이에 몰입한 영유아의 모습을 상상하고, 어떤 특징이 있는지 생각해 보자.
- 어른들이 영유아의 놀이에 '참견'하고 '간섭'하는 이유가 무엇인지를 생각해 보고, 영유아의 놀이에 지나치게 개입하여 사사건건 제안하는 교사가 되지 않으려면 교사에게 어떤 역량이 요구될지를 생각해 보자.
- 어릴 적에 심각하게 나의 마음을 사로 잡았던 놀이를 생각해 보고, 이에 대해서 다른 사람과 이야기를 나누어 보자. 왜 자신의 마음이 그 놀이에 사로잡혔으며, 그 결과 자신에게 남겨진 기억이 무엇인지 경험을 나누어 보자.

2. 영유아의 놀 권리

영유아기 놀이가 선택이 아니고 필수적인 것이어야 함은 다양한 국내외 선언과 협약에도 명시되어 있다. 영유아기 놀 권리의 보장은 놀이의 의미를 이해하는 것으로부터 시작할 것이다. 교사 등 어른이 영유아의 놀 권리를 보장하기 위해서는 기존의 고정관념이나 편견에서 벗어나 영유아 중심의 관점에서 놀이에 접근해야 한다.

1) 놀 권리에 대한 국내 규정

(1) 방정환의 아동권리공약 3장(1922)의 놀 권리

조선시대는 어른 중심의 사회로 어린 아동들은 어른과의 인간관계에서 별 볼일 없고 귀찮은 존재였으며, 말썽이나 부리고 어른들을 힘들게 하는 사람으로 이해되었다. '어린이'라는 말 자체가 '어리석은 이'로 이해되었고, 어린 아이들은 '작은 어른'에 불과하였다. 방정환은 유교적 장유유서 문화의 실태를 한탄하고 노인이 아니고 어린 아이를 호주로, 터줏대감으로 모셔야 한다는 시대 역행적인 선언을 하였다(이재연 외, 2007).

방정환은 1923년 아동권리공약 3장을 발표하고 어린이에게 완전한 인격적 예우를 하고, 14세 이하의 어린이에게 노동을 폐지하며 어린이에게 배우고 놀 수 있는 시설을 마련하도록 하라고 주창하였다. 방정환은 아동권리공약 세 번째 항목에서 아동의 놀이에 대하여 다음과 같이 명시하였다.

'어린이에게 그들이 고요히 배우고 즐거이 놀만한 각양의 가정 또는 사회적 시설을 행하라.'

(방정환, 1923 아동권리공약 제3장)

방정환 이후, 거의 100여 년 만에 우리 정부는 아동의 놀 권리를 헌장의 조항으로 채택하였다. 정부는 2016년 5월 2일 총 9개 조항으로 구성된 대한민국 아동권리헌장을 채택하였다. 이 헌장의 제 8조에서 아동의 놀 권리가 명시되었다. 동 헌장 8조의 아동의 놀 권리 조항은 다음과 같다.

> *"아동은 휴식과 여가를 누리며, 다양한 놀이와 오락, 문화 · 예술활동에 자유롭고, 즐겁게 참여할 권리가 있다. "* (아동권리공약 제3장)

(2) 대한민국 아동권리헌장(2016)의 놀 권리

정부는 2016년 5월 2일 대한민국 아동권리헌장을 발표하면서 제 8조항에 놀이권을 포함하였다. 대한민국 아동권리헌장은 한국아동단체협의회 주관으로 황옥경과 윤석빈의 연구(2015) 내용을 기초로 만들어졌다. 대한민국 아동권리헌장은 차별금지와 최선의 이익 개념을 전문에 포함하고, 아동의 발달, 생존, 참여, 보호 등의 아동권리를 모두 망라하였다. 이후 보건복지부는 '아동놀이 혁신 추진단'을 구성하였고, 놀 권리 관점에서 아동 놀이 문화가 조성되도록 다양한 정책과 사업을 전개하고 있다.

> *"아동은 휴식과 여가를 누리며 다양한 놀이와 오락, 문화 · 예술 활동에 자유롭고 즐겁게 참여할 권리가 있다."* (대한민국 아동권리헌장, 제8조)

2) 놀 권리에 대한 국제 규정

아동의 놀 권리에 관한 규정은 20세기 초부터 시도되었다. 영국의 아동구제 기금단체가 1922년에 발표한 「세계아동헌장」이 가장 빠른 예이다. 어린이의 건강과 보호와 관계된 생존권, 생활권 규정이 대부분을 차지하고 있는 이 헌장의 제25조는 "모든 학교는 놀이터를 갖추어 넓은 땅을 가지지 못한 모든 아동이 방과 후에 놀 수 있는 놀이터를 제공하지 않으면 안 된다…."고 하였다.

제2차 세계대전 이후 유엔의 「아동권리선언(1959년)」은 아동의 놀이권 · 레크리에이션권을 명확하게 규정하였다. 제7조에는 "교육을 받을 권리와 놀 수 있는 권리"가 규정되어 있다. 즉, "어린이는 놀이 및 레크리에이션을 위한 충분한 기회를 부여받을 권리를 갖는다. 놀이 및 레크리에이션은 교육과 똑같은 목적을 지향해야 한다. 사회 및 공공기관은 이 권리의 향유를 추진하기 위해 노력해야 한다."고 적시하였다. 이를 구체화하기 위해 「아동의 놀 권리를 위한 국제 협회(IPA; International Playground Association)」[1]가 결성되어 1979년의 〈세계 어린이의 해〉에 앞서 1977년 11월에 얄타회의에서 〈어린이의 놀 권리 선언〉을 제정하였다. IPA는 세계 각국이 어린이의 놀 권리를 보장하기 위한 구체적인 프로그램을 개발, 실행할 것을 촉구하였다(황옥경, 2012).

1989년 발효된 유엔아동권리협약 제31조는 "1) 당사국은 휴식과 여가를 즐기고, 자신의 연령에 적합한 놀이와 오락 활동에 참여하며 문화생활과 예술에 자유롭게 참여할 수 있는 아동의 권리를 인정한다. 2) 당사국은 문화적/ 예술적 생활에 완전하게 참여할 수 있는 아동의 권리를 존중하고 촉진하며 문화/ 미술/ 오락 및 여가활동을 위한 적절하고 균등한 기회의 제공을 장려하여야 한다."고 규정하여 아동의 놀 권리를 구체적으로 적시하였다.

아동놀이 측면에서 유엔아동권리협약은 두 가지 의미가 있다. 먼저, 각국이 정책 수립과 실행 과정에서 아동놀이를 다루어야 한다는 것을 처음 언급한 것이고, 다음으로 국가가 아동의 요구와 필요에 따라 적극적으로 투자해야 한다는 사실을 분명하게 명시하였다는 것이다(황옥경, 2012). 협약 채택 이후 유엔아동권리위원회(2013)는 일반 논평을 통하여 휴식, 여가, 놀이, 오락활동, 문화생활, 그리고 예술경험(General comment No. 17 (2013), on the right of the child to rest, leisure, play, recreational activities, cultural life and the arts (art. 31)[2])에 대한 위원회의 시각을 정리 · 발표하였다. 이의 내용을 간략하게 정리하면 다음과 같다(황옥경 외, 2014).

1) 1981년부터 International Association for Child's Right to Play로 개칭됨.

2) Adopted by the Committee at its sixty-second session (14 January ~ 1 February 2013).

【 놀 권리에 대한 국제규정 】

- 1922년 세계아동헌장

"모든 학교는 놀이터를 갖추어 넓은 땅을 가지지 못한 모든 아동이 방과 후에 놀 수 있는 놀이터를 제공하지 않으면 안 된다…." (제25조)

- 1959년 아동권리선언

"어린이는 놀이 및 레크리에이션을 위한 충분한 기회를 부여받을 권리를 갖는다. 놀이 및 레크리에이션은 교육과 똑같은 목적을 지향하지 않으면 안 된다. 사회 및 공공기관은 이 권리의 향유를 추진하기 위해 노력하지 않으면 안 된다" (제7조)

- 1977년 IPA의 아동 놀 권리선언

"세계 각국이 어린이의 놀 권리를 보장하기 위한 구체적인 프로그램을 개발, 실행하여야 한다."

- 1989년 유엔아동권리협약 제 31조

"1) 당사국은 휴식과 여가를 즐기고, 자신의 연령에 적합한 놀이와 오락 활동에 참여하며 문화생활과 예술에 자유롭게 참여할 수 있는 아동의 권리를 인정한다. 2) 당사국은 문화적/ 예술적 생활에 완전하게 참여할 수 있는 아동의 권리를 존중하고 촉진하며 문화/ 미술/ 오락 및 여가활동을 위한 적절하고 균등한 기회의 제공을 장려하여야 한다" (제31조)

- 대한민국 아동권리헌장 제 8조항

"아동은 휴식과 여가를 누리며 다양한 놀이와 오락, 문화 · 예술 활동에 자유롭고 즐겁게 참여할 권리가 있다."

※ 유엔아동권리협약 31조항의 '휴식', '여가', '오락'의 의미

● 휴식

휴식은 아동이 일, 교육, 어떠한 종류의 작업으로부터 해방되어 충분하게 휴식을 취하고 건강한 발달과 웰빙을 도모할 수 있어야 하는 권리로 충분하게 수면할 권리를 포함한다. 휴식으로 아동의 역량을 향상하고 발달 과제를 성취할 수 있을 것이다.

● 여가

여가는 놀이와 오락 활동을 하는 시간을 의미한다. 이는 자유롭고 임의로 하는 것으로 정해진 교육활동, 일, 가사일, 생계를 유지하기 위해서는 활동 이외의 놀이와 오락 활동을 모두 포함한다. 아동이 선택하는 광범위한 자유재량 시간을 의미한다.

● 오락

오락은 광범위한 범주의 활동 즉, 음악, 예술, 조형, 지역사회 활동, 동아리, 게임, 스포츠, 하이킹, 캠핑 등과 같이 취미활동을 모두 망라하는 개념이다. 이 개념은 아동이 자발적으로 선택하는 봉사활동과 경험까지 포함한다. 왜냐하면 이런 활동을 통하여 아동은 성취감을 맛 보고 개인적 · 사회적 가치를 얻을 수 있기 때문이다. 오락은 목적에 맞게 설계된 공간에서 이루어진다. 대부분의 오락 활동이 어른들에 의해 계획되고 진행되지만 오락은 자발적 활동이어야 한다. 강제적이거나 강요된 게임이나 스포츠, 아동단체 등의 강제적인 참여는 오락에 포함하지 않는다.

● 문화생활과 예술

문화와 예술 활동은 아동과 그들의 지역사회가 자신의 고유한 정체성과 그들의 존재를 표현하는 수단이며 그 자신만의 관점에서 자신이 경험한 세계를 구축할 수 있도록 해 준다. 문화와 예술적 표현은 가정, 학교, 거리, 공공장소에서 춤, 페스티벌, 조형 활동, 세라믹, 극장, 문학, 음악, 영화, 전시회, 영상, 디지털 플랫폼 그리고 비디오 등을 통해서 제한받지 않고 자유롭게 표현할 수 있어야 한다. 지역사회 문화를 존중할 수 있어야 하고 창의적 활동을 제한하면 안 된다. 지역사회의 문화를 표현할 수 있으며 어떤 문화가 더 우위에 있다고 할 수 없다.

3) 놀이에 대한 두 가지 관점과 논란: '본질적 관점'과 '실용주의적 관점'

놀이는 일반적으로 두 가지 관점으로 이해된다. 하나는 놀이의 본질적 관점이고, 다른 하나는 실용주의적 관점이다.

놀이에 대한 본질적 관점은 놀이 그 자체를 중시하는 관점이다. 이 관점에서 놀이는 영유아 자신의 바람, 생각, 흥미와 관심사에 따라서 오로지 영유아 자신의 이유에 근거한 자기만의 방식으로 놀이가 선택되고 진행되어야 한다. 이 관점은 놀이가 하나의 과정으로 자유롭게 선택되고 개인 지향적이며, 동기화되어야 할 것을 강조한다. 영유아 놀이에 대한 본질적인 관점을 중시하는 존스와 워커(Jones 와 Walker, 2011)는 놀이가 가져다 주는 이점 때문에 영유아에게 놀이 기회를 주는 것은 아니라고 본다.

다음으로 놀이에 대한 실용주의적 관점은 놀이가 가져다 주는 이점과 혜택에 주목한다. 이 관점은 놀이의 이점과 혜택을 중시하기 때문에 영유아의 놀이가 놀이로 인한 이점을 얻기 위한 수단이 되기 쉽다. 일반적으로 영유아의 놀이가 행복과 관계 있으며 창의적 사고를 발현하고, 공간지각 능력과 세상에 대한 이해를 키우고 인지 역량과 사회 · 정서 발달을 돕는 이점이 있다고 알려져 있다. 실용주의 관점에서 영유아 놀이는 이러한 놀이의 이점을 성취하기 위해 어른이 개입하여 영유아의 놀이를 조작하거나 지나치게 개입하고, 반드시 정해진 목적에 도달하도록 영유아에게 마무리를 요구하기 쉽다. 이때 잘못하면 영유아 놀이가 강제적이 되고, 영유아의 자유로운 선택과 놀이 방식이 제한받을 수 있다.

이런 이유 때문에 놀이의 본질적 관점을 중시하는 사람들은 놀이 실용주의 관점이 위험하다고 경계한다. 부모나 교사의 놀이 개입이 지나치면 놀이 상황에서 영유아의 호기심과 상상력, 창의성을 발휘하기 어렵고 수단화된 놀이 때문에 어른은 계획한 바에 따라서 놀이를 끝까지 마무리하고 특정 결과에 도달하도록 영유아에게 지시, 요구할 수 있다. 이렇게 하면 놀이 주도권이 영유아 당사자가 아닌 부모나 교사 등의 보호자가 갖게 된다. 이뿐만 아니라 영유아가 재미있게 놀이해야 할 상황이 학습시간으로 변질될 수 있고, 놀이에서 즐거움이 줄거나 사라질 수도 있다고 본다.

존스와 워커(Jones와 Walker, 2011)는 놀이의 실용주의적 관점을 버릴 것을 요구한다. 이들은 놀이의 결과가 가져다 주는 이점을 강조하게 되면서 놀이 그 자체가 지닌 가치를 잃어버렸다고 비판한다. 영국 Play for a Change의 연구진 레스터와 러셀(Lester & Russell, 2007)은 아동의 놀이가 가져오는 결과보다는 놀이 과정에서 아동이 경험하게 될 상황이 오히려 아동에게 이점을 준다고 보았다. 레스터와 러셀(Lester & Russell, 2007)은 놀이의 결과보다 오히려 놀이 과정에서 발생하는 예측불가능성, 무목적성, 자유로움, 자기주도성을 놀이 이점으로 설명하였다. 이들은 놀이 그 자체가 아동발달에 이점을 갖는다고 본다. 이들에 의하면 놀이의 이점은 무슨 놀이를 하는가, 즉 놀이의 내용에 따라서 긍정적인 결과가 얻어지는 것이 아니다.

이런 관점에서 영유아 놀이를 평가할 때, 평가 기준은 '그것이 과연 아동을 놀게 할 것인가', 혹은 '놀게 하는가'이어야 한다. 놀이를 통해서 다른 어떤 것을 성취할 것인가 혹은 성취하였는가가 평가 기준이 되어서는 안 된다.

♣ 더 알아보기

■ 자유놀이의 요건

아동의 모든 놀이가 다 놀이는 아니다. 진정한 의미의 놀이가 되려면 놀이는 무계획성, 무목적성, 무강제성 즉 놀이의 3무 원칙이 지켜져야 하고 즐거움, 자유로움, 도전과 융통성, 자기 주도성 의 4가지 요소가 놀이에 내재되어야 한다(황옥경 외, 2014).

3무

- 구조화된 계획
- 구체적인 목적
- 강제적인 요구

4유

- 자유로움
- 즐거움
- 도전과 융통성
- 자기 주도

3. 놀이와 일탈적 사고, 그리고 창의성

1) 놀이와 일탈적 사고

놀이는 영유아가 그들의 경험을 사용하고 반영하며, 아이디어를 재현하고 그들을 사로잡은 질문들을 제기하고 답할 수 있는 하나의 방식이기에 중요하다. 리날디(Rinaldi, 2006)는 아동을 '의미와 의의를 가장 열렬히 추구하는 자'라고 묘사하였다. 어른들은 아동의 행동과 사용하는 단어에 예민한 주의를 기울여야 한다.

> 3세 남아가 철사 조각을 가지고 놀고 있었다. 처음에 그는 팔찌를 만들고서 철사를 의자 뒤에 놓았다. 그리고 철사를 말(의자)을 타는 기수가 되게 했다. 결국 놀이 시퀀스에서 아이는 그 철사를 말의 귀로 바꾸었다.

영유아는 새로운 개념을 이해하기 위해서 그들이 알고 경험한 것들을 창조적으로 조합한다. 놀이 과정에서 이러한 조합이 등장한다. 브루스(Bruce)는 놀이를 통합 메커니즘으로 이해하였다. 리날디(Rinaldi)는 영유아가 놀이 시퀀스를 옮겨 가는 것은 놀이 과정에서 아동들이 일반적으로 어울리지 않는 것들을 조합하고 있으며, 그들이 무엇이 옳은지 규정하기 위한 이론적 틀을 갖고 있지 않기 때문에 가능한 것이라고 본다. 리날디(Rinaldi)는 이를 '일탈적 사고'라고 칭하였다. 아동의 일탈적 사고에 대한 성인들의 반응은 종종 부정적인데, 어른들의 이런 반응이 아동들에게 그런 생각이 허용되지 않는다는 경고의 메시지로 전달된다.

다음의 사례는 놀이 과정에서 영유아가 이론적 틀을 갖지 않고, 일탈적 사고를 통해 사물의 연관성을 조합하고 찾아 나가고 있음을 보여 준다.

지희는 나뭇잎들의 움직임을 좇기 위해 자기 눈을 사용한다. 지희는 어떤 질문들을 던질까? '저것들은 왜 움직일까?, 무엇이 움직이게 하는걸까? 내가 저것들을 움직일 수 있을까?, 저것들은 움직이기를 멈출까? 왜?' 지희가 이것들을 할 때 몇몇 질문들이 지희의 마음속에 떠오를 것이고 이것들이 지희로 하여금 탐구를 계속하게 한다. 지희가 무엇을 발견하고자 하는가는 오직 지희만이 알고 있다.

현주는 모방자이자 문제해결사로 행동하고 있다. 현주는 엄마가 하는 일을 보고서 그 역할을 스스로 시도한다. 아마 현주는 어른이 되는 게 어떤 느낌인지, 먼지를 털어내기 위해 털이개를 사용하는 게 어떤 느낌인지 알고 싶어 할 것이다. 아마도 현주는 자기 손으로 직접 해 보고 싶어할 것이다. 확실히 현주는 한 물건(의자)이 어떻게 다른 목적(앉기 위해서뿐만 아니라 그 위에 올라서 높이 있는 물건을 잡기 위해서도)에 사용될 수 있을지 탐색하고 있다.

재민이는 작은 과학자처럼 행동하고 있다. 그는 무언가를 하고 움직임을 만들고 그가 하는 것이 어떤 효과를 만들어 낸다. 일어나는 일을 그가 좋아할 경우 다시 시도한다. 그는 원인과 결과를 탐구하고 있다.

모든 영유아는 그들이 하고 있는 것에 깊이 몰두한다. 영유아는 사소한 사건에 관여하지 않고, 긴 시간 동안 집중하지 못하는 것도 아니다. 영유아는 그들의 세계를 이해하는 데 바쁘게 관여하고 있으며, 이것을 하는 동안 십중팔구 질문을 마음에 두고 답을 찾고자 한다. 몇몇 영유아에게는 이러한 일이 말을 하기도 전에 벌어지기 때문에 영유아의 모든 움직임의 과정이 영유아가 발견하는 대상에 대한 영유아의 감각과 물리적 탐구와 관련된다.

자신만의 관심사를 따라가는 영유아는 자신이 하고 있는 일에 극도로 진지하고 집요한 모습을 보이며, 새로운 것의 의미에 대하여 자주 질문한다. 영유아가 하고 있는 것이 단지 재미일 뿐이고, 중요하거나 진지한 것은 없다고 생각하고 싶을 수도 있다. 그러나 영유아가 하고 있는 일은 자신을 둘러싼 세계를 이해하고자 하는 것이다. 모든 영유아는 자신이 발견한 것을 탐구하도록, 무엇이든 그렇게 할 수 있는 가능한 방법을 사용하고자 하는 욕구를 가진 것으로 보인다. 이러한 영유아는 놀이하고 있는 것이다.

2) 놀이와 창의성: '잘못되는 것'으로부터의 해방

(1) '잘못되는 것'으로부터의 해방

창의성이란 단어는 종종 폭넓게 사용된다. 이 단어를 조심해서 정의할 필요가 있는데, 영유아의 배움과 발달에서 창의성의 역할을 이해할 수 있다. 창의적인 이들은 종종 하나 이상의 관점으로부터 문제를 살펴보고 이렇게 함으로써 특이한 해결책에 다다른다. 창의성은 존재하는 재료나 사건을 사용할 능력이고, 변형하거나 적용하거나 조합하여 새로운 무언가를 만들어 낼 능력이다. 창의성은 또한 변화와 참신함을 받아들이고, 재료와 아이디어와 가능성을 가지고 유희하는 자발성을 포함한다.

놀이는 확실히 대부분의 아동이 자신을 위해 발견하는 것이자, 대부분의 문화와 시대에 나타나는 것 중 하나이다. 그것은 자원 접근에 제한받지 않으며, 개발도상국에서도 소비주의 사회에서와 마찬가지로 문화와 시대를 반영하는 다양한 놀이가 가능하다. 결핍과 위기 환경에서도 아이들은 자기 옆에 있는 것을 가지고 놀이하며, 놀이 상황에서의 모든 자기 경험으로부터 배운다.

놀이할 때 '잘못되는 것'의 위험으로부터 해방되어야 영유아는 자신의 아이디어와 생각을 강화할 수 있고, 때때로 그것들을 변환할 수 있다. 영유아의 놀이는 자신의 문화에서 유효한 것들에 기반한다. 영유아는 문화를 만들고 은유를 구성하기 시작한다. 어떤 것이 어떤 다른 것과 어떻게 같은가 혹은 다른가에 대한 생각을 발달시킨다. 집단생활에서 영유아는 상호작용, 놀이, 뚫어지게 바라보기, 경청, 시도해 보기 등을 통해서 이따금 친구들을 가르치기도 하고, 자기도 배운다. 실제로 역량 있고 창의적인 아동인 것이다. 레지오 에밀리아 영유아 교실은 영유아의 아이디어를 재현하고, 다시 재현하는 데 가능한 다양한 방법을 제공하는 것을 강조한다. 레지오 에밀리아에서는 '수백 가지의 아동 언어'로 불리는 것 – 아동들이 아이디어, 개념, 느낌을 탐구하는 다양한 방식을 기술하기 위한 표현 – 에 대한 많은 담론이 있다.

(2) 놀이와 정서, 그리고 상상의 관계

몇몇 이론가들은 영유아의 놀이와 창의성에서 정서의 역할에 관심을 갖는다. 러스와 카우가스(Russ와 Kaugars, 1999)는 놀이에서 정서나 감정 또는 느낌이 중요하다고 믿었다.

두 가지 감정적 과정이 놀이에서 작동될 수 있다. 하나는 감정적 상황으로 기분이나 느낌이다. 아동들이 공격적으로 놀이할 경우 그들의 기분이나 느낌은 그들이 무엇을 어떻게 놀이하는지에 표현될 수 있다. 또 다른 하나는 감정을 실은 상상으로 이것은 정서로 가득한 아이디어와 이미지, 주제를 반영한다. 상상은 가장놀이에서 중요하다. 그것은 마치 다른 어떤 것인 양 다루는 것을 가능하게 한다. 영유아가 정서를 느끼게 하는 것들(죽음, 외로움, 공포, 분리)을 상상을 통해 놀이로 표현해 낸다는 것은 영유아가 자신의 정서를 가득 채우고 있는 주제나 대본을 선택하여 표현하는 것이다. 많은 가장놀이에서 이 두 가지 창조적인 감정적 과정이 발생하고 발전할 수 있다.

영유아의 놀이 대본과 시나리오는 종종 문화적 · 정서적으로 결정된다. 많은 영유아는 그들의 깊은 공포와 관심을 안전하게 연기해 내는 매개체로 사용한다. 때때로 이는 혼자 놀이가 되기도 하고 협동 놀이가 되기도 한다. 놀이의 뿌리가 명백한 경우도 있지만 대부분은 그렇지 않다.

5살인 지우와 그녀의 가장 친한 친구 민수는 정원에서 놀고 있다. 지우는 민수에게로 가서 손을 잡고 말한다. "넌 여기서 놀 수 없어. 우리는 궁전에 있고 넌 우리와 놀기에 너무 가난해." 민수는 "난 가난하지 않아. 난 그냥 한 남자애야"라고 대항한다. 지우가 말한다. "글쎄, 이건 여자애들만을 위한 게임이야." "난 여자애가 될 수 있어." 준우가 말한다. "내가 이 드레스를 입으면." "좋아" 지우가 말한다. "이제 내가 명령할 거고 넌 내 시종이야."

위 사례처럼 많은 아동 놀이 주제는 직면하기 어려운 주제와 연관되며 종종 금기시되는 영역을 넘어가기도 한다. 비고츠키(Vygotsky)는 가장놀이는 아동이 어떤 비현실적인 욕망과 경향을 탐구하기 시작할 때 발달한다고 믿었다. 상상놀이는 영유아의 비현실적인 욕망을 놀이라는 안전한 범주 안에서 탐구하도록 해 준다. 위 사례는 모든 문화에서 나타나며, 영유아가 탐구한 다루기 어려운 주제, 이를테면 새 부모가 있고, 고아가 되고, 악을 물리치고 등의 주제가 동화와 현실 사이를 오가며 나타나는 것을 볼 수 있다.

놀이에서 영유아는 자기가 할 수 있는 일들을 따라 하는 대상 탐구에서부터 궁금증, 느낌, 위험 등을 확인하는 것을 돕는 대상을 탐구하는 것으로 옮겨 간다. 그래서 나무 한 조각이 갑자기 아프기도 하고 놀라기도 하고 모욕당하기도 하며 따돌림을 당할 수도 있는 인형이 되는 것이다. 같은 막대기 하나가 마술 지팡이가 되기도 하고 휴대폰이나 마법 무기가 되기도 한다. 상징적 놀이를 통해 아동은 언어와 아이디어, 대상들이 고정된 것이 아니라 유동적인 것임을 배운다.

상상력은 무엇이 될 수 있을지뿐만 아니라, 무엇이고 무엇이었는가에 대해서도 생각하는 것이다. 상상력은 그 자체로 발달의 주요 특징이 된다. 상상력은 소통의 중심 메커니즘으로 인간이 다양성을 탐구하고 존중할 수 있게 해 주며, 변화를 그려 보고 창조하게 해 주는 그 어떤 것이다. 이것은 본질적으로 창조적인 행동의 과정이다.

생각해 보기

- 영유아들에게 공격적인 놀이(예: 권총 놀이 등)을 허용해야 하는가? 그렇지 않다면, 공격적인 놀이를 원할 경우 어떻게 해야 할까? 이에 대하여 생각해 보자.

※ 참고 : 페니 홀랜드(Penny Holland, 2003)의 연구와 코헨(Cohen, 2019)의 주장

페니 홀랜드(Penny Holland, 2003)는 '권총-놀이가 안 된다'는 정책을 방기할 경우 아동에게 어떤 일이 일어나는지를 살펴보았다. 페니 홀랜드(Penny Holland, 2003)는 아동들 특히 남아가 공격적 놀이를 단념하지 않음을 발견하였다. 총이 없을 경우에도 언제나 막대기, 스티클 브릭, 권총을 상징할 수 있는 물건이 주변에 있고, 아동이 자신들의 강한 부정적 느낌을 표출할 방식을 필요로 한다는 것을 알았다. 이러한 이유로 공격적인 놀이를 완전히 금지하는 게 어렵다는 것을 확인하였다. 공격적인 놀이가 암묵적으로 행해지는 것이었다. 홀랜드(Holland)의 연구 결과, 권총 놀이를 금지하는 것이 비효율적이며 최악의 경우 해로울 수도 있다는 것이다. 반면에, 코헨(Cohen, 2019) 박사는 공격적인 놀이는 그저 놀이일 뿐이라고 주장한다. 공격적인 놀이를 한다고 아이가 공격적으로 변한다고 말할 수 없다고 본다.

4. 놀이, 배움의 지렛대

놀이는 영유아가 배우는 방법의 중심에 있다. 놀이는 우정을 형성하고 탐구하는 방법으로 가설을 형성하고 테스트하는 방식이자 그들이 자신의 세계를 이해하는 방식이다. 놀이를 중심으로 하는 배움은 게임과 재미있는 활동 그 이상을 의미한다. 경험을 호기심과 창의적 기회로 구성하고 교사와 영유아가 기쁨과 선택의 지를 경험할 수 있는 사고방식을 활성화하는 것이 뒤따라야 한다.

모일즈(Moyles, 1998)는 놀이가 다른 기초적 배움을 위한 하나의 지렛대로 작용할 수 있다고 믿는다. 그 의미는 아동에게 놀이는 무언가에 대해 잘 알게 될 때까지 충분한 지식 없이도 대처할 수 있도록 허용해 준다는 것이다. 이것은 아동을 '잘

못되는 것'에 대한 걱정으로부터 해방시키고, 새로운 것을 시도할 자신감을 가질 시간을 준다. 여기에 해당하는 사례가 있다.

> 지윤이는 읽기를 배우는 데 어려움을 겪고 있다. 그는 이제 5세이며, 자신만의 이론들로 가득 찬 아이이다. 몇 년 전의 물건들을 자세하게 기억할 수 있고 풍부한 내적 삶을 갖고 있는데, 이 안에서 그는 기쁘게 고안해 낸 맥락 안에서 다양한 역할들을 놀이한다. 때때로 그의 놀이에서 그는 읽는 '척한다' 이것이 '진짜' 읽는 것이 아님을 그도 알고 있지만, 모두 그가 고안한 세계에 있는 것이기에 그것이 문제되지 않는다는 사실을 언제나 분명히 한다. 그는 가장 형식적으로 시도함으로써 그가 아직 할 수 없는 것을 안전하게 다루고 있다.

자신의 생각과 아이디어를 표현하는 다양한 방식들에 접근하는 아동들을 지지하는 많은 담론이 있으나, 견제와 위험도 있다. 즉, 이상적인 아동기, 그리고 이상적인 배움이 무엇인가에 대한 논란에서 자원에 대한 '기회'와 '접근 가능성'이 성공적인 배움의 필수 요소라고 인식하는 것이다. 그러면서 놀이가 배움의 한 유형이지만 유일한 방식은 아니라는 주장도 있다(https://pz.harvard.edu/projects/pedagogy-of-play). 정작 영유아의 발달에서 놀이의 중요성에 대해서는 많이 알려져 있지만, 놀이를 배움의 과정에 두는 것이 무엇을 의미하는가에 대한 경험적 연구는 거의 없다.

생각해 보기

- 놀이 중심의 보육과정이 무엇을 의미하는 것인지에 대하여 생각을 정리해 보고, 다른 사람들과 이에 대하여 토론해 봅시다.
- 놀이 중심의 배움은 재미있는 활동 그 이상을 포함하는 것으로 경험을 호기심과 창의적 기회로 구성하고, 교사와 영유아가 기쁨을 느끼고 영유아가 자신의 선택의지를 경험할 수 있도록 교사의 사고방식을 활성화하는 게 필요하다고 합니다. 이에 대해 다른 사람들과 토론해 봅시다.

Chapter 02

놀이와 뇌 발달

영유아는 놀이를 하면서 소뇌와 대뇌피질을 활성화하여 사고력을 증진시키게 된다. 영유아가 새로운 놀이를 경험하게 되면 뇌에서 이를 의미 있는 자극으로 처리하면서 그 자극에 집중할 수 있게 된다. 즉 놀이를 하는 동안 영유아의 뇌는 발달해 간다. 이처럼 영유아의 놀이와 두뇌 발달 사이에는 밀접한 관련이 있다.

본 장에서는 영유아기 뇌의 발달의 특징에 대해 살펴보고, 놀이가 영유아의 뇌 발달에 어떠한 영향을 미치는지에 대해 알아보고자 한다.

1. 뇌 발달의 특성

인간이 살아가기 위해 필요한 모든 행동과 사고는 뇌의 지배를 받게 된다. 인간은 각자 서로 다른 생김새나 성격, 가치관을 지니듯, 각자가 지니고 있는 뇌의 모습이나 발달 특성도 개인에 따라 다르다. 세상을 알아가는 데 필요한 정보들은 경험을 통해 인간의 뇌에 기억으로 남게 된다(우미라, 2007).

영유아기 초기 경험은 모든 미래의 학습, 행동, 건강의 기초를 제공하는 두뇌 구조의 발달에 영향을 미친다. 건축물의 기초가 약하면 건축물의 품질과 강도가 저하되는 것처럼, 인생 초기에 불리한 경험은 뇌 구조를 손상시킬 수 있고, 부정적인 영향은 성인기까지 지속된다. 뇌는 인체의 모든 기관 중에서 태어날 때 완성이 가장 덜 된 구조물로서 크기도 성인의 40퍼센트에 불과하다. 인간의 뇌는 시간이 지날수록 뇌의 크기만 변하는 것이 아니라 뇌 내부의 배선이 바뀌게 된다(Jensen, 2018).

1) 뇌 형성 과정

뇌는 생명체의 진화 과정이 그대로 재현되며 다른 기관이나 조직과는 달리 원시기능에서부터 가장 고등기능까지 그대로 간직한 채 전체적인 모습을 만들어 간다(박인순, 박병운, 2003). 뇌의 기본 구조는 태어나기 전에 시작하여 성인기까지 계속되는 지속적인 변화 과정을 통해 구성된다. 단순한 신경 연결과 기술이 먼저 형성되고, 그 다음에는 더 복잡한 회로와 기술이 형성된다. 생후 처음 몇 년 동안은 매초마다 100만 개 이상의 새로운 신경 연결이 형성된다. 이 급속한 증식기 이후에는 가지치기(prunning)라는 과정을 통해 연결이 감소하여 뇌 회로가 더욱 효율적일 수 있다.

뇌는 약 천억 개의 뉴런(neuron)과 1조 개 이상의 글리아(Glia) 세포로 구성된 것으로 알려져 있다. 뉴런은 정보를 처리하는 주된 세포이고 글리아는 뉴런을 보조하는 세포이다. 뉴런들은 100조 개 이상의 시냅스를 이루면서 서로 연결되어 있다. 시냅스는 5nm(1나노미터=1밀리미터의 백만분의 1) 정도 크기의 극미세한 간극인데 이곳에서 신경전달물질(neurotransmitter)이 분비되어 정보가 한 뉴런에서 다른 뉴런으로 전송되게 된다.

뉴런들은 뇌와 전체 신경 체제에서 핵심적인 기능을 담당한다. 뉴런 즉 신경세포는 세 부분 즉, 세포체(cell body), 수상돌기(dendrite), 축색돌기(axon) 등으로 이루어져 있다. 뇌의 뉴런들 사이에서는 빠른 통신이 이루어진다

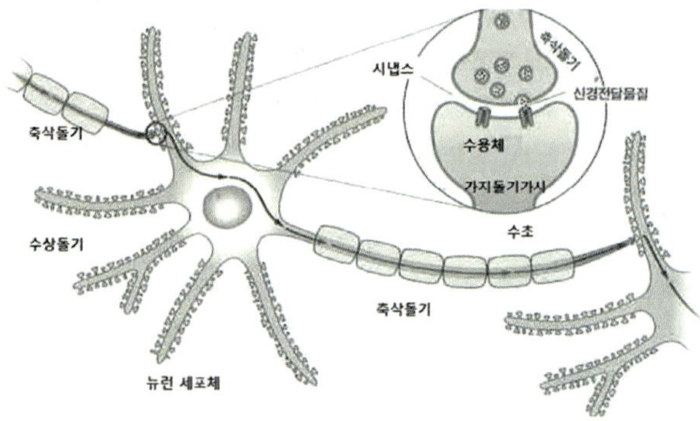

출처: 신경세포의 구조(Jensen, 2018).

생애 초기인 영유아기에 시냅스가 급속하게 증가하는데, 이때 영유아기 두뇌에 존재하는 시냅스의 수는 1,000조 개이다. 시냅스는 초기 2년 동안 대뇌피질 전 부위에서 일어나며, 그 이후에는 뇌의 각 부위별로 집중적인 발달이 이루어진다. 하지만 성인이 되면 이들의 약 절반 정도가 줄어든 약 500조 개의 시냅스만 남게 된다(Hutchison, 2000). 영유아기에 과다한 시냅스가 존재하는 이유는 바로 뇌의 잠재성과 매우 관련 깊다. 과다하게 생산된 시냅스는 생존경쟁에 의해 서로 살아남으려 하다가, 결국 가장 잘 반응하고 쓸모가 많은 시냅스만이 살아남는 것이다. 그리고 일상생활에서 충분히 이용하지 않는 시냅스들은 사라지게 된다. 따라

서 영유아기 시기에 두뇌를 활성화하기 위해서는 오감을 활용한 감각경험과 신체 각 부분의 끊임없는 움직임을 통해 시냅스를 충분히 유지시켜 나가야 할 필요가 있다(Ratey, 2009).

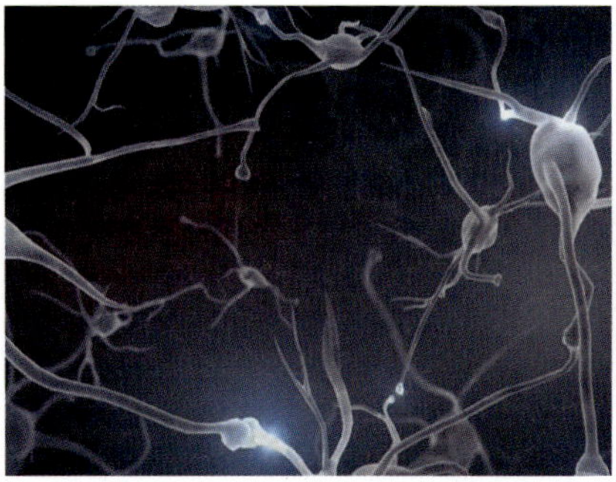

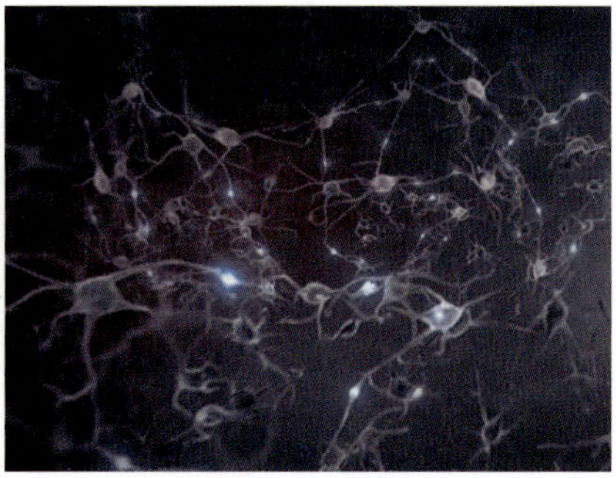

출처: 뇌 구조 발달 과정.
https://developingchild.harvard.edu/resources/experiences-build-brain-architecture/

2) 뇌의 기능

인간의 뇌는 뇌간(brainstem)과 변연계(limbic system), 대뇌피질(cerebral cortex)의 세 부위로 나누어져 있다. 뇌의 가장 바깥쪽에 위치하고 사람 뇌의 약 90퍼센트를 차지하는 대뇌피질(大腦皮質, cerebral cortex)은 인간의 고등 사고 기능을 담당하는 곳으로, 고차원인 사고와 언어처리 · 복잡한 정보들의 종합과 지혜의 중추로 작용한다. 이곳은 수억 개의 신경 네트워크로 조직되어 있으며, 인간 사고와 지혜의 중추로서, 감각기관을 통하여 들어오는 외부 자극을 인식하고, 그에 적절한 대응책을 세우기도 하며, 창의성을 발휘하기도 하는 부분이다. 즉, 이 부분은 학습과 기억 및 문제해결 과정의 중추가 되는 부분이기 때문에 교육적인 면에서도 매우 중요한 부분이라고 할 수 있다(장미연, 임재택, 2010).

대뇌피질은 전두엽(frontal lobe) · 후두엽(occipital lobe) · 두정엽(parietal lobe) · 측두엽(temporal lobe)으로 구분할 수 있다. 전두엽은 판단, 창의성, 정서 조절, 문제해결 및 계획하기와 같은 의도인 행동들에 관여하며(김경철, 홍정선, 2006), 후두엽(occipital lobe)은 뇌의 중간 뒤쪽에 있으며 주로 시각을 담당한다(Jensen, 2010). 두정엽은 감각처리, 운동 및 공간 기능을 담당하며, 측두엽은 청각정보가 일차적으로 전달되는 영역으로 언어중추들을 포함하며, 특히 왼쪽 측두엽은 구어를 이해하는 데 필수적이다.

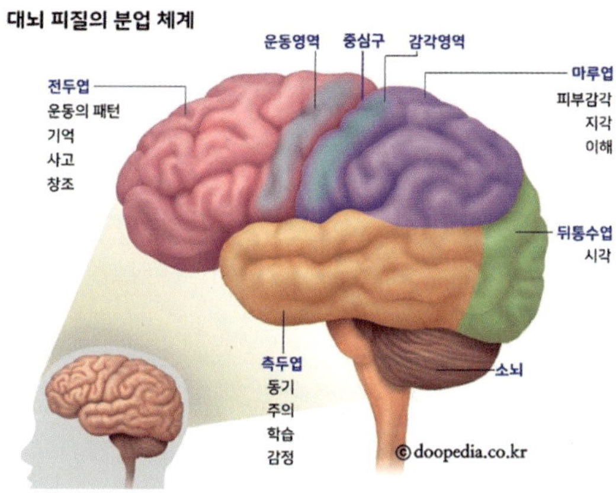

출처: 대뇌 구조(두산백과).

약 3세에서 6세까지는 전두엽이 발달하는데, 전두엽은 이마 주변의 가장 넓은 부위로 가장 복잡한 기능을 수행한다(장미연, 임재택, 2010). 영유아기에는 대뇌피질의 전반적인 발달과 더불어 사고와 인간성 기능을 담당하는 전두엽의 집중적 발달이 이루어진다. 영유아기에 이루어지는 전두엽 발달은 영유아들이 스스로 호기심을 가지고 유의미한 경험을 통해 정보를 인지하고, 사고함으로써 가능하다(김유미, 2009). 따라서 강요에 의한 경험은 영유아의 전두엽 발달에 무의미하다고 볼 수 있다.

3) 뇌 발달과 스트레스

인간이 스트레스를 경험하는 것은 건강한 발달을 위해 중요한 부분이다. 스트레스 반응의 활성화는 신체가 위협에 대처할 수 있도록 준비하는 광범위한 생리적 반응을 일으킨다. 그러나 스트레스 반응이 상당 기간 동안 높은 수준으로 활성화되어 있을 때에는 뇌 발달에 좋지 않은 영향을 미치게 된다. 이것은 특히 고차원의 기술에 전념하는 뇌의 영역에서 신경 연결의 발달에 손상을 줄 수 있다.

최근 뇌 연구가 활발히 진행됨에 따라 스트레스가 뇌 기능의 다양한 측면들에 부정적인 영향을 미쳐 뇌세포의 위축과 괴사현상, 이와 동반되는 학습 및 기억의 손상을 가져오며, 노화를 촉진시키고 그 과정을 악화시킨다는 연구들이 나오고 있다. 특히 뇌 변연계 구조 중 하나인 해마는 스트레스 자극에 취약하고 스트레스로 인한 인지기능의 손상을 일으키는 데 중심적인 역할을 하는 것으로 알려져 있다(김은주, 2012).

뇌의 중추신경계에서 신경 섬유로 이루어진 육안으로 하얗게 보이는 부분을 백색질이라고 한다. 백색질은 여러 정보들을 긴밀하게 연결해 언제든 꺼내 사용할 수 있도록 공유시키는 역할을 한다. 여기에 비해 어두운 색 부분은 회색질이라고 한다. 회색질은 정보의 처리와 판단을 담당하기 때문에 회색질이 두터운 사람은 지식 습득 능력이 높고 심리적 유연성도 높은 것으로 알려져 있다. 사춘기가 지나 어른이 되면서 특정 정보만을 받아들이면 회색질의 양도 줄어든다. 그런데 영유아들이 강렬하고 지속적인 스트레스 상황에 노출되면 뇌 속 백색질과 회색질의 양이 동시에 줄어드는 것으로 나타났다. 전반적인 뇌 기능의 저하가 초래된 것이다.

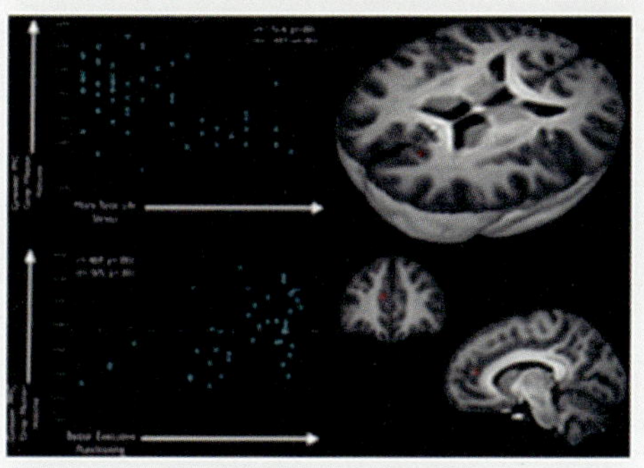

▲ 극심한 스트레스를 받은 아이들은 뇌 전전두엽의 회색질과 백색질의 양이 줄어들어 인지능력에 문제가 생겼다. ⓒ Journal Neuroscience

정신적인 스트레스를 받으면 뇌 구조가 변화하고 발달이 더뎌지는 것으로 밝혀졌다. 특히 뇌 구조가 본격적으로 형성되는 어린 시절과 사춘기에 강렬하고 지속적인 스트레스를 겪을수록 뇌 전전두엽의 기능이 저하되는 것으로 나타났다. 특히 영유아들이 방치나 만성적인 스트레스 등으로부터 보호되어 안전한 환경에서 잘 성장할 수 있도록 보호해 주는 것이 필요하다. 인생 초기에 불리한 경험은 뇌 구조를 손상시킬 수 있고, 부정적인 영향은 성인기까지 지속된다. 영유아의 건강한 두뇌 발달을 위해서는 다양한 감각적, 인지적 자극도 필요하지만 과도한 스트레스로부터 영유아를 보호해야 한다(김경철, 2017).

생각해 보기

"유아기 스트레스 경험, 뇌 성숙에 도움된다"

– 네덜란드 연구팀 20년간 조사… 청소년 땐 오히려 뇌 발달 방해

어릴 때 적정한 스트레스를 경험하는 게 뇌 성숙을 가속화시킨다는 연구 결과가 나왔다. 네덜란드 라드바우드대 연구팀이 1998년부터 129명의 1세 아이와 이들의 부모를 대상으로, 생활하면서 받는 스트레스가 아이들의 뇌에 어떤 영향을 미치는지 20년에 걸쳐 조사했다. 연구 결과, 유아기(0~5세)에 다양한 사회적 환경에 노출돼 스트레스를 받으면 청소년이 됐을 때 전전두피질(기억력 · 사고력을 관장), 편도체(위험을 감지), 해마(정보를 저장)가 더 빠르게 성숙하는 것으로 나타났다.

반면 청소년기(14~17세)가 되어 받는 학업 · 친구 관련 스트레스는 뇌 성숙을 오히려 더디게 만들었다. 연구팀은 "다소 부정적인 사건이더라도, 어릴 때에는 그 사건을 겪는 것 자체가 뇌가 성숙하는 데 도움이 된다"며 "뇌는 신경망이 가지치기를 많이 할수록 발달하는데, 어릴 때 다양한 일을 경험하면 뇌 신경망이 가지치기를 많이 한다"고 말했다. 이미 뇌가 어느 정도 성숙한 후에는 부정적인 사건이 오히려 뇌 발달을 저해한다. 연구팀은 "다만, 뇌가 과도하게 빠르게 성숙하면 융통성이 떨어질 수 있고, 반사회적 성격을 갖게 될 수 있으므로 과도하지 않은 적정선의 스트레스를 받는 게 중요하다"고 말했다.

출처: 헬스조선(2018. 6. 29.).
https://health.chosun.com/site/data/html_dir/2018/06/29/2018062900112.html

● 생각해 봅시다

유아들의 뇌 발달에 도움을 줄 수 있는 스트레스는 무엇이며, 유아들의 뇌 발달을 저해하는 스트레스에는 어떤 것들이 있을지 생각해 봅시다.

2. 영유아기 뇌 발달

영유아기는 뇌의 특성상 가장 잠재성이 높은 중요한 시기이다. 뇌는 타고난 요인도 중요하지만 후천적으로 삶을 통해 받는 영향도 매우 크므로, 뇌 발달에 있어 교육도 중요한 역할을 하게 됨을 알 수 있다. 즉, 뇌는 유전자와 경험의 상호작용으로 발달한다.

1) 서로 다른 특별한 뇌를 가진 영유아들

인간은 각자 느끼는 것이 다르고 생각하는 것이 다른데 이는 인간이 각자 서로 다른 특별한 '뇌'를 가지고 있기 때문이다(Caine & Caine, 1994; Jensen, 2000). 인간은 태어날 때부터 뇌에 이미 1,000억 개에 달하는 뉴런이 형성돼 있지만, 이들의 조합은 평생 동안 변해 간다(정지은 외, 2009). 인간은 모두 같은 감각체계나 정서체계를 지니고 있으나 각 개인의 뇌는 자신만의 서로 다른 뇌 구조와 크기를 가지고 있고, 한 뇌의 내부에서 이루어지는 뉴런의 연결 방식, 시냅스의 형성 방식도 다르게 만들어진다. 영유아기는 가소성이 가장 뛰어난 시기로 무한한 잠재성을 지니는 단계라고 할 수 있다. 영유아들은 저마다 다른 자신만의 독특한 '뇌'를 가지고 있다. 따라서 영유아들의 성공적인 성장을 위해서는 영유아들의 뇌가 각각 다르고 특별하다는 점을 인정하는 데서 출발할 필요가 있다(장미연, 임재택, 2010).

뇌에는 우뇌와 좌뇌를 이어주는 뇌량(腦梁)이라는 신경 연결부가 있는데, 만 4세 이전에는 뇌량이 아직 발달되어 있지 않으며(김유미, 2009), 각각이 대뇌변연계와 이어져 있다. 뇌는 정서적인 뇌가 먼저 발달하고, 인지적인 뇌가 그 이후에 발생한다(Jensen, 2000). 감정과 감각, 지각 등의 정서적인 뇌의 성격은 우뇌와 좌뇌 중 우뇌 쪽의 특징과 관련이 있다.

영유아기는 우뇌 발달이 중점적으로 이루어지는 시기이다. 좌뇌와 우뇌의 기능을 살펴보면 좌뇌는 정보를 처리할 때 전체보다는 부분을 우선적으로 생각하고 조직적으로 계획성 있게 사물을 분석하고 감정을 조절하면서 언어 지향적인 사고를 하고자 하는 경향이 큰데 반해 우뇌는 전체적으로 파악하는 능력을 통해 전체인 윤곽을 우선적으로 생각하고, 이미지와 직관을 통해 사물을 분석하고 정서를 자유롭게 표출하고자 하며 비언어적 또는 직관적인 사고를 하고자 하는 경향이 크다(이시형, 2005). 영유아기는 우뇌를 사용한 경험이 충분히 이루어져야 하는 시기이다. 우뇌를 중심으로 발달하는 영유아 시기의 아이들은 이성적인 사고보다는 감성과 영성을 통한 사고가 우선되어야 하고, 부분적으로 이루어지는 활동이나 경험보다는 전체적인 경험을 할 수 있는 삶을 통한 경험이 이루어져야 한다(장미연, 임재택, 2010).

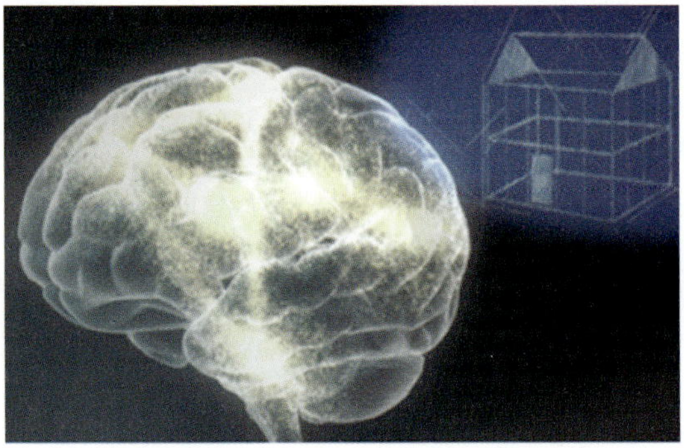

출처: 아이의 두뇌 구조의 발달은 모든 미래의 학습, 행동, 건강을 위한 기초.
https://developingchild.harvard.edu/science/key-concepts/brain-architecture/

2) 영유아기 경험과 뇌 발달

두뇌가 성장하는 방식은 다른 사람과 세상에 대한 영유아의 경험에 의해 크게 영향을 받는다. 영유아기의 뇌 구조 구성에는 유전자와 경험의 상호작용이 영향을 미친다. 뇌 발달은 자녀와 부모 및 가족이나 커뮤니티의 다른 보호자 사이의 상호작용에 영향을 받는다. 이러한 상호작용이 없는 경우 균형 있는 뇌 발달에 문제가 생길 수 있다. 초기에 발달하는 신체적 건강, 사회적 기술, 인지 언어적 능력은 모두 학교, 직장, 더 큰 공동체에 성공적으로 적응하기 위해 중요한 요소이다.

뇌는 성장하면서 계속해서 발달하지만 특히 생후 8년 동안의 뇌 발달은 미래의 학습, 건강 및 성공적인 삶을 위한 기반을 구축하기 때문에 매우 중요한 시기라고 할 수 있다. 영유아들은 독립적이 되고 건강하고 성공적인 삶을 영위하기 위해 올바른 기술을 개발하는 첫 번째 교사로서 부모, 가족 구성원 및 기타 보호자에게 의존한다.

부모와 보호자는 자녀의 조기 학습에 가장 큰 영향을 미친다. 부모나 보호자와의 강한 관계는 어린 아이에게 세계를 탐험할 수 있는 자신감을 줄 수 있다. 부모와 기타 보호자들은 아이들의 건강한 뇌 성장을 지원할 수 있다. 보호자들이 자녀의 필요를 이해하고 세심하게 반응하여 자녀를 양육하면 스트레스로부터 자녀의 뇌를 보호하는 데 도움이 된다. 아이들과 이야기하고 책, 이야기, 노래에 노출시키는 것은 아이들의 언어와 의사소통을 강화하는 데 도움이 되며, 이는 아이들이 학교에서 배우고 성공할 수 있는 길을 열어 주게 된다.

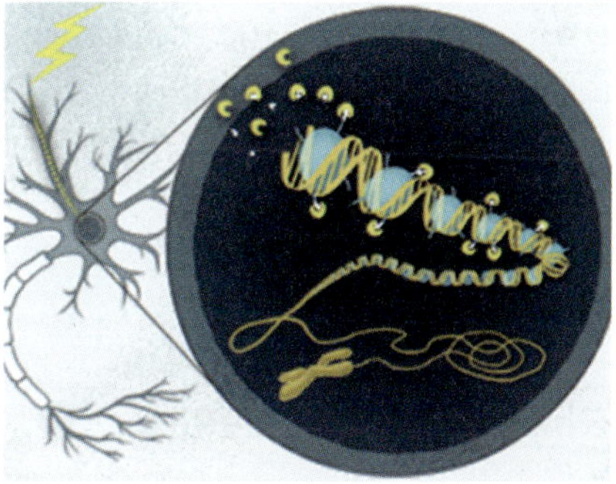

출처: 경험은 유전자가 발현되는지 여부와 발현 방식을 결정하는 유전자에 화학적 '서명'을 남긴다.
https://developingchild.harvard.edu/science/deep-dives/mental-health/

생후 초기 경험에 따라 뇌 발달은 긍정적인 성장의 기회를 갖거나 구조적인 취약성을 가지게 된다. 생후 첫 3년 동안 영유아가 다양한 감각적 자극을 받아들이는 경험을 통해 시냅스가 만들어지는데 뇌는 가소성이 있어 경험에 따라 변할 수 있다. 또한 계속해서 시냅스가 증가하는 것이 아니라 시냅스 가지치기라고 부르는 과정을 통해 자극을 받지 않는 뉴런과 시냅스들은 퇴화된다. 따라서 뇌 발달은 유전자와 환경이 서로 상호작용하면서 이루어지기 때문에 건강하고 긍정적인 뇌 발달을 가져올 수 있는 환경이 필요하다고 할 수 있다(김경철, 이인선, 2017).

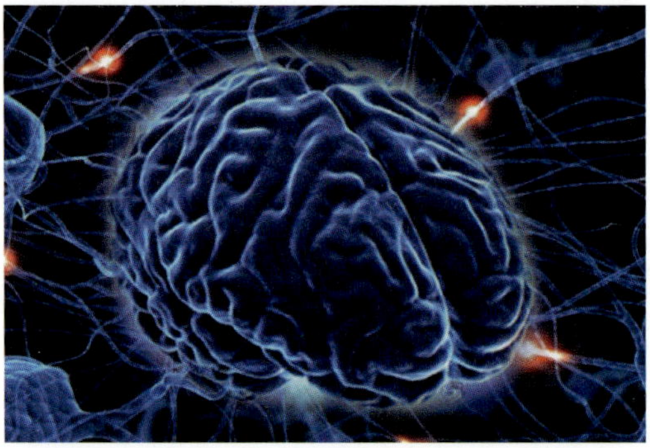

출처: 경험은 시냅스(synapse)를 바꾼다.
www.jnuri.net/news/articleView.html?idxno=32659

3) 영유아에게 적합한 뇌 기반 배움 원리

최근 과학기술의 발달과 더불어 인간 뇌의 구조와 기능, 작용을 밝히는 연구 결과들은 교육 분야에 새로운 패러다임을 제시하고 있다. 이러한 연구들은 인간 뇌 발달 과정에서의 환경과 경험의 중요성을 확인시켜 주고 있으며, 영유아기 환경과 경험이 신경세포의 형성 과정에 영향을 주는 중요한 역할을 강조한다. 뇌과학과 교육의 연계를 강조하는 연구들은 인간 발달 시기별 뇌 구조와 기능의 특성은 물론 기억이나 학습과 관련된 뇌의 작동 원리를 교육에 적용할 것을 강조하고 있다(김두정, 2010; 정미라, 권정윤, 박수경, 2011).

뇌과학 관련 연구는 유아기 성장과 발달에 관한 기존 이론들의 타당성을 입증하는 근거를 마련해 주었으며 새로운 교육의 방향을 설정하는 데 기여하고 있다(배소연, 2014). 뇌과학의 원리를 교육목적이나 교육내용, 교수학습 방법에 적용하기 위해서는 학습자 뇌의 특성과 발달 과정을 먼저 이해할 필요가 있다. 이와 같이 학습자의 뇌 발달 특성이나 과정에 교육내용과 방법이 기초해야 한다는 의미에서 이를 뇌 기반 교육(brain-based education) 또는 뇌친화적 교육(brain-compatible teaching)이라 부른다(Jensen, 2007; Radin, 2009).

뇌 기반 교육을 실행하기 위해 가장 강조되는 원리 중의 하나는 학습자의 개별성을 고려하여 융통성 있게 교육하는 것이다(Jensen, 2008). 인간의 뇌는 발달 시기에 따라서는 물론 개인 간에도 차이가 있다. 그러므로 영유아를 대상으로 한 뇌 기반 학습은 학습자의 개별 특성과 강점에 맞추어 이루어지는 것이 필요하다(Jensen, 2007).

영유아에게 적합한 뇌 기반 학습원리를 제시하면 다음과 같다.

첫째, 각 영유아의 뇌는 독특하며 변화 가능하다. 모든 유아들의 학습양식, 정서 상태, 관심 영역 및 의미 있는 내용이 각기 다르다. 모든 영유아의 뇌는 유전과 환경에 의해 각기 다르게 통합되어, 뇌를 활용하는 방식이 다르기 때문이다. 개별 영유아가 학습하는 방식은 뇌의 구조에 영향을 받으므로, 교사는 개별 유아 뇌의 독특성을 고려하여, 수업은 모든 영유아들이 자신의 시각, 촉각, 감정, 청각적 선호를 발휘할 수 있도록 다면적이어야 하며, 개인차를 고려해야 한다(김경철, 홍정선, 2006).

둘째, 뇌는 오감을 통한 경험으로 가장 잘 기억하며(정미라, 권정윤, 강수경, 2016), 유아가 오감을 활용한 활동을 하였을 때 더 활성화되고, 필요한 정보를 더 잘 기억하여 필요할 때 기억된 정보를 빨리 인출한다. 그러므로 영유가 오감을 활용할 수 있는 '오감 활용의 원리'를 활용해야 학습이 더 잘 이루어질 수 있다(Jensen, 2010).

셋째, 영유아에게 유의미한 내용을 선정해야 한다. 뇌는 의미 탐색에 본능적이다. 인간의 뇌는 생존 지향적이며 의미를 탐색하는 것이 자동적 현상이다. 대뇌피질의 특징 중 하나는 유의미한 패턴을 탐지하고 구축하는 능력이다. 의미 탐색은 자신의 경험을 이해하는 과정이며, 패턴 구축은 유의미한 정보의 조직화와 범주화를 말한다. 뇌는 패턴을 지각하고 생성하도록 설계되어 있으므로, 무의미성이 부과되는 것에 저항한다. 효과적인 학습을 위해서는 유의미하고 개인적으로 관련성 있는 패턴을 창출할 수 있어야 한다(김경철, 홍정선, 2006).

넷째, 영유아의 뇌는 영유아의 흥미와 정서를 최대한 고려해야 긍정적인 방향으로 변화할 수 있다. 그러므로 영유아가 흥미를 가지고 적극적으로 활동할 수 있도록 동기유발을 해야 한다(정종진, 2015; Jensen, 2010). 놀이는 영유아가 환경과 적극적으로 상호작용하게 만들 뿐 아니라 긍정적인 정서 속에서 이루어지기 때문에 뇌 발달에 긍정적인 영향을 미친다.

다섯째, 신체적 움직임을 활용해야 한다. 신체적 움직임의 중추 기관은 소뇌라 할 수 있다. 소뇌는 신체의 모든 부분들로부터 감각정보를 받아 근육의 긴장상태, 자세잡기, 움직임, 눈과 손의 협응 동작을 원활하게 한다. 신체적 움직임은 뇌의 학습을 자극하는 최선의 방법이다. 따라서 학습상황에서 신체적 움직임을 활용해야 한다. 더욱이 영유아기는 신체 발달이 왕성하게 일어나는 시기로서, 신체의 자연스러운 움직임은 사물을 인식하고 개념을 형성하는 등 자연스런 학습을 가능하게 한다.

여섯째, 위협과 스트레스가 없는 정서적으로 안정된 환경을 구성해야 한다. 영유아가 학습상황에서 위협이나 스트레스, 공포를 느끼게 되면 대뇌피질의 학습을 지향할 수 없게 된다. 특히 뇌 구조가 본격적으로 형성되는 어린 시절과 사춘기에 강렬하고 지속적인 스트레스를 겪을수록 뇌 전전두엽의 기능이 저하되는 것으로 나타났다. 전전두엽은 중요한 정보를 저장하고 있다가 위급한 상황이 닥쳤을 때 재빨리 떠올려 더 나은 판단을 하게 도와주는 기능을 하는데, 이 기능에 문제가 생기면 전반적인 인지능력이 둔화된다. 이러한 상황에 놓이게 되면 아드레날린, 코르티솔, 바소프레신 등의 호르몬이 분비되어 심장 박동을 높이거나 위험한 것에 집중하도록 하여 문제해결이나 창의적 사고를 하기 어렵다.

♣ 더 알아보기

놀이는 인간뿐만 아니라 모든 동물의 성장에서도 중요한 역할을 하는 것입니다.

- 아래의 동영상을 시청하면서, 동물 세계에서 놀이가 갖는 의미를 알아봅시다.
- 어린 동물들은 노는 것을 좋아합니다. 동물들은 놀이를 통해 놀라운 이익을 얻는다고 합니다. 놀이의 숨겨진 비밀에 대해 살펴봅시다.

https://www.bbc.co.uk/programmes/m00077gh

https://www.youtube.comwatch?v=WlmKDJuaCmU

우리는 어렸을 때 다른 어떤 방법보다 게임을 통해 삶에 대해 더 많이 배웁니다. 우리가 잘 정돈되고 적응력이 뛰어나며 사회성이 높은 개인으로 발전할 수 있게 해 주는 것이 바로 놀이 능력입니다. 동물들의 세계에서도 놀이는 중요한 의미를 가진다고 합니다. 동물들은 놀이를 통해 어떤 것을 배워 나가는가를 살펴보고 노는 것이 금지된 어린 동물들에게 무슨 일이 일어나는지도 살펴보도록 합시다.

3. 뇌 발달을 위한 놀이지원

1) 뇌 발달 측면에서 본 놀이의 기본원리

영유아들의 놀이 형태는 성장단계에 따라 변화하며, 영유아들의 놀이는 인지능력은 물론 신체와 정서, 그리고 사회성을 발달시키는 데 관여하게 된다. 출생 후 24개월까지 영유아들의 뇌는 시각, 청각, 공간지각과 같은 오감의 뇌가 동시에 발달하기 시작한다. 12개월 전후의 영유아들은 놀이를 반복해 가면서 오감의 뇌가 발달해 간다. 두 돌이 지나면 좌뇌와 우뇌를 연결하는 뇌량이 발달하기 시작하면서, 피상적으로 기억하는 지식과 실제적인 경험이 합쳐지기 시작한다. 만 4세 유아들의 놀이를 살펴보면 지식과 경험이 만나는 모습을 볼 수 있다. 유아들은 책에서 얻은 지식이나 과거의 경험들을 놀이로 재연해 본다. 이러한 놀이의 반복을 통해 유아들은 세상에 대한 불완전했던 지식을 자신의 것으로 만들어 간다.

이와 같이 뇌 발달의 특성과 놀이의 연관성을 고려해 볼 때 놀이의 기본원리는 다음과 같다(하정연, 좌승화, 조채영, 2015).

첫째, 영유아들은 출생 후 바로 놀이를 한다.

영유아는 태어날 때부터 가지고 있는 신경 기제를 이용하여 출생 후 바로 간단한 놀이에 참여한다. 그러나 영유아는 물리적, 신체적으로 자립하는 데 시간이 걸리므로 초기 놀이에서는 부모나 양육자와 같은 성인의 도움을 필요로 한다.

부모와 성인과의 애정적 놀이의 상호작용이 영유아의 뇌 발달에 긍정적인 영향을 미친다. 부모가 양육하지 않은 어린 쥐의 뇌에서 정서와 기억에 관여하는 해마의 부피가 줄어들었다. 따라서 부모나 성인과의 애정적 놀이는 유아에게 강렬한 경험을 제공하면서 시냅스의 형성과 뇌 구조의 변화에 긍정적인 영향을 미친다. 반면 반복되는 스트레스, 지루함, 지속적인 혼돈, 불충분한 영양, 적절한 자극의 부족 등은 대뇌 발달에 부정적인 영향을 미친다. 특히 스트레스를 많이 받으면 해마의 활성 저하가 일어나며 해마의 기능 위축은 장기적으로 해마에서 시냅스가 생성되는 것을 저하시키고 우울증을 유발시킬 수도 있으므로 정서적으로 편안한 분위기에서 활동하고 놀이하는 것이 중요하다.

둘째, 영유아의 신경세포가 빠른 속도로 연결되면서 영유아의 놀이는 점점 정교해진다.

어린 연령일수록 뇌의 형태나 구조, 기능이 아직 완전히 형성되지 않아 뇌가 변화할 수 있는 여지(뇌의 가소성)가 많기 때문에 초기의 질 높은 놀이 경험이 강조된다. 영유아기 초기의 다양한 놀이 경험에 따른 환경적 자극이 중요하다.

영유아의 신경세포가 서로 밀도 있게 연결되면서 영유아들의 놀이는 점점 복잡해지고 심화된다. 놀이는 소뇌와 대뇌피질을 활성화하여 사고력을 증진시킨다. 새로운 놀이를 경험하게 되면 뇌에서는 이를 의미 있는 자극으로 처리하고, 특별히 그 자극에 집중할 수 있게 한다. 소뇌는 다음 행동을 위한 움직임을 준비하는 과정을 처리하며, 자극 정보는 뇌피질을 자극하고 소뇌에서 움직임을 조절하는 활동을 지속적으로 스스로 수정해 갈 수 있도록 한다. 다양한 자극들은 뇌간(brain stem)에서부터 대뇌피질에 이르는 동안 의미 있는 정보로 재구성되어 기억된다. 즉, 놀이를 하는 동안 영유아의 뇌는 발달해 간다.

셋째, 놀이는 건강한 발달에 필수적이다.

영유아기의 경험은 신경회로의 연결에 직접적인 영향을 미치며 시냅스의 형성과 뉴런의 확장을 돕는다. 생후 첫 1년 동안 뇌 발달과 인간의 행동 발달은 놀이활동을 통해서 나타나며 직접적인 교수나 격리, 실조, 학대와 같은 경험은 뇌 발달에 부정적인 영향을 미친다. 휴식 시간의 감소, 컴퓨터와 TV 시청 시간의 증가로 인한 놀이 실조는 영유아의 발달에 문제를 야기할 수 있다. 또한 놀이 경험이 부족하거나 다른 사람들과의 상호작용이나 접촉이 없었던 영유아들은 그들 또래의 정상아보다 뇌의 용량이 20~30퍼센트 적은 것으로 보고되었다.

생각해 보기

■ 놀이의 가치

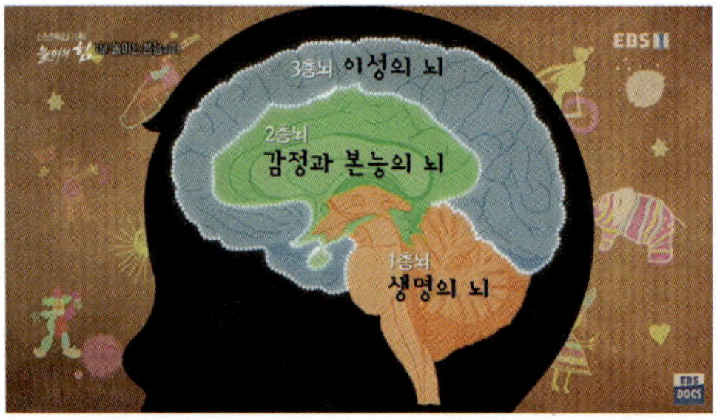

https://www.youtube.com/watch?v=B5ddcfO5HCc

● 아이들에게 놀이란 과연 무엇일까요? 교육 경쟁에 밀려 사라진 '놀 권리'에 대해 생각해 보며, 나아가 놀이가 영유아들의 발달에 미치는 영향에 대해 생각해 봅시다.

2) 영유아의 놀이 유형과 뇌 발달

영유아기에는 좌뇌 또는 우뇌 어느 한쪽만 집중적으로 발달하는 것이 아니고 전체적으로 발달하는 시기이다. 생후 48개월까지 뇌가 가장 활발히, 고르게 발달하고 이후 만 6세까지는 인간의 종합적인 사고를 담당하는 전두엽이 집중적으로 발달하게 된다. 따라서 이 시기를 놓치지 않고 전체적인 뇌 발달을 도모하는 것이 중요하다. 이 시기는 놀이를 통해 뇌 발달을 돕는 것이 효과적인 시기이다(교육부, 경기교육청, 2016). 유아교육은 유아가 흥미를 보이고 호기심을 갖는 주제를 탐구할 수 있도록 스스로 선택의 기회와 도전적인 분위기를 주는 풍요로운 환경과 경험을 제공해 주어야 하며, 놀이 중심의 교수학습 방법을 사용하는 방향으로 나아가야 한다(안경숙, 2013).

(1) 신체놀이와 뇌 발달

영유아들은 일상에서 위험을 만나고, 위험과 한계를 넘어섰을 때 진정으로 배우게 된다. 놀이터에서 안전만을 강조하면 정작 아이는 삶에서 진짜 필요한 기술을 얻지 못한다. 영유아들의 뇌신경성장인자(BDNF)는 말랑말랑한 뇌의 구조와 기능을 바꾸는 데 중요한 역할을 하는데, 바깥놀이는 평소 사용하지 않은 근육을 사용하고 극단적인 감각까지 경험하기 때문에 뇌신경성장인자(BDNF)를 많이 분비하게 한다. 아쉽게도 요즘 아이들이 신체 운동을 할 기회가 점점 줄어들고 있다. 친구들끼리 몸을 쓰는 장난만 쳐도 다칠까 봐 걱정하고, 웬만한 바깥놀이는 위험하다고 하지 못하는 것이 현실이다. 바깥놀이가 부족하면 아이들은 의욕 부진을 겪어 동기나 의욕을 잃어버리고 집중을 못하며 작은 어려움에도 쉽게 좌절하게 된다.

(2) 사회적 놀이와 뇌 발달

영유아에게 놀이 친구는 더 넓은 세상을 선물해 준다. 놀이를 통하여 얼굴을 마주하면 안와전두피질이 상대방의 감정적 신호와 사회적 단서를 처리하고 적절한 상호작용을 할 수 있도록 정보를 편도체에 넘기게 된다. 놀이를 하지 못하면 안와전두피질의 위축으로 적절한 반응이 힘들고 상호작용도 이루어지기 어려울 뿐 아니라, 이 정보를 바탕으로 하는 감정의 조절이나 행동의 통제도 안 되니 사회성이 발달하지 못하게 된다.

요즈음 유치원에는 혼자서는 잘 놀지만 친구들과 어울려서 노는 것이 서투르고, 친구를 사귀지도 않는 아이가 많아졌다고 한다. 아이들의 거친 공격성은 놀이를 통해 용인된 형태로 변형된다. 부모의 어린 시절만 해도 '말뚝박기, 무궁화꽃이 피었습니다, 씨름' 등 여러 가지 형태의 몸을 부딪치는 놀이를 통해서 공격성을 순화시키고, 자기 조절력과 자기 통제력을 키워 왔다. 그러나 아이가 이런 바깥놀이를 하지 못하면, 아이의 공격성은 용인되지 않은 방식으로 분출되어 문제를 일으키게 된다. 가령 '손톱 물어뜯기, 폭식, 머리 부딪히기, 틱장애' 등의 방식으로 풀게 된다. 아이에게 놀이를 박탈하면 감정적으로 더 과격해지며 스트레스를 받게 된다.

(3) 자연 놀이와 뇌 발달

자연환경은 유아의 성장과 발달을 도와줄 수 있는 가장 훌륭한 놀잇감이 있는 놀이터이며 배움터가 될 수 있다(곽노의, 2011). 자연환경에서는 공간과 자료의 제한이 없어 인위적인 실내환경에서는 경험할 수 없는 시원한 바람과 빛나는 아침 햇살, 파란 하늘과 향기로운 꽃 등을 온 감각으로 만나며 온갖 경이로움, 기쁨과 같은 긍정적인 감정뿐 아니라 자연환경을 탐색하고 탐험하며, 성취감, 실패, 좌절 등의 희로애락의 감정을 발달시킬 수 있다(정혜영, 조안나, 2021).

자연물은 유아들이 주변에서 손쉽게 접할 수 있는 익숙한 재료로 무엇보다 안전하고, 다루기가 용이하며, 다양한 조형적 특징을 가지고 있어 교육매체로서의 접근 가능성이 있다(김보연, 2017; 김혜원, 장영숙, 2015; 이연화, 2020). 자연물을 활용한 놀이 활동이 사물에 대한 무한한 상상과 창조의 자극, 그리고 흥미와 호기심에 기반한 탐색 경험과 도전정신의 실천, 유아의 다양한 발달적 측면을 증진시킬 수 있다는 점에서 중요한 가치가 있다.

자연에서의 놀이 경험은 영유아에게 자연과 교감하는 경험 및 다양한 자연현상을 체험하게 한다. 이는 인간의 정서를 풍부하게 하며 자연의 모습을 탐색하고 표현하는 감각적 체험을 통해 안정적인 정서를 도모한다(김지선, 2018). 또한 자연을 생명으로 인식하고 존중하는 태도는 타인을 이해하고 존중하는 태도로 이어져 원만한 대인관계를 형성하게 한다(허안나, 2012). 실외라는 자연환경에서 마음의 안정을 찾고 자연물을 접하며 그 느낌을 표현하는 경험은 자신의 정서가 무엇인지 알게 하고 표현하는 횟수를 증가시킨다(박동월, 2014). 즉 자연을 활용한 실외놀이의 제공은 정서지능의 향상을 촉진시킴으로써 스스로의 마음을 이해하고 표현하는 능력을 길러 줄 수 있다(김동순, 2018).

♣ 더 알아보기

■ 놀이와 뇌 성장의 관계

https://www.youtube.com/watch?v=P798aMzF2GY

● 아이들에게 놀이란 과연 무엇일까요? 놀이를 통해 아이들의 뇌가 발달하는 과정을 시기별로 알아보고, 뇌 성장에 따라 아이들이 세상을 이해하는 방식을 알아보도록 합시다.

Chapter 03

놀이이론

놀이의 중요성은 고대시대부터 오늘날까지 지속적으로 강조되어 왔으나 놀이에 관한 관점은 시대적, 사회적 변화에 따라 학자들마다 다양한 견해를 보이고 있다. 본 장에서는 놀이에 대한 관점의 역사적 변천과 함께 고전적 놀이이론과 현대적 놀이이론을 소개하고자 한다. 고전적 놀이이론에는 잉여에너지이론, 휴식이론, 반복이론, 연습이론 등이 있으며 현대적 놀이이론의 정립에 많은 영향을 미쳤다. 현대적 놀이이론은 정신분석이론, 인지발달이론, 사회문화적이론, 각성조절이론, 상위의사소통이론, 각본이론으로 나누어 볼 수 있다.

1. 놀이에 대한 관점의 변화

놀이에 대한 연구가 본격적으로 시작된 것은 1920년~30년대이지만, 그보다 더 일찍 고대 플라톤(Platon) 이래로 많은 철학자와 이론가, 사상가들이 놀이의 중요성을 이야기했다.

최초의 철학자인 플라톤(platon)은 놀이에 몰두하고 있는 영유아를 관찰한 후 각자의 개성을 발견하고 타고난 소질을 개발해 줄 수 있는 이상적인 방법으로 강제적인 교육의 방법보다는 놀이처럼 가르치는 것이 효과적이라고 하였다. 플라톤(platon)은 놀이를 통해 미래 직업을 준비할 수 있다고 보았는데, 건축가의 직업을 위해서는 영유아기에 집을 지어 보는 놀이 경험이 필요하다고 하였다. 이때 교육자는 놀이에 필요한 재료를 제공해 주어야 한다고 하였다.

이후 중세시대에 들어오면서 놀이에 대한 관점은 놀이의 결과가 영유아의 성장과 발달을 가져오는 것으로 변화하였다. 코메니우스(Comenius)는 영유아의 감각경험의 중요성을 강조하였다. 따라서 다양한 사물을 직접 만지고 만드는 경험을 통해 영유아의 호기심과 창의성을 개발할 수 있다고 보았다.

[그림 3-1] 피터 브뢰헬(1559)의 '아이들의 놀이'

[그림 3-1]은 1560년 중세시대에 그려진 피터 브뢰헬(Bruegel)의 '아이들의 놀이'라는 그림이다. 그림을 보면 당시 아이들의 놀이하는 모습을 볼 수 있다. 무엇을 하며 놀았는지, 어떤 장난감을 가지고 놀이했는지 그림을 통해 확인할 수 있다. 그림 속에서 굴렁쇠를 굴리며 놀이하는 아이도 볼 수 있고, 꼬리잡기를 하는 아이들도 있으며, 술래잡기를 하는 모습도 찾아볼 수 있다. 이는 중세사회가 아이들의 놀이에 무관심하지 않았고 놀이에 긍정적이었음을 알게 해 준다.

[그림 3-2] 프뢰벨의 유치원에서의 놀이(Kindergarten-Museum)

출처: https://www.kindergarten-museum.de/exponate

로크(Locke)는 영유아들이 놀잇감을 가지고 놀이하면서 여러 가지 개념을 배우고 지식을 학습한다는 관점을 가졌다. 이에 따라 로크(Locke)는 나무로 된 알파벳 블록을 만들고 이를 가지고 놀이하도록 하면서 글자를 배우는 즐거움을 향상시킬 수 있다고 하였다.

루소(Rousseau)는 그의 저서 『에밀』을 통해 영유아에게 자연이 가장 좋은 학습의 장이라고 하며 영유아가 자유롭게 탐색하고 놀이하면서 스스로 학습해야 한다는 관점을 피력했다. 또한 루소(Rousseau)는 영유아 시기에 하루 종일 뛰고 달리고 놀이하는 것이 가장 행복한 것이라고 강조하였다. 페스탈로치(Pestalozzi)는 교육이 영유아의 능력을 계발할 수 있다는 입장이며 영유아가 자유롭게 탐구하고 활동을 통해 배워야 한다는 놀이의 교육적 기능의 관점을 가졌다(Pestalozzi, 1894).

다음으로 프뢰벨(Fröbel)은 영유아가 놀이를 통해 배운다고 생각했다. 놀이를 인간 성장의 기본요소로 인식하고 영유아기 교육이 놀이를 통해 이루어져야 한다고 보았다. 최초의 유치원과 최초의 놀잇감 은물을 고안하였다(Fröbel, 1887).

이후 등장한 놀이의 고전적인 이론들은 모두 생물학적 관점을 통해 놀이를 원인으로 보고 신체적 발달을 주요 결과로 보았다. 그러나 현대 이론들은 놀이의 이점에 초점을 맞추어 연구되었다.

〈표 3-1〉 놀이 관점의 역사적 연대표(historical timeline of study of play)

학자	연대	놀이의 관점	결과
플라톤 (platon)	BC427– 347	영유아기에는 강제적인 교육보다 타고난 소질을 잘 발휘할 수 있도록 놀이처럼 가르치는 것이 효과적이다. 미래의 건축가가 되기 위해서는 놀이 속에서 집을 만들어 봐야 하며 교사는 놀이에 필요한 자료를 제공해 주어야 한다.	직업 준비
코메니우스 (Comenius)	1592– 1670	영유아는 선천적으로 호기심이 많고 영유아의 창의성을 끌어내기 위해서는 감각기관을 통해 다양한 사물을 직접 경험하도록 하는 것이 중요하다. 영유아는 작은 집을 만드는 것을 좋아하고 점토, 칩, 나무, 돌로 벽을 세우는 만들기를 잘한다. 세계 최초의 영유아를 위한 그림책 『세계도회(Orbis Sensualium Pictus)』를 만들었다.	성장과 발달
로크 (Locke)	1632– 1704	영유아는 놀잇감을 가지고 놀면서 여러 가지 개념을 배우고 학습한다. 존 로크는 최초의 교육용 장난감인 나무로 된 알파벳 블록을 만들어 놀이하면서 알파벳을 배울 수 있도록 하였다.	성장과 발달
루소 (Rousseau)	1712– 1778	영유아는 선천적으로 선한 성품을 가지고 태어났으며 자연이 학습의 가장 중요한 힘이다. 저서 『에밀』에 의하면 에밀에게 자유롭게 돌아다니며 탐색하게 하여 스스로 학습하도록 하였는데 놀이와 학습을 동일한 것으로 믿었다. 어린 시절 하루 종일 뛰어 놀고 달리는 것이 평생 가장 행복한 것이라고 했다.	성장과 발달
페스탈로치 (Pestalozzi)	1746– 1827	영유아는 자유롭게 탐구할 수 있어야 하고 행동을 통해 배워야 한다. 그는 1801년 저서 『겔투르드(Gertrude)』를 통해 아이들을 가르치는 방법으로 연습을 이야기했다.	교육적 기능
프뢰벨 (Fröbel)	1782– 1852	영유아는 놀이를 통해 배운다. 놀이를 인간 성장의 기본 요소로 인식하고 영유아기 교육이 놀이를 통해 이루어져야 한다고 보았다. 최초의 놀잇감 은물을 고안하였다.	성장과 발달

출처 : Supporting Play in Early Childhood(2018).

2. 고전적 놀이이론(Classical Theories of Play)

19세기 후반부터 20세기 초기에 나타난 고전적 놀이이론은 주로 생물학적 관점에서 놀이를 연구하였는데 영유아가 왜 놀이를 하는지 즉, 놀이의 목적에 대하여 주로 설명하고자 하였다. 고전적 놀이이론은 에너지에 초점을 맞춘 잉여에너지이론과 휴식이론, 그리고 본능에 초점을 둔 반복이론과 연습이론이 있다. 잉여에너지이론은 에너지가 남아서 놀이를 한다는 입장이고 휴식이론은 에너지를 재충전하기 위해서 놀이를 한다고 보았다. 반복이론은 놀이가 인간의 진화과정을 반복하면서 현대생활에 필요한 원시적 본능을 제거한다는 입장이고 연습이론은 미래에 필요한 본능을 강화하기 위해서 놀이를 한다는 입장이다.

1) 잉여에너지이론

잉여에너지이론의 대표적인 학자는 쉴러(Schiller)와 스펜서(Spencer)이다. 잉여에너지이론에서는 놀이를 기본욕구를 충족하고 남은 잉여에너지를 발산하는 것이라고 보았다. 잉여에너지이론에서 쉴러(Schiller)는 모든 유기체는 생존 욕구를 충족시키기 위해서 끊임없이 에너지를 축적시키고 발산하는데, 이때 기본욕구가 충족되고 나면 더 이상 에너지를 사용하지 않게 되고 그때부터 잉여에너지가 생기게 된다고 했다. 이때 발생하는 잉여에너지를 놀이를 통해 소모하게 된다는 것이다.

스펜서(Spencer)는 인간이나 동물은 정신적, 신체적 노동 과정에서 자연스럽게 신경세포가 분해되고 그 후 일정 기간 동안 활동 정지 상태를 거친 후 다시 복구가 되는데 신경세포의 재생은 유기체가 새로운 활동을 위한 준비가 되었음을 의미한다. 재생된 세포는 유기체로 하여금 자극에 민감하게 하여 활동에 대한 무한한 욕구를 갖도록 하는데 이러한 경향은 진화 단계에 따라 차이를 보인다. 즉, 고등동물은 하등동물에 비해 효율적으로 생명을 유지할 수 있고 생존유지에 필요한 에너지의 소모량이 적은 반면에 잉여에너지 양은 더 많아서 고등동물이 하등동물보다 놀이를 더 많이 하게 된다. 벌이나 개미에게서는 놀이의 모습을 보기 어렵지만 강아지나 고양이가 놀이하는 모습을 자주 보게 되는 것이 이러한 이유에서이다.

잉여에너지이론을 지지한 학자 중 톨만(Tolman)은 인간이 음식, 성, 휴식 등 기본적인 욕구가 충족되고 나면 생리학적으로 활동정지 상태가 되고 이 상태가 오래 지속되면 에너지가 과다해지므로 놀이 욕구가 생긴다고 주장하였다(Talman, 1932).

그러나 잉여에너지이론에 대한 문제와 비판점을 보면 어린 영유아들은 성인의 보살핌을 받기 때문에 성인에 비해 잉여에너지의 양이 더 많고 과잉된 에너지를 놀이를 통해 소모하기 때문에 영유아들이 더 많이 놀이하게 된다. 그러나 이 이론에 따르면 아이들은 지칠 때까지 놀아서 에너지가 소진되면 놀이를 그만 두어야 하지만 실제로 지친 상태에서도 새로운 것이 발견되면 놀이를 계속하는 것에 대해서 설명하지 못한다는 비판을 받았다.

2) 휴식이론

휴식이론의 대표 학자는 라자루스(Lazarus)와 패트릭(Patrick)이다. 휴식이론은 잉여에너지이론과 정반대의 개념으로, 놀이를 통해 소모된 에너지를 재생한다는 것이다. 라자루스(Lazarus)는 인간은 일이나 노동으로 소모한 에너지를 다시 회복하기 위해서 휴식을 즐기며 놀이를 하게 된다고 하였다. 패트릭(Patrick)도 인간이 정신적인 피로감을 풀고 휴식하고 싶을 때 놀이를 한다고 하였다.

특히 고도의 정신력을 요구하는 현대사회의 업무는 개인의 에너지를 빼앗아 피로감을 느끼게 되는데, 이때 야외 활동이나 레크리에이션 등을 하면서 에너지를 회복시킨다. 휴식이론은 스트레스가 많이 발생하는 현대사회의 놀이를 잘 설명해 주고 있다. 직장에서 일을 열심히 한 후 야유회를 가거나 레크리에이션을 하는 것이 그 이유이다.

그러나 휴식이론의 문제와 비판점을 보면 휴식이론에서는 정신노동으로 에너지가 고갈되면 놀이를 한다고 하였으나 육체노동에 종사하는 사람들도 놀이를 하는 것이나 스트레스가 쌓일 정도로 일을 하지 않는 영유아가 놀이를 하는 것에 대하여 논리적으로 설명하지 못하다는 비판을 받았다.

3) 반복이론

반복이론의 대표적인 학자는 홀(Hall)이며 다윈의 진화론을 바탕으로 하고 있다. 반복이론에서 놀이는 인류의 진화 과정이 반복하여 재현되는 것이라고 하였다(Hall, 1916). 홀(Hall)은 영유아 발달 과정에 원생동물류부터 인간에 이르기까지의 진화 과정이 재현되며 영유아의 놀이에도 인류의 진화과정이 반복되어 나타난다고 하였다. 영유아의 놀이는 인류의 진화 과정과 같은 단계로 발달하는데 영유아가 물놀이를 하고, 모래놀이를 하고, 네 발로 걷다가, 나무 위에 올라가는 행동은 인류 태초부터 초기 인간의 특징을 보여 주는 것으로 보았다(Millar, 1977). 특히 인류 역사의 과정을 통해서 보면 첫 번째는 동물 단계로 기어오르기, 두 번째 야만인 단계에서는 사냥과 같은 숨기, 찾기, 잡기 놀이, 세 번째는 유목민 단계로 애완동물 기르기, 네 번째는 농경 단계로 인형놀이, 모래놀이, 다섯 번째는 부족 단계로 팀 게임 등이 나타난다고 하였다.

홀(Hall)은 놀이를 통해 현대생활에 더 이상 필요하지 않은 원시적 본능을 모두 다 발산시켜 초기에 획득한 본능을 약화시키고 좀 더 복잡한 형태의 진화된 형태로 발전한다고 하였다.

그러나 반복이론의 문제와 비판점을 보면 인류의 진화 과정이 영유아의 놀이에 반영되지 않는다는 점이다. 아이들의 놀이가 진화의 모든 단계를 거치지 않는다는 것인데 영유아의 놀이가 인류 조상의 행동과 유사한 것으로 보이지만 이는 동일한 해부학적 구조로 인한 것으로 해석될 수 있다. 또한 현대의 로켓이나 비행기 같은 장난감을 가지고 하는 놀이나 현대의 컴퓨터 게임 등은 문화의 재현이나 반복으로 설명할 수 없다.

4) 연습이론

연습이론의 대표적인 학자는 그루스(Groos)이다. 연습이론에서는 놀이를 성인기의 생존에 필요한 기본적인 기술을 연습하여 강화하는 것이라고 하였다. 그루스(Groos)는 아이들의 놀이가 성인이 되었을 때 필요한 활동을 연습하는 기회라고 하였다. 놀이하는 기간은 진화과정에 따라 차이를 보이는데 고등동물이 하등동물보다 놀이하는 기간이 더 길다고 하였다. 그 이유는 고등동물일수록 미성숙하여 불완전한 본능을 강화시키기 위한 충분한 연습이 필요하고 반대로 하등동물은 특별한 준비 없이도 성인기에 필요한 행동을 잘 할 수 있어 연습이 필요하지 않다. 따라서 고등동물이 하등동물보다 연습의 양이 더 많고 따라서 놀이도 더 많이 하게 된다.

인간은 태어날 때 생존에 필요한 본능이 불완전하게 형성되어 있어 다른 동물들보다 더 많은 놀이를 한다. 걸음마를 위해서 기어가기, 몸 뒤집기, 일어서기 등의 기본 능력을 갖추는 연습을 수없이 해야 한다. 놀이를 통해서 미성숙한 본능적 행동이 연습되고 점차 정교하게 발달하여 지적 행동으로 변화하고 발전하게 된다.

그러나 연습이론의 문제와 비판점을 보면 연습이론은 놀이를 특정 행동에 국한하였다는 비판을 받고 있는데 놀이의 기능을 제한적으로 바라봤다는 것이다. 또한 성인기에 필요한 기술을 획득한 이후에도 놀이를 계속하는 것을 설명하지 못하였다.

이상의 고전적 놀이이론은 각각의 이론적 근거를 통해 놀이를 설명하고 있지만 놀이 행동의 일부분에만 초점을 두고 있어 제한점이 있다. 그러나 이러한 한계에도 불구하고 고전적 놀이이론은 앞으로 논의될 현대적 놀이이론의 정립에 많은 영향을 미쳤다.

〈표 3-2〉 고전적 놀이이론의 목적과 비판점

이론	대표학자	놀이의 목적	비판점
잉여에너지 이론	쉴러(Schiller) 스펜서(Spencer)	잉여에너지의 소모	피곤하고 지쳤을 때도 놀이를 함
휴식이론	라자루스 (Lazarus)	소모된 에너지 재생	현대의 놀이에 대한 설명 부족
반복이론	홀 (Hall)	불필요한 원시적 본능 제거	놀이를 특정 행동에 국한
연습이론	그루스 (Groos)	성인 생활에 필요한 기술연습	놀이의 기능을 축소

생각해 보기

- 4가지 고전적 놀이이론의 설명이 잘 나타나는 영유아 놀이상황의 실제 예를 생각해 봅시다.
- 자신이 생각할 때 영유아의 놀이를 가장 잘 설명하고 있다고 생각되는 놀이이론은 무엇인지, 그리고 그 이유는 무엇인지 생각해 봅시다.

3. 현대적 놀이이론(Modern Theories of Play)

프로이트(Freud), 에릭슨(Erikson), 피아제(Piaget) 및 비고츠키(Vygotsky)는 놀이에 가장 영향력 있는 이론을 연구했지만, 그 연구자들 중 누구도 놀이에만 초점을 맞추어 연구하지는 않았다. 그러나 프로이트(Freud), 에릭슨(Erikson) 및 비고츠키(Vygotsky)는 놀이가 아이들이 소망을 성취하고 가장성을 갖도록 해 주며, 놀이를 통해 사회적 · 정서적 · 인지적 발달이 이루어진다고 믿었다.

현대적 놀이이론은 고전적 놀이이론에 토대를 두고 있으며 20세기에 주류를 이루었다. 현대적 놀이이론은 정신분석이론, 인지발달이론, 각성조절이론, 상위의사소통이론, 각본이론으로 나누어 볼 수 있다.

1) 정신분석이론(Psychoanalytical Theory)

놀이의 정신분석학적 관점은 프로이트(Freud)에 의해 연구되었고 에릭슨(Erikson)에 의해 확장되었다. 프로이트(Freud)와 에릭슨(Erikson)의 연구는 21세기 내내 놀이에 대한 연구에 영향을 미치고 있다.

(1) 프로이트(Freud)

정신분석학의 창시자인 프로이트(Freud, 1961)는 영유아의 정서 발달에 놀이가 중요한 역할을 한다고 주장하였다. 특히 프로이트(Freud)는 놀이의 동기를 쾌락의 원리로 설명한다. 놀이 속에서 영유아는 즐거움을 추구하고 고통을 피하도록 동기를 부여받는다. 영유아는 놀이에서 소망을 성취하고 기쁨을 느낀다. 놀이에서 원하는 모든 것을 해 볼 수 있으며, 실생활에서 인상 깊게 느낀 사건을 놀이로 표현하는데, 이런 과정을 통해 인상이 정화될 뿐 아니라 여러 상황에 숙달하게 된다.

프로이트(Freud)의 이런 주장은 불안, 긴장감, 공격 욕구 등과 같은 불유쾌한 정서가 놀이를 통해 감소할 수 있다는 정화이론과 매우 유사하다. 정화이론에서는 상처받은 사건과 연관된 부정적 정서를 놀이를 통해서 정화할 수 있다는 것이다. 놀이는 평상시에 소망하던 것을 이루고 불안, 긴장감, 공격 욕구 등 불유쾌한 정서가 놀이를 통해서 감소될 수 있어 치료적인 효과도 가지고 있다. 예를 들어, 부모로부터 꾸중을 들은 후 유아는 인형을 야단치는 놀이를 통해 부정적 정서를 대리 사물이나 대리 사람에게 전환시킴으로써 정서를 정화한다.

왈더(Wälder)는 프로이트(Freud)가 주장한 놀이의 정화이론만으로는 동일한 내용의 놀이가 계속 반복되는 것을 설명할 수 없다고 주장하면서 반복 강박(repetition compulsion)의 개념을 소개하였다. 이것은 반복 놀이로서 동일한 내용의 놀이가 계속 반복되는 현상으로 불유쾌한 경험은 갑자기 소화하기 어려우므로 이 경험을 놀이를 통해 자주 반복함으로써 그 강도를 차차 약화시켜 해결하게 된다는 것이다. 이렇게 놀이 활동을 이행함으로써 유아는 그 경험과 연관된 부정적 정서를 천천히 정화시킬 수 있게 된다(Frost & Klein, 1979).

예를 들면, 어느 유아교육기관의 유아들이 사다리에 올라가 건물을 수리하던 인부가 떨어져서 다치는 장면을 목격하게 되었는데, 그 이후 유아들은 그 사고와 관련된 주제들(높은 곳에서 떨어지는 것, 죽음과 상처, 앰뷸런스, 병원놀이)로 역할놀이를 자주 했다고 한다.

(2) 에릭슨(Erikson)

에릭슨(Erikson)은 놀이를 통해 자아가 강화되고 주변 환경에 숙달되어 사회적, 정서적 발달로 이어진다고 하였다. 에릭슨(Erikson)은 프로이트(Freud), 왈더(Wälder)의 주장에 다른 차원을 첨가해서 이론을 체계화하는 데 공헌했다. 에릭슨(Erikson)은 프로이트(Freud)와 함께 연구했고 프로이트(Freud)가 지지한 것과 비슷한 정신분석학적 관점에 동의했다. 그러나 에릭슨(Erikson)과 프로이트(Freud)는 무의식적 동기에 대한 설명, 즉, 심리성적인 영역과 심리사회적인 영역에서 차이를 보였다.

에릭슨(Erikson)은 그의 저서 『아동기와 사회(Childhood Society)』에서 심리사회적인 차원에서 놀이가 세 단계로 발달한다고 하였으며 그 세부적인 내용을 살펴보면 다음과 같다.

① 자기세계의 놀이단계

놀이의 1단계는 자기세계의 놀이단계로 영아는 출생하면서부터 자신의 신체를 가지고 감각적인 지각이나 운동 및 발성을 반복하여 시도해 보는 놀이를 하게 된다. 그 이후에는 놀이의 대상이 주변의 사물이나 사람으로 옮겨지는데, 다양한 높낮이로 소리를 내고 어머니의 반응을 살핀다든지 손으로 엄마의 얼굴을 만지는 놀이를 한다.

② 미시영역의 놀이단계

놀이의 2단계는 미시영역의 놀이단계로 2세경의 영아들이 경험하는 놀이단계이다. 이 시기에는 놀잇감을 가지고 놀거나 여러 가지 사물을 가지고 놀이함으로써 사물에 대한 속성을 이해하고 놀이에 익숙해지게 된다.

③ 거시영역의 놀이단계

놀이의 3단계는 거시영역의 놀이단계로 이 시기의 유아는 다른 사람과 함께 놀이하면서 혼자 놀이에서 사회적 놀이로 변화하고 발전한다. 유아는 다양한 또래집단을 형성하고 그들과 함께 놀이하고 다양한 상호작용을 경험하게 된다. 이 과정에서 사회적 역할에 대한 이해와 문화에 대한 이해가 이루어진다.

2) 인지발달이론

인지발달이론에서 바라보는 놀이는 영유아의 인지가 발달함에 따라 놀이 발달에 영향을 미친다는 것이다. 인지발달이론은 피아제(Piaget), 비고츠키(Vygotsky), 브루너(Bruner)와 서튼 스미스(Sutton-smith)를 중심으로 하고 있다.

(1) 피아제(Jean Piaget)

피아제(Piaget)는 인지발달이론의 대표적인 학자이다. 피아제(Piaget)는 영유아들이 세상과의 상호작용을 통해 지식을 구축한다고 믿었기 때문에 인지발달이론, 인지적 구성주의라고 불린다. 이 접근법은 많은 유아교육 프로그램의 기초가 되었다. 인지발달이론가로서 피아제(Piaget)는 놀이이론을 정립하는 데에도 기여하였다.

피아제(Piaget)는 놀이가 인지발달의 필수요소이며 영유아의 인지발달 수준을 나타내는 지표라고 하였다. 영유아의 놀이 경험이 인지발달과 긴밀한 관계가 있으며 놀이를 통해 세상을 이해하는 데도 도움을 준다는 것이다. 피아제(Piaget)는 영유아의 인지발달은 동화와 조절, 이 두 가지의 평형을 통해 이루어진다고 하였다(Huhes, 2010). 동화는 주변 세계의 새로운 자극을 자신의 사고체계에 맞추어 받아들이는 과정이며 조절은 새로운 자극을 받아들이기 위해 자신의 사고체계를 변형하는 것을 의미한다. 영유아의 놀이에서는 조절보다 동화가 더 우세하게 나타난다고 하였으며 모방은 순수한 조절 행동이라고 하였다.

예를 들어, 누군가가 텔레비전을 끄는 것을 보게 되면 이 정보는 영유아의 새로운 사고체계에 수용된다. 그러면 아이는 그것을 흉내 내고 텔레비전을 끄는 행동을 할 수 있게 된다. 그 아이는 세상에 적응하고 있는 것이다. 어린 영아가 베개에 머리를 대고 자는 흉내를 내는 것은 타인의 행동을 모방하는 것이지만 베개를 아기처럼 안아 주고 노래도 불러 주고 함께 놀이한다면 이것은 동화된 것으로 볼 수 있다.

동화(Assimilation)는 영유아가 새로운 정보를 자신이 가지고 있는 기존의 사고체계에 맞출 때 발생한다. 방금 텔레비전을 끄는 법을 보고 배운 아이는 컴퓨터의 전원을 끄기 시작하고 그러한 행동은 놀이로 전환될 수 있다. 아이는 모방에서 놀이로, 적응에서 동화로, 텔레비전을 켜고 끄는 단순한 기쁨을 위해 실제로 놀이를 한다. 그러나 아이는 적응을 통해 세계에 대한 지식을 향상시켰으며 놀이는 그의 발달에 중요한 요소가 된다. 인지발달에는 동화와 조절이 모두 필요하다. 놀이는 인지발달을 반영하며 학습의 수단으로 사용된다. 객관적 사고와 달리 놀이는 기존의 사고에 맞춰 적응하기보다 자신의 생각에 현실을 일치시키는 것이라고 할 수 있다. 규칙에 구애되지 않고 영유아 행동에 사물을 예속시키는 상징적 전환이 이루어지는 놀이는 순수한 동화라 할 수 있다.

피아제(Piaget)는 놀이가 영유아의 발달을 가능하게 하고 영유아의 인지발달 수준이 놀이에 반영된다고 하였다. 즉, 인지발달의 단계에 따라 놀이 발달 단계가 달라진다는 것이다. 영유아의 인지발달 단계는 다음의 놀이 발달 단계와 일치한다.

① 연습놀이

출생 후부터 2세까지 감각운동기 영아에게서는 연습놀이가 나타난다. 이 시기 영아는 감각이나 대 · 소근육을 이용하여 주변 세계를 적극적으로 탐색하는 놀이를 한다. 딸랑이를 손에 잡고 흔들 때 들리는 딸랑딸랑 소리를 좋아하는 모습을 보이거나 목욕할 때 손으로 물을 텀벙텀벙 치며 물이 튀는 모습을 보며 즐긴다.

② 상징놀이

인지발달의 두 번째 단계인 전조작기에 해당되는 영유아로 2세부터 7세까지의 영유아가 이에 해당되며 이때는 상징놀이를 즐긴다. ~인 척하는 가장성과 상징성이 시작되는 시기로 상징놀이와 극놀이가 나타난다. 상징놀이는 자신의 경험을 통한 가작화로 인형을 아기라고 생각하고 잠을 재우는 척하는 놀이를 하다가 점차 사물을 가작화하고 대상을 가작화하는 놀이로 발전한다.

③ 규칙이 있는 게임

인지발달의 세 번째 단계는 구체적 조작기이다. 구체적 조작기는 7세부터 11세 유아들에게서 나타나며 이 시기 유아들은 규칙이 있는 게임을 즐긴다. 게임에서 아동은 규칙을 만들고 게임 참여자들이 모두 즐길 수 있도록 하기 위해 놀이 규칙을 합의하여 바꾸기도 한다. 규칙이 있는 게임은 구체적 조작기에 시작하여 이후 형식적 조작기 단계에서 더욱 정교해지며 성인기까지 계속된다.

(2) 비고츠키(Vygotsky)

비고츠키(Vygotsky)는 인지발달에 미치는 놀이의 중요성을 피아제보다 더 강조하였다. 피아제(Piaget)와 비고츠키(Vygotsky)는 둘 다 인지적 구성주의자였지만 인지발달과 놀이에 대한 그들의 견해는 크게 달랐다. 비고츠키(Vygotsky)는 심리학자로 인지발달이론을 발전시켜 사회적 구성주의라고 지칭한다. 따라서 사회문화적 힘이 영유아에게 영향을 미치며 영유아는 성인 또는 더 유능한 또래와의 사회적 상호작용을 통해 배운다고 믿었다. 사회문화적 이론은 인지발달에 영향을 미치는 사회적 · 문화적 · 역사적 요인을 고려하고 있다.

비고츠키(Vygotsky)는 영유아의 발달은 근접발달영역(Zone of Proximal Development)에서 발생한다고 주장하였다. 그는 근접발달영역(ZPD)을 다른 사람들의 도움으로 무언가를 할 수 있는 지점과 혼자서 작업을 수행할 수 있는 지점 사이의 거리로 정의했다(Vygotsky, 1976).

예를 들어 부모의 도움을 받아 장난감 말을 탔던 아이가 도움 없이 혼자 장난감 말을 타게 되면 이 영유아는 근접발달영역을 통과하게 된다. 근접발달영역을 통과하면서 영유아는 발달하게 된다. 비고츠키(Vygotsky)에게 놀이는 언어, 기억, 추론 및 사회적 기술의 발달에 기여하는 것이다. 놀이에 대한 그의 견해는 고차원적인 사고의 발달과 사회성 발달에 도움이 된다는 것이다. 성인이나 더 유능한 또래와의 상호작용과 지도는 영유아를 더 높은 수준의 인지발달 단계로 발전시킨다.

비고츠키(Vygotsky)는 근접발달영역은 놀이 중에 만들어진다고 하였다. 아동이 놀이할 때 하는 행동은 일상적인 행동을 할 때보다 발달적으로 앞서 있다. 놀이하는 동안에는 원래 자기의 실제 나이보다 더 큰 것처럼 느낀다. 피아제(Piaget)는 놀이가 발달을 따라간다고 하였으나 비고츠키(Vygotsky)는 놀이가 근접발달영역을 만들고 놀이 중에 발달이 일어난다고 믿었다.

비고츠키(Vygotsky)는 놀이가 두 가지 독특한 특성을 가지고 있다고 하였다.

① 놀이의 가장성

놀이에서 실현 불가능한 것을 경험하기 시작할 때로, 이때 영유아는 ~인 척하는 가장을 한다. 영유아는 활동에 참여할 수 없다는 것을 깨달을 때 환상을 통해 자신의 현실을 창조하거나 가장한다. 차를 운전하고 싶지만 그렇게 하지 못하게 된 아이는 운전하는 척할 것이다. 영유아는 놀이를 통해 자신만의 현실을 창조한다. 이러한 행동은 영유아의 추상적 사고를 가능하게 만든다. 예를 들어, 영유아가 막대기를 말인 척할 때 구체적인 사고에서 추상적인 사고로의 전환이 쉽게 일어난다.

② 놀이의 규칙

놀이에는 규칙이 포함된다. 많은 놀이는 내재적으로나 명시적으로 규칙에 구속된다. 영유아는 놀이할 때 그들이 가정한 역할에 따라 특정한 행동에 참여하게 된다. 집 안에서 노는 영유아를 지켜보면 규칙에 얽매이지 않고 자유롭게 놀이하는 것처럼 보일 수도 있다. 그러나 더 가깝게 가서 관찰해 보면 다르다는 것을 알 수 있다. 엄마가 놀이극에 엄마로서 참여하려고 하면, 아이는 "아니, 내가 엄마야, 엄마는 아빠를 할 수 있어." 하고 말한다. 아이는 규칙을 갖춘 자신의 완전한 세계를 만들고 그 가상의 세계에 들어갈 수 있다.

(3) 브루너(Bruner)와 서튼 스미스(Sutton-smith)

브루너(Bruner)는 놀이를 인지 적응 매체로 보았다. 놀이를 하나의 단순한 활동으로만 보는 것이 아니라 무엇인가를 하려는 접근으로 이해하고 놀이를 하나의 배움의 방식으로 보는 것이다 사회적 놀이를 하는 동안 영유아는 놀이에 필요한 다양한 역할을 탐구하고 놀이에 사용할 도구를 만드는 시도를 해 볼 수 있다. 브루너(Bruner)는 특히 소꿉놀이와 같은 사회적이고 협동적인 놀이 속에서 영유아가 문제해결 능력을 발달시키고 창의성을 키울 수 있다고 하였다(Bruner, 1972).

서튼 스미스(Sutton-Smith)도 놀이를 통하여 영유아의 창의성과 사고의 융통성이 증진될 수 있으며 상징놀이에서의 상징적 전환이 사고의 융통성을 키운다고 하였다. 놀이에서 나무 블록을 자동차라고 하는 상징적 전환의 경험이 기존의 사고방식에서 벗어나도록 하여 정신적 융통성을 증진하고 이는 여러 문제상황에 직면했을 때 해결방법을 찾는 데 도움을 준다고 하였다(Sutton-Smith, 1967).

3) 각성조절이론(Arousal Modulation Theory)

각성조절이론의 관점은 인간의 중추신경계는 적절한 각성수준을 유지하고 있다고 가정한다. 따라서 중추신경계가 특정 각성수준을 유지하려고 하기 때문에 자극이 너무 적으면 자극 추구적인 놀이를 하고 너무 많은 자극이 있으면 놀이는 중단된다고 하였다.

각성놀이이론의 대표적인 학자로는 벌라인(Berlyne, 1960)이 있다. 그는 처음으로 행동학습이론에 기초한 놀이의 관점을 제안했다. 이 이론의 다른 학자는 엘리스(Ellis), 페인(Fein), 슐츠(Shultz)가 있고 그들은 이 이론이 놀이를 이해하고 촉진하는 데 의미가 있다고 믿었다. 이 이론에 의하면 영유아가 한 활동에서 또 다른 활동으로 옮겨 가는 것은 추가 자극을 찾고 있기 때문이라고 설명한다(Ellis, 1973; Fein, 1981). 그래서 잠시 활동에 참여하다가도 또 다른 활동으로 전환하거나 놀이 활동에 변화를 준다. 미끄럼틀을 향해 달려가는 아이들은 처음에는 다소 기계적인 방법으로 시작하지만, 두세 번 지나고 나면 달리는 방법이 바뀌고 때로는 위험한 행동을 해서 부상을 입을 수도 있다.

한편, 일부 영유아가 너무 많은 소음이나 상호작용으로 지나치게 자극을 받으면 놀이가 점차 줄어들기도 한다. 각성을 일으키는 자극이 충분하지 않아 영유아가 지루함을 느끼게 되면 자극을 찾아 낮아진 각성수준을 적절한 수준으로 끌어올림으로써 각성수준을 유지하려고 한다. 영유아는 놀이가 지루해질 때 자극적인 경험을 찾게 되고 놀이가 압도적일 때는 종료하는 조절 기능이 내장되어 있는 것 같다. 이 이론은 많은 교사들이 교실에서의 활동을 조절하는 방법으로 사용한다. 정적 활동과 동적 활동의 균형, 실내활동과 실외활동의 균형에서도 이러한 점이 고려된다.

4) 상위의사소통이론(Meta-Communication Theory)

상위의사소통이론에서는 놀이하는 동안에도 의사소통이 나타난다고 보았다. 베이트슨(Bateson)은 놀이 프레임(Play Frame)이라는 용어를 사용하여 놀이가 일어나는 것에 대해 서로 신호를 하고 현실에서 놀이로 전환되는 것을 설명하였다(Bateson, 1971). 영유아는 놀이를 하면서 실제 상황과 놀이 상황을 넘나들면서 놀이를 하는데 이때 영유아는 놀이가 시작되고 놀이가 끝나고 있음을 친구에게 알리면서 놀이 프레임을 이용하여 놀이에 들어오고 나간다. 영유아가 "이것은 놀이다"라고 말할 때, 그것은 놀이가 일어나고 있음을 나타낸다. 놀이가 끝나갈 때에는 놀이 프레임 밖으로 나가 친구에게 알린다. 이때 신호를 받거나 이해하지 못하는 아이는 놀이를 방해할 수 있으며, 이때 아이들이 "우리는 지금 놀지 않아"라고 놀이 프레임 밖에서 소리칠 것이다. 이러한 베이트슨(Bateson)의 연구는 놀이 중 의사소통에 대한 후속 연구를 위한 기초를 제공했다.

대표학자인 가비(Garvey)는 가장놀이에 대한 연구를 통해 베이트슨(Bateson)의 연구를 확장하였다. 가비(Garvey)는 놀이 중 영유아의 언어 사용을 연구하고 영유아의 언어와 관련된 복잡성을 이해하기 위한 틀을 개발했다. 가비(Garvey)는 영유아 의사소통이 가장놀이를 더 명확하게 해 주며 유지할 수 있다고 했다. 영유아의 가장놀이는 현실과 가상의 세계를 넘나들며 이루어지고 놀이에서 가상적 세계에 문제가 생기면 영유아들은 놀이를 중단하고 곧바로 현실세계로 돌아와 문제를 해결하게 된다. 사회극놀이를 진행하다가 문제가 생기면 놀이의 틀을 벗어나 현실세계에서 의사소통을 통해 그 문제를 해결한다(Garvey, 1977).

쉽게 예를 들면 역할놀이를 하다가 의사 역할을 잘 수행하지 못하는 아이가 있으면 잠깐 놀이를 중단하고 놀이 틀 밖으로 나와 "너는 의사니까 환자를 진찰해야 하는 거야"라고 이야기하고 다시 놀이 틀 안으로 들어가서 의사놀이를 진행한다. 이럴 때 사용하는 의사소통을 상위의사소통과 가장의사소통이라고 한다.

5) 각본이론(Scrip Theory)

각본이론에서는 놀이에 영유아의 개인적 경험에 대한 지식이 나타난다고 보았다. 영유아는 성장해 나가면서 경험에 근거하여 사건을 구성할 수 있게 되며 이러한 경험에 대한 해석이 놀이 내용으로 표현된다는 것이다. 각본이란 기억에 의해 활성화되는 지식구조를 뜻하는데(Johnson et al., 1999) 영유아의 지적 발달이 증진될수록 자신이 경험한 것을 토대로 놀이의 각본이 구성되고 통합되며 더욱 복잡해진다(Fromberg, 2002). 각본은 규모가 큰 활동이나 하위 활동에 대해 영유아가 가지고 있는 지식의 연결망을 의미한다.

울프와 그롤만(Wolf & Grollman)은 영유아의 사회극놀이 중에 표현되는 이야기 구성 수준을 분석하고 각본이 전개되는 세부 과정을 설명하였다. 놀이에서의 이야기 조직은 쉐마 수준, 사건 각본 수준, 에피소드 수준의 세 가지로 구성된다. 이러한 이야기 조직의 수준을 통해 영유아는 인지적, 언어적 성숙도와 자아개념 및 성격을 추정할 수 있게 된다(Wolf & Grollman, 1982).

① 쉐마 수준

쉐마 수준은 하나의 사건과 관련한 하나의 단순한 행동이다. 예를 들면 머리 빗기, 인형에게 우유 주기 등이 있다.

② 사건각본 수준

사건각본 수준은 단순한 사건과 연결된 사건으로 나누어 볼 수 있다. 단순한 사건은 두 가지 이상의 쉐마를 표현하는 것으로 주스가 든 컵을 인형에게 먹이는 것이다. 연결된 사건은 적어도 네 가지 이상의 서로 다르지만 상호 관련된 쉐마를 표현하는 것으로 커피를 붓고, 설탕을 넣고, 뜨거우니 조심하라고 말하며 교사에게 주는 것이다.

③ 에피소드 수준

에피소드 수준은 단순 에피소드와 연결된 에피소드로 나누어 볼 수 있다. 단순 에피소드 수준에서는 목적 달성을 위해 두 개의 단순한 사건들을 표현하는 것으로 음식놀이 에피소드에서의 요리놀이 사건과 인형에게 먹이는 사건을 표현하는 것이다. 연결 에피소드 수준은 목적 달성을 위해 두 가지 이상의 연결된 사건을 표현하는 것으로 생일파티 놀이 에피소드에서 반죽을 하고 오븐에 빵을 굽는 요리놀이 사건과 친구에게 음식을 대접하면서 대화를 나누는 사건을 표현하는 것이다.

이상으로 정신분석이론부터 시작된 현대적 놀이이론을 학자와 놀이의 관점에 따라 정리하면 다음과 같다.

〈표 3-3〉 현대적 놀이이론의 놀이 관점

놀이이론	대표학자	놀이의 관점
정신분석이론	프로이트(Freud) 에릭슨(Erikson)	– 사회성과 정서발달에 긍정적 영향 – 영유아의 바람 충족, 정화 효과, 불안감 해소 – 자아기능의 강화
인지발달이론	피아제(Piaget) 비고츠키(Vygotsky) 브루너(Bruner) 서튼 스미스(Sutton-Smith)	– 인지발달이 놀이 발달에 영향 – 놀이는 인지발달 수준의 지표 – 추상적 사고력 촉진, 현실의 욕구 실현
각성조절이론	벌라인(Berlyne) 엘리스(Ellis)	– 자극을 조절하여 최적의 각성상태 유지 – 자극이 적으면 자극 추구적인 놀이 – 자극이 너무 많으면 놀이 중단
상위의사소통 이론	베이트슨(Bateson) 가비(Garvey)	– 놀이 프레임을 통해 현실에서 놀이로 전환 – 가상과 실제 상황의 역동적인 관계
각본이론	울프((Wolf) 그롤만(Grollman)	– 개인적 경험을 의미 있게 하려는 시도

생각해 보기

- 실제 영유아의 놀이하는 모습을 관찰해 보고 현대적 놀이이론에 맞추어 영유아의 놀이를 설명할 수 있는지 생각해 봅시다.
- 영유아는 놀이를 하면서 배우고 성장하기도 하지만 영유아 발달에 문제가 생겼을 때 놀이를 통한 치료도 가능합니다. 놀이를 치료에 활용할 수 있는 방법에 대하여 생각해 봅시다.

Chapter 04

영유아 발달과 놀이

본 장에서는 영아와 유아로 나누어 각 영역의 발달과 놀이를 살펴보고자 한다. 영아는 생후 첫 2년 동안 신체, 인지, 언어, 사회, 정서 영역에서 가장 큰 변화를 이룬다. 영아기는 특히 탐색활동이 활발히 일어나는 시기이다. 생후 첫 2년 동안 영아는 놀이와 탐색을 통해 주변 환경을 발견해 나간다. 점차 유아는 놀이를 통해 더 넓은 세계와 마주하며, 자신을 표현하고, 다른 사람과 소통하며, 주체적인 존재로 세상을 배우고 이해하게 된다.

본 장에서는 출생부터 만 2세까지 영아기의 발달적 특성과 놀이 행동에 대해 살펴보고, 다음으로 만 3세부터 만 5세까지 유아기 발달적 특성과 놀이 행동에 대해 살펴보고자 한다.

1. 영아(만 0-2세) 발달과 놀이

1) 신체 발달과 놀이

영아의 신체는 생후 2년 동안 빠른 속도로 성장하며, 움직임의 욕구가 활발한 시기(이숙화, 황성화, 남미경, 2010)이다. 영아의 신체 발달은 운동능력 발달과 밀접한 관련이 있으며 이러한 운동능력 발달의 영역은 크게 대근육, 소근육 운동으로 구분된다. 영아는 운동능력 발달로 여러 가지 사물을 탐색함으로써 경험의 세계를 넓혀나가며, 근육, 감각기관, 운동능력 등 영아가 자신을 자발적으로 통제하는 능력의 발달도 이루어지는 등 전체적인 발달의 기초를 이룰 수 있으며 영아기에 기초가 다져진 운동능력 발달은 유아기까지 이어진다(장영희, 2000; 주영은, 2008). 운동능력의 발달은 머리에서 다리 방향으로 진행하여 눈, 머리, 목, 눈과 손의 협응 운동, 그 후 상반신, 하반신의 순서로 나타나며 미세 운동의 발달은 손, 팔, 눈의 운동이 어우러져 상호협응이 되어 물체에 도달하게 되는 손가락 운동으로 연결된다. 영아는 보고, 듣고, 맛 보고, 만지고 냄새를 맡을 수 있다. 영아는 자신의 신체를 가지고 잡고, 치고, 맛 보고 흔들며 신체놀이를 시작한다. 점차 영아는 기고 일어서고, 걷는 것과 같은 운동 기술이 발달하면서 놀이가 확장된다.

영아의 소근육을 이용한 신체놀이

영아의 대근육을 이용한 신체놀이

2) 인지발달과 놀이

(1) 연습놀이

영아 시기 인지발달 과정에서 피아제는 생후 첫 2년을 감각운동기라고 지칭했다. 영아가 보고, 듣고, 만지고, 맛 보고, 냄새를 맡으며 자신의 감각기관과 신체를 움직이는 시기를 말한다. 생후 첫 2년 동안은 연습놀이가 주를 이룬다. 피아제가 말하는 연습놀이의 여섯 단계는 생후 첫 2년간 감각운동 발달단계와 관련된 놀이 형태를 말하고 있다.

■ 반사운동기(0~1개월)

반사신경이 대부분이며 아이는 보고, 관찰하며 본능적으로 반응하는 데 대부분의 시간을 사용한다.

■ 일차 순환반응기(1~4개월)

빨기나 잡기와 같은 행동의 반응이 나타난다. 자신의 신체와 관련된 경험을 한 후 반복해서 즐긴다.

■ 이차 순환반응기(4~8개월)

팔을 내밀고 움켜쥐는 능력이 발달한다. 움직이면서 느끼는 즐거움이 웃음을 통해 나타나며, 움직이면서 느끼는 즐거움이 행동으로 변화한다.

■ 이차 순환반응의 협응기(8~12개월)

영향력이 큰 두 가지 요인이 있다. 첫 번째 요인은 알고 있는 행동을 새로운 상황에 시도하는 것이다. 아이는 전에 배웠던 동작을 새로운 장소에 적용한다. 두 번째 요인은 상황에 따른 움직임이다. 영아는 행동, 동작을 빠르게 바꾸며 이 시기에 물건을 밀고 당기며 머리에 물건을 올리는 행동을 재미있어 한다.

■ 삼차 순환반응기(12~18개월)

영아는 열심히 주변을 탐색한다. 서고 움직이며 전에 배운 행동을 새로운 상황에 적용하고 상황에 따라 몸을 움직인다.

■ 정신적 표상(18~24개월)

상징화가 가능하며 감각운동 놀이에서 상징놀이로 변화한다.

(2) 사물 놀이

사물을 잡을 수 있을 때, 아이의 사물 놀이는 시작된다. 아이가 이차 순환반응기에 접어들 4개월쯤 주로 관찰된다. 사물 놀이는 아이가 성장하고 발달할수록 더욱 복잡해진다. 영아는 하나의 사물을 사용하여 사물 놀이를 시작하고 이후 점점 더 복잡한 조합으로 두 개 이상의 사물을 가지고 놀이를 진행한다. 사물 놀이

초반에는 아이가 사물에 온통 집중한다. 생후 6개월 아이에게 딸랑이를 주면, 아이의 상호작용은 딸랑이로 집중된다. 소리가 나는지, 움직이면 바뀌는지 궁금해하는데, 가장 중요한 질문은 '이것으로 무엇을 할 수 있을까?'이다. 아이는 자라면서 사물에 자신의 행동을 집중한다. 생후 1년이 지난 아이에게 냄비를 주면 아이는 냄비 안에 물건을 집어 넣고 빼는 행동을 한다. 생후 2년이 지날 쯤에는 변화가 나타난다. 십중팔구, 냄비를 받은 아이는 머리 위에 쓸 것이다. 사물에 이끌려 다닌 아이는 사물을 다루기 시작한다. 영아는 물을 마시는 흉내를 내기 위해 물컵을 사용하고, 장난감 핸드폰을 실제 핸드폰처럼 사용하곤 한다. 영아는 현실을 모방하기 위해 사물을 사용한다.

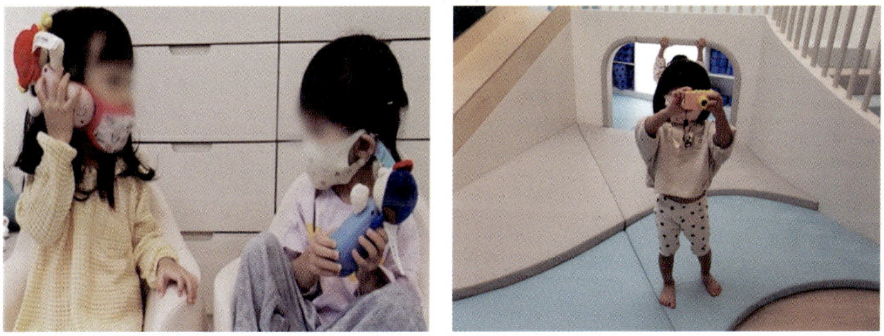

영아의 사물 놀이

(3) 상징놀이

첫 돌 즈음, 영아는 모방 또는 비현실적인 놀이를 하기 시작한다. 생후 첫 2년 동안 상징놀이는 더 복잡하게 변해 간다. 탈중심화는 아이의 관심이 자신에서 타인으로 옮겨질 때 일어난다. 18개월 즈음 아이는 상상놀이에 타인을 포함시키기 시작한다. 영아는 무생물인 인형을 가작화하여, 자신의 머리에 이불을 뒤집어 씌우는 것뿐만 아니라 인형에게 음식을 차려 주고 음식을 먹는 척하고, 이불을 덮어 주는 행동을 하며 놀이한다. 탈맥락화는 영아의 상징놀이에서 나타나며, 한 가지 사물을 다른 것으로 대체하는 것을 일컫는다(Fenson, 1986). 영아는 베개를 보면서 다른 사물(장난감)과 놀 수 있으며 카페트 위에서 놀고 있지만, 자는 척하며 베개 위에 머리를 누이기도 한다. 통합은 상징놀이가 점차 정교해지고 세분화되어 가는 것을 말한다. 초기에 단순한 행동으로 시작한 놀이는 연령이 증가함에 따라 내용이 풍부해지고 논리적으로 전개된다.

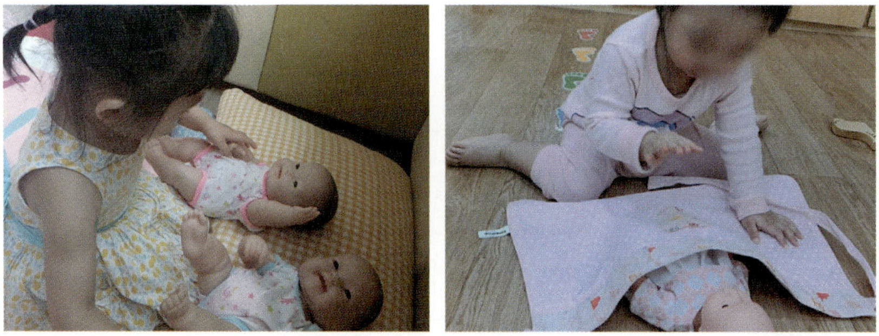

상징놀이의 예 – 아기 인형 돌보기

상징놀이의 예 – 생일케이크 촛불 불기, 엄마 아빠 놀이

상징놀이의 예 – 음식 먹여 주기, 주유소 놀이

3) 사회성 발달과 놀이

영아기에 사회성 발달이 급격히 이루어진다. 부모 및 양육자와의 애착 관계는 영아의 사회적, 정서적 성장 및 발달의 근간을 제공한다. 호잉(Hoing, 2002)은 애착을 부모 및 양육자와 영아의 강력한 정서적 연대라고 표현하였다. 약 6~7개월 정도가 되면 영아는 부모 및 양육자에게 애착을 느끼고, 낯선 사람을 구분하게 된다. 안정적인 애착 관계는 영아의 자아의식 기준 및 세계관을 형성하며 신뢰를 배우고 사회적 · 정서적으로 건강하게 성장할 수 있도록 한다. 이 시기 부모 및 양육자가 영아에게 반응하고, 노래도 불러 주고, 안아 주고 움직이거나 까꿍놀이를 할 때 애착 관계 형성의 기회가 생긴다. 영유아가 웃으면 어른이 웃어 주고, 영유아가 울면 아이를 달래고, 어른이 손바닥 치기 놀이를 하면 영아는 소리 내서 웃는다. 이러한 환경에서 영아는 안정감을 느끼고 안심할 수 있다.

4) 정서발달과 놀이

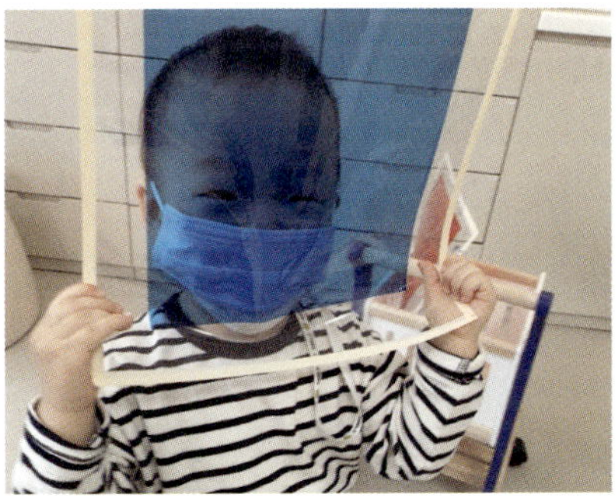
까꿍놀이하는 영아

에릭슨(Erikson, 1950/ 2000)은 사회적 · 정서적 성장의 수명적 관점을 제시하며 생후 2년 동안 불신보다는 신뢰를 형성하는 것이 중요하다고 하였다. 영아의 정서 표현은 약 0~3개월에 사회적 미소로 시작된다. 3~6개월에는 속상할 때 울고, 팔다리를 움직여 흥분을 나타내기도 한다. 이 시기 영아의 낯가림과 격리 불안이 시작된다. 약 6~9개월쯤에 부모나 양육자와 헤어지면 운다던가 영아에게 특별한 놀잇감이나 물건 등을 가지고 있으려 한다. 9~12개월에는 행복, 화, 슬픔을 표현한다. 때로는 미소와 울기로 자신의 정서를 표현한다. 12~18개월에는 슬프고 화나는 것을 표현하는 단계로 나아가며 18~24개월에는 큰 소리로 웃기도 한다.

5) 언어발달과 놀이

영아의 애착인형

출처: https://m.post.naver.com/viewer/postView.nhn?volumeNo=13920170&memberNo=37591684)

영아는 울음으로 자신의 요구를 표현하며, 이것은 의사소통의 주요한 수단이 된다. 생후 2~3개월경 쿠잉(cooing, 초기 옹알이 단계에서 내는 목 울림에 가까운 소리)이 나타나고, 옹알이가 12개월경이 되면 영아는 첫 단어를 말하기 시작하며, 18개월경이 되면 급속도로 어휘를 습득하게 된다. 24개월경이 되면 점차 두 단어를 연결하여 자신의 생각이나 느낌을 의미 있게 표현하려고 한다. 성인과 영아의 상호작용은 의사소통 기술을 발달시킨다. 성인-영아 놀이를 함으로써 기본적인 언어와 의사소통 기술이 형성된다. 예를 들어, 주 양육자와 영아는 까꿍놀이를 통해 언어적 자극과 신체적 움직임에 반응한다. 무엇보다도 영아기 초기에 성인 혹은 주 양육자의 역할은 중요하다.

♣ 더 알아보기

■ 영아의 탐색놀이에 대해 알아봅시다.

생후 첫 1년 동안, 영아는 감각을 통한 주변 탐색에 대부분의 시간을 보낸다. 아이는 대부분의 시간을 탐색하는 데 사용한다. 주변 환경에서 의미를 찾는 데 감각신경을 집중한다. 영아는 탐색과 연습놀이에 시간을 주로 할애한다. 카루소(Caruso, 1984)가 먼저 제안했으며 탐색에서 놀이, 그리고 놀이에서 탐색으로의 빠른 전환으로 인해 우리는 탐색놀이라고 부른다. 두 돌이 끝날 즈음 탐색은 점차 줄어들고 모방이 늘어나기 시작한다. 두 살배기 아이가 두루마리 화장지를 탐색하는 것을 지켜보라. 어떻게 두루마리 화장지를 풀 수 있는지 알게 된 후(탐색), 아이는 화장지를 뜯고 화장지 조각이 바닥에 떨어지는 것을 보며 즐거워하고(연습놀이), 화장지 조각을 깃발처럼 흔들며 집 안을 뛰어다닌다(모방). 상상놀이를 하며 무엇을 생각하는지 아이만이 알고 있다. 이 시기 동안, 아이의 탐색은 즐거움의 원천이자 안전 우려의 원인이 되기도 한다. 영아는 무엇인지 파악하고자 사물(장난감, 냄비, 프라이팬, 박스 등)을 탐색한다. 영아는 만족한 후, 연습놀이를 지속적으로 반복한다. 신체감각을 통한 탐색은 영아가 세상을 이해하는 것을 돕고, 연습놀이는 신경 연결성을 강화해 준다.

2. 유아(만 3세~5세) 발달과 놀이

1) 신체 발달과 놀이

유아기에는 눈에 띄게 신체 발달이 일어난다. 유아가 하는 놀이는 소근육과 대근육의 운동 기술을 연습하고 확장할 수 있는 기회를 제공한다. 유아들은 달리기, 점프하기, 깡충 뛰기, 계단 오르기, 줄넘기, 구르기, 살금살금 움직이기, 기어가기, 등반하기, 오르내리기, 껑충껑충 달리기 및 전속력으로 달리기 등을 한다. 걷고 뛸 수 있으며, 깡충 뛰고, 점프하고, 줄을 넘으며, 공을 던지고, 계단을 오르며, 간단한 세발자전거를 탈 수 있다. 이 시기 동안 아이들은 손뼉을 치고, 돌며, 발을 구르고, 움직이며 음악에 맞춰 몸 전체 또는 일부를 움직이는 방법을 배운다.

유아들은 잡기 놀이, 도망치기, 거친 신체놀이 등 다양한 신체놀이가 가능해지고, 손과 눈의 협응이 필요한 놀이나 활동을 하면서 소근육은 더욱 발달한다. 이 시기 유아들은 가위질하기, 다양한 붓이나 브러시 사용하기, 그림 그리기, 소형 블록 구성하기, 공작용 점토로 작업하기, 지퍼 채우기 등이 가능해진다.

보다 더 정교한 형태의 소근육 놀이를 시도하는 유아

2) 인지발달과 놀이

유아기는 피아제(Piaget)의 전조작기와 구체적 조작기에 해당하는 시기이다. 피아제(Piaget, 1952/ 1974)의 전조작기(2~7세)에서 나타나는 유아들의 두 가지 특징은 사물 의인화와 자기 중심성이다. 유아는 자신이 우주의 중심이라 믿고, 달과 이야기도 한다. 또한 유아는 달이 자신을 따라온다고 믿는다. 전조작사고는 행동에서 확립된 무언가를 사고에서 재구성하는 능력이 시작되었음을 암시하며, 전조작기에 절정에 달하는 놀이에 영향을 미친다. 유아기 후반 유아들은 더 체계적이고 논리적인 세계관을 발달시키는데, 이는 피아제(Piaget)의 구체적 조작기(7-11세)에 해당한다. 이때 보존개념도 발달하여 물체의 양이 비록 다른 형태로 나타나더라도 같을 수 있다는 것을 알고 점차 논리적인 사고력을 가질 수 있다.

이 시기에 하는 놀이의 한 유형은 구성놀이이다. 예를 들어, 유아들이 점토를 가지고 놀거나 블록을 쌓는다. 블록을 쌓고 놀면서 정교하게 블록을 추가하거나, 이야기 짓기를 하면서 상상놀이도 함께 일어난다. 이러한 구성놀이는 유아가 탐색, 연습놀이 그리고 상징놀이로 이동하고 다시 순환되어 반복할 때 일어난다. 구성놀이를 하는 동안, 놀이를 통해 블록을 나르며 더 심도 있는 구성 및 연습놀이를 할 수 있다. 유아들이 성장하며 구성놀이와 상징성은 더욱 일상화된다.

블록 놀이 예

3) 사회성 발달과 놀이

만 3세부터 만 5세까지 일어나는 유아들의 사회성 변화는 크다. 유아기 에릭슨(Erikson, 1950/ 2000)의 '근면성 대 죄의식'이라는 단계로 옮겨가고, 부모나 성인에게 의존하는 것에서 벗어나 자주적인 사람이 되어 간다. 놀이는 사회적 · 정서적 성장의 기회를 제공한다. 〈표 1〉의 파튼(Parten, 1932)의 사회 놀이 수준에 따르면, 유아기 상호작용과 사회적 기술이 증가함에 따라 혼자놀이, 병행놀이, 연합놀이 그리고 협동놀이로 변화한다고 밝히고 있다.

유아기에 나타나는 또래놀이는 사회성 발달과 관련한 대표적 유형의 놀이이다. 만 4세가 되면서 유아는 또래에 대한 관심이 높아지고, 만 5세가 되면 타인에게 관심을 많이 보이며, 또래와의 협동, 공유 등에 관심을 가진다. 유아들은 또래와 놀이를 하는 과정에서 발생하는 문제상황 및 갈등 상황을 해결하기 위하여 상호작용하고 의사결정을 하게 되는데 이때, 놀이의 참여자로서 놀이 안에서 지켜야 할 약속 즉, 규칙을 스스로 정하면서 사회적 규범, 질서와 같은 개념을 자연스럽게 습득하게 된다.

협동놀이 예: 뉴욕의 엠파이어 스테이트 빌딩을 함께 만들며 놀이하는 유아들

〈표 4-1〉 파튼의 사회놀이 수준

사회적 놀이 수준		정의
비참여 행동	비놀이 행동	아무것도 하지 않는 의미 없는 행동으로 목적 없이 배회함
방관 행동		다른 또래의 놀이를 지켜보지만 직접 참여하지는 않음
혼자놀이	놀이 행동	혼자 놀이함
병행놀이		주변의 다른 또래들 가까이서 놀이하지만 또래들과는 상호작용 없이 놀이함
연합놀이		또래와 대화도 하고 놀잇감을 교환하기도 하면서 상호작용하며 놀이에 참여하지만 특정한 공동의 목적이나 생산물에 대한 의도는 없음
협동놀이		놀이에 목적을 가지고 생산물을 만들어 내며 그룹을 지어 놀이하고, 규칙을 가지는 게임도 함

4) 정서발달과 놀이

유아들은 놀이를 통해 감정이나 정서를 표현한다. 만 3~4세 유아는 다른 사람의 정서를 이해하기 시작하지만, 정서를 적절히 조절하고 설명하는 데 어려움이 따를 수도 있다. 만 5세가 되면서 점차 정서의 내면화와 조절이 증가하게 된다. 인지와 언어가 발달하면서 유아는 자기 정서를 자제하고, 자신과 다른 사람의 정서를 언어로 표현할 수 있게 된다. 하지만 갈등이나 문제상황에서 때로는 신체적인 수단을 사용하는 경우도 있고, 상황에 따라 쉽게 변할 수도 있다. 유아는 놀이를 통해 다른 사람의 감정을 이해하게 되기도 하고, 긍정적 관계를 형성하며 친사회적 행동을 배우기도 한다.

5) 언어발달과 놀이

유아기 언어발달은 매우 빠르게 진행된다. 유아들은 놀이 속에서 어휘나 문장 등 활발한 언어적 상호작용을 한다. 유아들은 놀이하면서 또래와 끊임없이 서로 이야기하고, 상상하고, 이야기를 만든다. 특히, 이 시기 사회극놀이가 활발하게 이루어진다. 사회극놀이는 언어적 의사소통 후 놀이 일화 중 역할을 조정하는 두 명 이상의 아이들 사이에서 일어나는 연극적 놀이이다(Isbell & Raines, 2013; Isenberg & Jalongo, 2009). 사라 스밀란스키(Sarah Smilansky, 1968)는 세계 곳곳의 아이들이 다른 종류의 사회적 놀이에 참여한다는 것을 발견했다. 연극적 놀이로 시작된 놀이가 사회극놀이로 전환된다. 스밀란스키(Smilansky)는 사회극놀이에서 나타나는 6가지 특징을 다음과 같이 제시하였다(Smilansky & Shefatya, 1990, p. 24).

① 모방적 역할놀이 - 아이들은 역할을 가작화하고 이를 모방적 행동 및 언어로 표현한다.
② 사물에 대한 가작화 - 실제 사물의 움직임 또는 언어적 진술 및 재료 또는 사물의 모형이 장난감으로 대체된다.
③ 행동 및 상황에 대한 언어적 가작화 - 행동 및 상황이 언어적 설명 또는 진술로 대체된다.
④ 역할놀이의 지속 - 아이는 최소 10분이라는 시간 동안 역할 또는 놀이 주제를 지속한다.
⑤ 상호작용 - 놀이 일화의 맥락에서 최소 두 명의 아이가 놀이를 통해 상호작용한다.
⑥ 언어적 의사소통 - 놀이 일화와 관련된 언어적 교감이 있다.

함께 책을 읽으며 상호작용하는 유아들

'단풍잎의 가을밤' 사회극놀이 예: 동화책을 읽은 후 무대를 꾸미고 등장인물에 따라 대화를 구성하고 극을 만들어 친구들을 초대한 사례

♣ 더 알아보기

- 일상생활에서 흔히 볼 수 있는 놀이(예: 무궁화꽃이 피었습니다, 경찰 도둑잡기 등), 블록 놀이 혹은 역할놀이 등을 관찰해 보고, 영유아의 발달과의 관계를 생각해 봅시다.
- 거친 신체놀이(Rough-and-Tumble Play)의 예를 찾아보고, 거친 신체놀이의 의의가 무엇인지 이야기해 봅시다.

3. 놀이 주도: 어른과 영유아

1) 어른 주관 놀이

어른 주관 놀이는 어른이 계획하고 조직하며 놀이방법을 영유아에게 보여 주거나 설명하는 형태이다. 첫째, 어른 주관 놀이에서 영유아가 혼자서는 하기 어려운 활동을 할 수 있다. 예를 들어 영유아 혼자 사용하면 위험한 도구나 가위 등과 같은 도구를 사용해야만 하는 경우가 있다. 이때, 어른은 영유아에게 도구를 어떻게 사용하는지 가르쳐 줄 수 있다. 둘째, 어른 주도 놀이를 통해 아이들은 새로운 기술이나 개념을 배울 수도 있다. 예를 들어 어른과 보드게임을 하면서 영유아는 주사위의 숫자를 인지하고 셈할 수 있다. 예를 들어 동물원 견학은 새로운 동물이나 개념을 배우는 데 도움이 될 수 있다. 셋째, 어른 주관 놀이는 영유아의 언어 발달에도 도움이 된다.

반면, 교사나 성인이 주관하는 놀이에도 단점이 있다. 어른 주관 놀이가 항상 이루어져야만 하는 것이 아니라 영유아의 연령 및 발달단계에 맞게 적절하게 이루어져야 한다. 어른 주관 놀이의 단점에는 충분한 배움의 기회를 가질 가능성이 적다는 것이다. 영유아가 문제를 풀거나 기술을 연습하거나, 아이디어를 개발할 시간이 충분하지 못할 수도 있다. 만일 어른이 영유아에게 일방적으로 그림을 그리라고 한다면, 영유아들은 자신의 상상력 또는 창의력을 펼칠 기회가 없을 것이다. 질문을 하거나 자기 방식대로 그려 볼 수도 없을 것이다. 따라서 영유아의 주체적 행동에 방해가 된다.

2) 영유아 주도 놀이

영유아 주도 놀이는 종종 '자유놀이'라고 불린다. 유아들이 주도하는 놀이의 장점은 첫째, 집중력이다. 영유아들은 자신들이 좋아하는 블록을 만들거나, 모래로 동굴을 파는 데 굉장히 집중하는 모습을 보인다. 보통 자신이 무엇을 하고 있으며 왜 그것을 하는지에 대한 명확한 목적과 생각을 가지고 있다. 둘째, 사회성을 기를 수 있다. 영유아들이 주도성을 가지고 독립적으로 놀이를 하면서 사회성을 연습할 기회를 갖는다. 말다툼이나 갈등 상황을 경험하기도 하지만, 스스로 문제를 해결해 나가려고 협력하는 법을 배울 수 있는 기회를 가진다. 반면, 유아 주도 놀이에도 단점이 있다. 유아 주도 놀이만 제공할 시 제한적 발달이나 배움의 제한적 경험을 가져올 수 있다는 것이다. 영유아들은 종종 특정 놀이에 대한 강한 선호도를 보이며 다양한 놀이를 하고 싶어하지 않을 수 있다. 그럴 경우, 다양한 영역의 발달이나 기술을 습득하지 못하게 되어 발달에 영향을 줄 수 있으며, 배움의 기회도 제한적일 수 있다.

생각해 보기

- 성인이나 교사 주도 놀이 vs 영유아 주도 놀이의 사례를 찾아봅시다.
- 놀이 안에서 성인이나 교사 혹은 영유아 중에서 누가 놀이를 주도해야 하는지 자신의 생각은 어떠한지 이야기해 봅시다.

Chapter 05

놀이와 교사

영유아의 놀이에서 교사의 역할은 중요하다. 교사는 영유아에게 놀이가 무엇인지를 이해하고 영유아의 놀이를 지원하는 데 중점을 두어야 한다. 영유아가 놀이의 특성 그대로를 즐기게 하기 위해 교사는 다양한 역할을 해야 한다. 놀이를 위한 시간과 공간 그리고 놀이자료를 준비하고 자유롭게 놀이할 수 있도록 해 주어야 한다.

본 장에서는 영유아교육기관에서 교사가 영유아의 놀이를 위해 사전에 준비해야 할 내용을 알아보고 영유아의 놀이에 함께 참여하고 놀이하며 어떻게 지원할 것인지 살펴보고자 한다.

1. 놀이를 위한 교사의 준비

영유아교육기관에서 영유아의 놀이가 충분히 이루어지기 위해서는 교사가 사전에 놀이시간을 편성하고 다양한 놀이자료를 마련하는 계획과 준비를 해야 한다. 하루 일과가 놀이 중심으로 진행될 수 있도록 놀이에 적합한 환경을 조성하는 것이 필요하다.

1) 충분한 놀이시간

영유아교육기관에서의 놀이시간은 하루 일과 중 2시간 이상을 자유놀이시간으로 제공하는 것이 필요하다. 기관의 운영시간에 따라 자유놀이시간은 오전과 오후로 나누어 제공할 수 있지만 1회의 놀이시간은 1시간 이상을 연속해서 운영하는 것이 바람직하다. 이것은 영유아들이 자신이 좋아하는 놀이를 선택하여 충분히 경험할 수 있는 시간을 제공하는 중요한 의미가 있다.

영유아는 놀이에 몰입하면서 의미 있는 시간을 갖게 된다. 영유아가 놀이를 할 때 놀이의 흐름이 끊기지 않고 놀이가 지속적으로 이어질 수 있도록 하여 영유아가 충분히 놀았다고 느낄 수 있도록 하는 것이 중요하다. 놀이시간 동안 영유아들은 함께 놀이할 놀이 친구를 찾고, 놀이할 것을 계획하고, 역할을 정하며, 놀이를 즐기게 된다. 놀이시간이 너무 짧으면 충분히 놀이를 경험하지 못하고 서둘러 놀이를 마치게 된다. 풍부한 놀이 환경을 갖추더라도 놀이시간을 충분히 제공하지 않으면 놀이에 집중하기 어렵고 놀이의 내용과 수준이 늘 같은 정도에 머무르게 된다.

또한 놀이시간을 교사가 미리 계획하기보다는 영유아의 관심과 흥미에 따라 놀이를 충분히 즐길 수 있도록 탄력적으로 운영해야 한다. 교사는 놀이시간을 실외놀이를 포함하여 하루 일과 중 가장 길게, 우선적으로 편성 · 운영할 수 있도록 해야 한다.

실내에서의 자유놀이시간

실외에서의 자유놀이시간

2) 융통성 있는 놀이공간

놀이공간은 영유아가 창의적으로 생각하고 활동할 수 있는 물리적 환경이다. 놀이공간은 고정불변한 것이 아니라 융통성 있게 구성할 수 있어야 한다. 영유아에게 높은 수준의 놀이가 이루어지도록 하기 위해서는 적절한 공간 구성이 필요하다. 또한 창의적이고 효율적인 방법으로 교실 공간을 사용하여야 한다. 이를 위해 영유아의 발달과 흥미, 기관의 특성, 주제 등에 따라 교실 공간을 구성해야 한다. 이때 교사는 영유아의 관심과 흥미, 영유아의 의견을 듣고 이를 반영하여 놀이공간을 구성할 수 있다.

교실에 기존의 영역이 구성되어 있더라도 학급의 원아 수, 영유아들의 전반적인 놀이 성향을 고려하여 그 적합성을 판단해 보아야 한다. 공간을 구성함에 있어서 문제가 발견된다면 언제든 재구성함으로써 문제를 해결해야 하며, 주기적으로 놀이공간에 변화를 줌으로써 영유아의 관심과 흥미를 끌고 창의적인 놀이로 확장시킬 수 있다.

학기 초에는 놀이자료를 구분하기 위한 기본적인 영역을 구분하고 각 영역이 지나치게 협소해지지 않도록 가구를 배치해 보는 것이 좋다. 또한, 한번 정한 영역을 한 학기 내내 고정하지 않고 놀이에 따라 즉각적으로 재배치해 주려는 융통성을 발휘하고 실내외 전체 공간을 놀이를 위해 다양하게 활용하려는 노력이 필요하다.

또한 놀이에 적합한 놀잇감과 함께 선반, 교구장 등을 이용해 공간을 구성해 줌으로써 영유아가 스스로 놀잇감을 선택하여 놀이를 할 수 있도록 도와주어야 한다. 잘 정리된 놀이공간은 영유아의 상상력과 놀이를 자극할 수 있다.

쌓기 영역에서의 놀이

역할놀이 영역에서의 놀이

3) 충분하고 다양한 놀이자료

교사는 영유아의 발달 및 놀이에 적합한 놀잇감을 제공함으로써 놀이가 활발하게 이루어질 수 있도록 지원하여야 한다. 영유아에게 놀이자료를 다양하게 제공하면 놀이자료를 통해 놀이 내용이 풍부해질 수 있다. 교사는 영유아의 놀이를 관찰하여 필요한 자료를 제공해 줌으로써 영유아의 놀이가 확장될 수 있도록 지원해야 한다.

영유아에게 제공되는 놀잇감은 상품화된 교구 및 놀잇감 구입 외에 일상생활에서 영유아의 놀이에 도움이 되는 많은 소품을 발견하고 영유아의 놀이에 활용할 수 있다. 영유아의 흥미를 자극하는 많은 물건들이 놀잇감에 포함될 수 있으므로 교사는 영유아의 놀이 진행에 따라 적절한 소품을 제공하여 놀이의 확장을 도모하여야 한다. 비구조적인 놀잇감은 영유아가 자신만의 놀이 방식으로 놀이할 수 있도록 지원하며, 영유아가 발견한 새로운 놀잇감을 인정함과 동시에 창의적인 방식으로 놀이할 수 있게 한다. 지나치게 많은 놀잇감은 정작 영유아의 놀이를 방해할 수 있으므로 영유아가 관심이 적은 놀잇감을 제거하거나 매번 동일한 놀잇감으로 흥미를 잃을 수 있으므로 놀이자료를 주기적으로 교체하여 준다.

실내 자동차 타기 놀이

다양한 만들기 놀이

4) 다양한 사전 경험

교사는 영유아가 놀이를 확장시킬 수 있도록 놀이 활동과 관련된 다양한 사전 경험을 확인해야 한다. 영유아의 놀이는 자신의 사전 경험과 지식에 기초하여 이루어진다. 특히 가장놀이에서 한 가지 역할을 맡고 그 역할에 충실하기 위해서는 역할에 대한 사전 경험과 이해가 있어야만 한다. 음식점 놀이를 할 때 음식점을 이용한 경험이나 요리사에 대한 사전 지식이 없다면 음식점 놀이는 단조롭게 끝나 버리게 된다. 영유아가 놀이에서 선택하게 되는 역할에 대한 경험이 거의 없다면 놀이는 어렵게 되거나 지속하는 것이 불가능하게 될 것이다. 그런 측면에서 영유아의 놀이 역할은 가정에서 늘 접했던 엄마, 아빠 등 부모이거나 어린이집의 선생님이 첫 역할이기도 하다. 그러나 다양한 역할에 대한 경험이 부족한 영유아를 위해 사회적 지식을 넓혀 가기 위해서는 영유아가 놀이 내용이나 역할에 관해 잘 이해하도록 도와야 한다. 이를 위해 경험을 풍부하게 제공하기 위해 현장 견학, 다양한 직업을 가진 인사 초정, 인형극이나 동화책 읽기 등과 같이 다양한 사전 활동을 영유아의 발달 수준에 적합하게 준비하는 것이 필요하다.

인사 초청을 통한 경험

견학을 통한 경험

생각해 보기

- 자신이 실습 등을 통해 경험한 어린이집에서 영유아의 놀이를 위해 교사가 준비한 것은 무엇이 있었는지 생각해 봅시다.
- 어린이집에서 영유아의 놀이가 주로 일어나는 시간과 장소를 알아보고, 그때 영유아가 주로 어떤 놀이자료를 가지고 놀이했는지 생각해 봅시다.

2. 놀이에서 교사의 역할

교사는 영유아의 놀이에 영향을 주는 주요 요인으로 영유아 놀이를 더욱 풍부하게 하고 질적 수준을 높일 수 있도록 하여야 한다. 이를 위해 놀이에서 교사의 역할을 살펴보면 다음과 같다(Elizabeth, Gretchen, 1992).

1) 놀이 확장을 위한 교사의 역할

(1) 놀이 환경관리자(Stage Manager)로서의 교사

영유아가 자연스럽게 놀이를 할 수 있도록 어린이집의 실내외 환경에 충분한 놀이공간과 충분한 놀이자료, 그리고 충분한 시간을 제공하는 환경을 마련하는 것이 교사의 역할이다. 교사는 영유아들이 안전한 환경에서 즐겁고 유익한 놀이를 할 수 있도록 영유아들의 요구와 발달 수준에 알맞은 실내외 놀이 환경을 사전에 계획하고 조직해야 한다.

즉, 생활주제, 교육목표, 난이도 등을 고려하여 놀이 활동을 조직하고 영유아들의 흥미를 유발할 수 있는 놀이자료를 제공해야 한다. 놀이 환경관리자로서 교사의 역할은 놀이를 위한 물리적 환경을 마련하는 것부터 시작된다. 그리고 영유아가 흥미롭다고 생각하는 놀거리가 필요하다.

놀이 환경관리자로서의 역할을 잘 수행하기 위해서는 영유아가 '오늘 여기서 뭘 하면 되죠?' '우리 뭘 하고 놀아요?'라는 질문이 나오지 않도록 해야 한다. 그냥 미리 준비된 흥미로운 놀거리를 가지고 놀이할 수 있도록 다양한 놀이자료를 준비해야 한다. 어린이집 대문을 열고 들어가자마자 모래밭이 있고 그 주변에는 불도저, 노란색 덤프트럭, 도로와 건설 장비 놀잇감들이 가지런히 준비되어 있다면 유아는 그것을 본 순간 무조건 달려가 모래놀이를 시작하게 될 것이다.

놀이 환경관리자로서 교사는 놀이공간과 놀이자료뿐 아니라 놀이시간도 잘 관리하여야 한다. 하루 일과 중 영유아가 놀이할 수 있는 시간을 마련하고 영유아가 주도적으로 놀이를 시작하고 끝낼 수 있는 충분한 놀이시간을 제공해야 한다.

(2) 놀이 중재자(Mediator)로서의 교사

놀이를 하는 영유아들은 재미있게 놀이를 하다가도 자주 부딪친다. 놀이 중 영유아 간에 의견이 일치하지 않고, 놀이에 서로 방해가 되기도 하고 때때로 갈등을 보이기도 한다.

함께 모래놀이를 하던 유아가 친구가 쌓아올린 모래성을 불도저 자동차로 무너뜨리고 불도저를 이용해 모래밭을 평평하게 만드는 모습을 볼 수 있다. 그러나 불도저를 모는 유아는 자신이 친구의 놀이 영역을 침범했다는 생각을 하지 못한다. 단지 땅을 평평하게 하고 싶어서 했을 뿐이다. 그러나 불도저 때문에 자신의 모래성이 무너져 버린 그 친구는 자기 놀이를 방해한 유아를 밀쳐 버리게 된다. 그러면 그 유아는 다시 화가 나서 친구를 밀어 버리고 싸우게 되는 경우를 종종 보게 된다.

이때 영유아를 보호하고, 갈등을 해결하는 기술을 가르치기 위해서는 교사의 중재가 필수적이다. 영유아들 간에 발생하는 갈등을 해결하는 과정을 통해 영유아는 성장 발달하기도 한다. 놀이 중 영유아들 사이에서 문제가 생길 때 교사는 중재자의 역할을 해야 한다. 교사는 아이들의 문제해결을 위해 도움을 줄 수 있다. 그러나 문제를 해결하기 위해 교사가 일방적으로 가르치는 것은 문제해결에 대한 의존도를 높이는 결과가 된다. 따라서 영유아 스스로 문제해결을 할 수 있도록 시범을 보이고 설명하는 것이 효과적일 수 있다.

(3) 놀이자(Player)로서의 교사

교사는 영유아들의 놀이자로서의 역할을 한다. 그런데 교사는 언제 영유아의 놀이에 참여해야 할까? 일부 교사는 자신이나 영유아의 즐거움을 위해 놀이에 자발적으로 참여하기도 한다. 이때 교사는 영유아들로부터 놀이에 참여하라는 신호를 받기도 한다. 교사는 유아들의 놀이에서 가게 주인이 되기도 하고 문을 두드리는 방문객의 역할을 하기도 한다. 이 모든 교사의 역할이 영유아의 놀이를 지속하는 데 도움이 된다.

그러나 어떤 경우에는 교육적 목적을 가지고 의도적으로 놀이에 참여하기도 한다. 유아들이 놀이의 아이디어가 부족하거나 놀이자료를 가지고 놀기에 기술이 부족할 때 교사가 참여할 수 있다. 교사가 참여함으로써 중단되려는 놀이를 지속하게 할 수 있으며 놀이의 수준을 높이거나 놀이를 확장하는 효과를 볼 수 있다.

교사는 놀이를 하는 동안 영유아와 다양한 형태의 상호작용을 해야 한다. 즉, 놀이에 직접 참여하여 영유아들의 놀이를 돕거나 놀이를 발전시킬 수도 있으며 놀이를 하는 영유아를 웃으면서 바라보거나 어깨를 두드려 주는 행동 및 격려의 말을 통해 영유아의 놀이를 지지해 줄 수 있다. 그 밖에 놀이에 참여하지 못하는 영유아나 특정 놀이만 하는 영유아와의 개별적인 상호작용을 통하여 점진적으로 놀이 발달이 이루어지도록 해야 한다.

(4) 놀이 관찰자(Scribe)로서의 교사

관찰자로서의 역할은 교사의 중요한 역할 중 하나이다. 교사는 놀이와 배움을 기록하고 평가하는 역할을 수행해야 한다. 교사들은 영유아들의 놀이상황에도 주머니에 펜과 메모지를 넣고 영유아의 행동을 관찰하고 기록한다. 영유아의 놀이에 참여하고 상호작용하면서 동시에 영유아의 놀이 행동 등을 관찰하고 일화를 기록하는 역할을 한다.

교사는 영유아의 놀이 관찰을 통해서 놀이에 대한 영유아의 흥미, 놀이의 의도와 목적 등이 무엇인지 이해할 수 있다. 그리고 영유아가 놀이를 위해 필요한 기술을 잘 사용하고 있는지도 알 수 있다. 이러한 관찰을 통해 영유아에게 필요한 시간, 공간, 놀잇감, 놀이와 관련된 사전 경험의 필요성을 알게 된다. 영유아 놀이의 세심한 관찰과 기록을 통해 영유아의 신체, 언어, 인지, 사회성, 정서, 창의성 등의 발달 수준을 파악한다. 지속적인 관찰은 어떠한 검사보다 영유아에게 적절한 지도방법을 알려 준다. 또한 영유아의 놀이를 발달시키고 확장시켜 영유아들이 놀이를 더 잘 할 수 있도록 한다.

생각해 보기

- 영유아 놀이를 확장하기 위한 교사의 역할 중 자신은 어떤 방법을 더 잘 수행할 수 있는지, 자신이 교사로서 가지고 있는 강점은 무엇인지 생각해 봅시다.
- 위에서 제시하고 있는 교사의 역할 4가지 외에 교사가 영유아의 놀이를 확장시킬 수 있는 방법은 무엇이 있는지 생각해 봅시다.

2) 놀이중심 보육과정에서 교사의 역할

제4차 어린이집 표준보육과정이 개정되면서 놀이에서 교사의 역할은 더욱 중요시되었다. 표준보육과정의 0~2세 보육과정과 3~5세 보육과정(누리과정) 개정의 큰 방향은 교사 주도적 교육에서 벗어나, 아동 주도적 · 자발적 놀이를 권장하고 일과에서 놀이가 충분히 이루어지고, 놀이를 통한 배움을 강조하고 있다. 국가수준의 표준보육과정 개정에 따라 어린이집 교사는 보육과정 개정 내용에 대해 이해하고 영유아의 연령과 특성에 맞추어 보육과정을 운영할 수 있어야 한다. 하루 일과를 영유아 중심, 놀이 중심으로 구성하며 놀 권리 및 균형적 발달을 이룰 수 있도록 한다. 개정된 보육과정의 변화에 맞도록 놀이를 잘 운영하기 위해 교사가 수행해야 하는 역할은 4가지로 구분되며 그에 따른 역할과 실천 방법은 다음과 같다.

(1) 영유아 · 놀이중심 교육과정을 이해하고 실천하는 역할

표준보육과정 개정의 중점 내용의 하나는 놀이중심 교육과정이다. 이를 위해서는 특별히 놀이하며 배우는 유능한 영유아에 대한 이해가 우선되어야 한다. 일과에서 놀이시간을 충분히 제공하고 영유아가 주도적으로 즐겁게 참여할 수 있도록 한다. 하루 일과를 구성하고 교육과정을 운영할 때 '놀이'를 중심으로 일과를 편성하는 것이 좋다. 따라서 누리과정을 잘 이해하고 실행한다는 것은 일과에서 놀이시간을 충분히 제공하고 유아들의 흥미와 무관한 활동을 교사가 계획해서 실시하지 않는다는 것을 의미한다.

(2) 놀이를 통한 영유아의 배움을 지원하는 역할

교사는 놀이를 통해서 영유아가 충분히 성장할 수 있음을 믿고 지원한다. 그러기 위하여 영유아의 놀이를 잘 관찰하고 놀이를 통해 영유아가 경험하는 것과 스스로 배우는 것이 무엇인지 이해해야 한다. 어떤 영유아라도 자유롭게 놀이하고 그 안에서 배움을 구성할 수 있는 역량을 지닌 존재임을 신뢰하고 유아의 놀이를 잘 관찰해야 한다. 영유아의 놀이를 위해 정서적인 지원과 환경적 지원을 해야 하며 교사와 영유아 간 상호작용을 통해 영유아의 배움을 지원하는 역할을 한다.

영유아의 놀이를 잘 관찰하고 지원하기 위해서 교사는 영유아의 놀이를 주의 깊게 바라보고 영유아가 경험하는 기쁨과 슬픔, 좌절과 감동을 함께 느끼고 공유할 수 있어야 한다. 교사는 영유아를 이해하려는 민감성을 갖추려고 노력하는 동시에 영유아가 놀이를 통해 경험하는 것, 스스로 배우는 것이 무엇인지 이해하려고 노력할 필요가 있다.

영유아의 놀이를 지원하기 위해 교사는 놀이에 직접 참여하지 않고도 격려, 미소, 공감의 표정을 보이거나 칭찬과 격려의 말을 건네는 정서적 지원을 할 수 있다. 또한, 놀이를 관찰하다가 배움이 일어나도록 질문이나 제안을 건네 보는 등의 상호작용에 기반한 언어적 지원, 공간 구성을 바꾸어 주거나 새로운 자료를 제공하는 등의 환경적 지원을 할 수 있다.

(3) 놀이와 배움을 기록하고 평가하는 역할

개정 누리과정은 교사가 먼저 계획하고 실행하고 평가하던 과정을 지양하고 오히려 영유아의 놀이, 일상생활, 활동을 잘 관찰하고 기록하다가 영유아의 배움을 지원하기 위한 계획을 수립하는 것이 좋다. 영유아 평가는 일상생활 및 놀이 과정에서 이루어질 수 있다. 영유아의 놀이에 대한 기록을 통해 유아의 흥미와 관심, 놀이 선호, 또래와의 상호작용 등 영유아의 특성과 변화 정도를 평가할 수 있다. 영유아 놀이의 전개 과정과 일상생활에서 나타나는 놀이 등을 지속적, 누적적으로 기록하여 영유아를 이해하도록 한다. 평가는 놀이, 일상생활, 활동이 잘 연계되어 영유아에게 의미 있는 통합적 경험의 내용으로 운영되었는지를 알아보는 것이다.

(4) 함께 배우며 성장하는 역할

영유아 · 놀이중심 교육과정을 실행하기 위해 교사는 자신과 영유아의 역량을 신뢰하고, 영유아의 자율성을 보장하는 학급의 문화를 만들어야 한다. 이를 위해서 교사는 주기적으로 자신의 교육철학과 개정 누리과정에 대한 이해를 점검하고 배움을 이어가야 한다. 따라서 [그림 5-1]에서 보는 것과 같이 영유아 · 놀이중심을 강조하는 개정 보육과정에서 교사 주도적으로 놀이시간이 운영되고 있지 않는지에 대한 자기 성찰이 필요하다. 놀이를 지원하는 과정에서 교사는 각 영유아와 놀이의 특성을 고려하여 놀이를 언제, 어떻게 지원해야 할지에 대해 끊임없이 관심을 기울여야 한다.

[그림 5-1] 교사 주도적으로 운영되는 놀이시간에 대한 점검

출처: 개정 누리과정 실행자료(교육부, 보건복지부, 2019).

♣ 더 알아보기

■ 표준보육과정에서 교사의 역할

– 제4차 표준보육과정에서도 영유아중심 및 놀이중심을 강조하고 있다. 표준보육과정이 '놀이중심'을 추구한다는 것은 영유아가 주도하는 놀이를 중심으로 보육과정을 구성하고 운영한다는 것을 의미한다.

- 영유아는 놀이하면서 세상을 탐색하고 자신을 표현하며 다른 사람과 교류한다. 또한 영유아는 자신의 흥미와 관심에 따라 즐겁게 놀이하는 과정에서 자연스럽게 배운다. 표준보육과정은 교사가 계획하여 주도하는 보육과정에서 영유아가 주도적으로 놀이하며 배우는 보육과정으로의 변화를 추구한다. 어린이집에서는 표준보육과정 개정 취지를 반영하여 영유아의 주도적인 놀이가 충분히 이루어질 수 있도록 보육과정을 구성하고 운영해야 한다.

3. 교사의 놀이 참여

1) 놀이 참여

교사는 영유아의 놀이를 관찰하다가 놀이에 참여하지 못하는 영유아가 있거나 한 가지 놀이만 계속해서 하는 경우, 놀이가 중단될 것 같은 경우 등 필요한 경우에는 놀이에 적절히 참여하여 영유아의 놀이를 지원하고 확장시키는 역할을 할 수 있다.

(1) 교사 참여 연속 모형(TBC Teacher Belavior Continum)

영유아의 놀이에 교사가 참여하는 방법은 울프강과 맥켄더 그리고 울프강(Wolfgang, Mackender & Wolfgang, 1981)이 제시한 TBC(Teacher Belavior Continum) 모형에 있다. 이 놀이 참여 모형은 교사의 관찰에서부터 시작한다. 영유아의 놀이를 관찰하다가 교사의 참여가 필요할 때에는 영유아 중심의 개방적인 참여방식에서 시작하여 점차 교사 중심의 구조화된 방법으로 참여할 수 있다.

예를 들어 영유아가 순조롭게 놀이하고 있는 상황에서는 영유아의 놀이를 관찰하지만 놀이에 문제가 발생하는 경우에는 비지시적인 진술의 방법으로 참여하고 문제가 해결되면 다시 영유아의 놀이를 관찰한다. 그러나 비지시적 진술의 방법으로 문제가 해결되지 않을 경우에는 다음 단계인 질문의 방식으로 참여하고 다음엔 지시적 진술, 시범의 연속적인 방법으로 영유아의 놀이에 참여하여 영유아가 문제를 해결하고 놀이를 지속할 수 있도록 해 준다.

놀이의 문제가 해결되면 놀이의 수준을 높일 수 있는 물리적 도구 또는 자료를 추가해 주어 놀이의 내용을 풍부히 할 수 있도록 한다. 중요한 것은 가능한 한 개방적인 방법으로 참여하여 영유아의 놀이가 방해받거나 중단되지 않도록 해야 한다는 것이다.

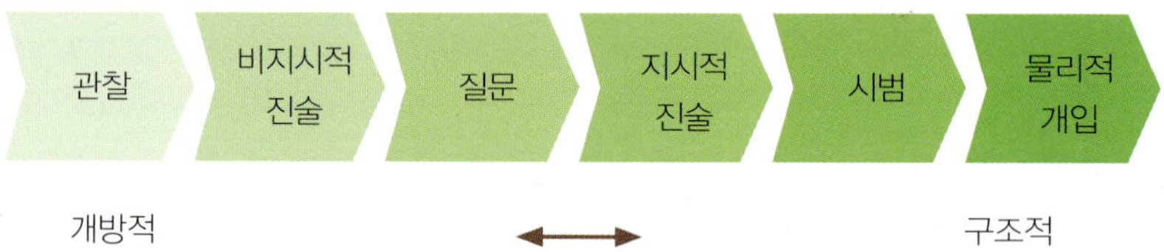

[그림 6-2] 교사 참여 연속 모형(TBC)

〈표 5-1〉 교사 참여 연속 모형(TBC)

관찰	영유아가 자유롭게 놀이하는 모습을 가까이에서 관찰하는 방법으로 가장 개방적인 방법이다. 교사는 블록을 가지고 놀이하는 유아를 지켜보거나 현재의 놀이상황을 주의 깊게 바라본다. .
비지시적 진술	유아의 놀이를 지켜보면서 상황에 따라 놀이 행동을 구체적인 언어로 표현한다. 예를 들어 교사는 "블록으로 비행기를 만들고 있구나"라고 이야기한다.
질문	유아의 놀이하는 모습을 보며 적절한 상황에서 질문을 통해 놀이가 확장될 수 있도록 한다. 교사는 "블록으로 비행기 날개를 만들려면 어떻게 해야 할까?"라고 질문한다.
지시적 진술	유아의 놀이상황에서 역할을 배정해 주거나 놀이내용의 전개를 지시한다. 교사는 "블록과 블록 중간에 긴 블록을 연결하면 날개가 되겠네"라고 이야기하여 문제를 해결할 수 있도록 해 준다.

시범	교사는 놀이상황에서 적절한 행동의 시범을 보여 준다. 직접 비행기 날개를 연결하는 시범을 보여 준다.
물리적 개입	놀이를 더욱 확장시켜 주기 위해 놀이 상황이나 역할에 따라 적합한 소품이나 자료 등을 제공해 주는 가장 구조화된 지도 방법이다.

(2) 교사 참여 유형

교사가 영유아의 놀이에 참여하는 방법을 존슨, 크리스티와 워럴(Johnson, Christie, & Waralle, 2005)은 총 5가지의 유형으로 나누어 설명하였다. 교사의 참여 유형은 교사의 참여 정도에 따라 관찰자, 무대 감독자, 공동 놀이자, 놀이 리더, 교수자로 나누어 볼 수 있다. 교사의 참여가 전혀 없는 상태에서 교사는 관찰자의 역할을 할 수 있다. 그리고 차츰 참여의 정도가 많아지면서 무대 감독자, 공동 놀이자, 놀이 리더로 놀이에 참여한다. 교사의 참여가 최대화되는 것은 교수자이며, 교사 참여가 최소인 관찰자부터 교수자까지 교사의 참여 정도는 점차 커지는 것을 알 수 있다.

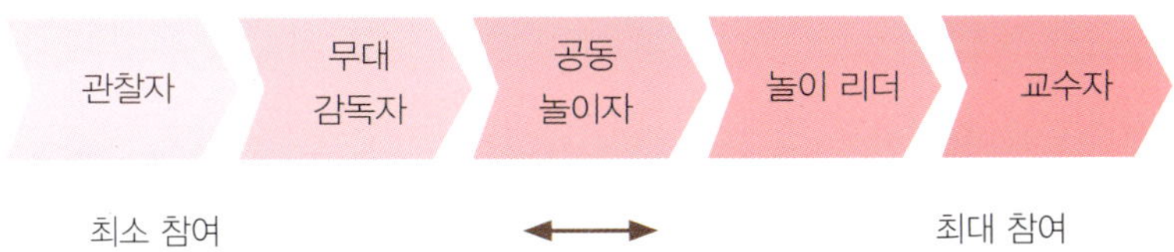

[그림 6-3] 교사 참여 유형

① 관찰자

관찰자는 교사가 영유아의 놀이에 참여하지 않고 놀이를 관찰하는 가장 최소화된 형태의 참여 방법이다. 교사는 영유아 가까이에서 영유아의 놀이를 지켜보면서 머리를 끄덕이거나 미소를 짓는 행동을 통해 비언어적인 방법으로 놀이를 지켜본다. 이때 교사의 지켜보는 행동이나 긍정적인 표현이 영유아의 놀이를 지지해 주고 격려해 주는 역할을 하게 된다. 교사는 관찰을 통해 영유아가 좋아하는 놀잇감, 놀이 친구, 놀이 영역 등을 파악할 수 있으며, 교사가 놀이에 적절하게 개입하는 방법을 결정하는 데 도움이 된다.

② 무대 감독자

무대 감독자는 교사가 영유아의 놀이에 직접 참여하지는 않지만 영유아가 놀이할 수 있도록 준비해 주는 역할이다. 놀이를 위한 자료를 제공하고 소품을 준비하는 것을 도와주고 놀이의 줄거리 등을 소개하여 놀이를 지도할 수 있다. 또한 놀이의 진행에 어려움이 있거나 놀이에 문제가 생겼을 경우 놀이 안에서 도움을 주는 역할을 할 수 있다. 예를 들어, 가게놀이를 위해서 놀이에 필요한 상품을 진열하거나 가격표를 만드는 것을 도와줄 수 있다. 교사는 무대 감독자로서 영유아의 놀이를 촉진할 수 있도록 한다.

③ 공동 놀이자

공동 놀이자는 교사가 영유아의 놀이에 참여하여 함께 놀이하는 것이다. 이때 교사는 영유아의 놀이에 동등한 놀이자로 참여한다. 예를 들어, 극놀이에서 교사가 가게놀이의 손님 역할을 하거나 병원놀이에서 환자 역할을 하는 것처럼 놀이에 필요한 역할로 참여하는 것이다. 이때 교사는 놀이를 주도하고, 상호작용 전략 등과 같은 사회극놀이 기술의 모델을 보여 주는 기회를 제공할 수 있다.

④ 놀이 리더

놀이 리더는 교사가 놀이에 직접 끼어들어 적극적으로 참여하는 것이다. 이때 교사는 공동 놀이자와 유사한 역할을 수행하지만, 공동 놀이자에 비해 더 많은 영향력을 교사가 갖고 주도적으로 놀이를 이끌어 가는 참여 방법이다. 교사는 놀이 주제를 확장시키기 위해 새로운 소품을 제공하기도 하고, 놀이의 수준을 높이고자 할 때 새로운 주제를 제안하기도 한다.

⑤ 교수자

교수자는 교사가 놀이에 함께 참여하는 것이 아니라 놀이 장면 밖에서 놀이를 통제하고 지시하는 방식이다. 영유아의 역할을 지시하거나 놀이 주제와 관련된 인지적 질문을 통해 교육할 수도 있다.

관찰자	가장 소극적인 참여 방법으로 교사가 영유아의 놀이를 가까운 거리에서 지켜보면서 머리를 끄덕이거나 미소를 짓는다. 때로는 "재미있게 놀고 있구나", "무슨 놀이를 하는 거니?"라고 말을 걸어 관심을 표현한다.
무대 감독자	교사가 영유아의 놀이 준비를 도와주고, 조언하며 참여하는 방법이다. 예를 들어 슈퍼마켓 놀이를 하는 경우, 유아들이 판매할 물건의 목록을 만들기로 결정하면 교사가 기록해 주거나 놀이내용을 확장시켜 발전된 놀이를 할 수 있도록 적절한 질문을 한다.
공동 놀이자	교사가 영유아의 놀이에 참여하여 함께 놀이 파트너가 되는 참여 방법이다. 예를 들어 가게놀이에서 교사가 손님 역할을 하거나 병원놀이에서 환자 역할을 하는 등 놀이에 역할을 가지고 참여하지만 놀이의 주도는 영유아가 하고 교사는 이에 따른다.
놀이 리더	교사가 놀이의 주도권을 가지고 놀이를 이끌어 나가는 적극적인 참여 방법이다 교사가 놀이에 참여하고, 놀이의 내용과 수준을 확장하고 풍부하게 하는 데 도움이 된다.
교수자	교사가 영유아의 놀이를 통제하고, 영유아가 할 것을 말해 주거나 영유아의 관심이 학습과제로 전환되도록 한다. 교사는 영유아가 놀이를 하면서 인지 학습을 하도록 적절한 질문이나 제안으로 학습을 유도한다.

2) 교사의 놀이성

교사는 놀이중심 보육과정을 실천하기 위해 놀이 환경을 준비하고 영유아의 놀이를 관찰하고 감독한다. 특히 영유아의 놀이를 촉진하고 함께 상호작용하는 교사의 놀이 신념에 영향을 미치는 것이 바로 교사의 놀이성이다. 교사의 놀이성은 어떤 활동이 주어졌을 때 그것을 재미있는 활동으로 생각하거나 그 활동에 적극적으로 참여하려는 성향을 의미한다. 유머와 즐거움을 추구하고 낙천적인 특성을 나타내기도 한다. 놀이성은 타고난 기질적인 성향으로도 보지만 후천적 경험과 환경적인 영향을 받기도 한다. 놀이성은 외향성, 개방성, 긍정적 정서, 삶의 만족과 관계가 있다(Shen,Chick, & Zinn, , 2014).

놀이성이 높은 교사는 대인관계, 여가를 즐기는 경향이 있고 일이나 활동을 보다 즐기면서 접근하는 경향이 있다. 또한 놀이성이 풍부한 교사는 영유아가 놀이에 참여하도록 격려하고 놀이에 함께 참여하고 긍정적 상호작용을 잘하며 놀이를 지지하는 등 영유아 놀이의 질적 수준에 중요한 영향을 미친다.

놀이성이 높은 교사의 특징은 다음과 같으며 교사는 스스로 자신의 놀이성을 높일 수 있도록 노력하고 영유아들이 놀이할 수 있도록 역량을 발휘해야 한다.

(1) 즐거움에 대한 신념

놀이성이 높은 교사는 삶을 긍정적으로 바라보고 자신이 좋은 시간을 보낼 것이라는 긍정적인 믿음을 가지고 있다. 또한 인생에서 놀이가 매우 중요한 것이라는 인식이 있다. 스스로 무엇을 하든 재미있게 지내려고 노력한다. 놀이가 중요한 가치를 가지고 있으며 영유아에게 재미있는 활동이라는 것을 안다.

(2) 교사의 유머감각

놀이성이 높은 교사는 유머감각이 있으며 다른 사람들과 함께 있을 때 대체로 먼저 재미있는 말이나 행동을 시작한다. 거의 모든 활동을 재미있게 만들 수 있으며 대부분의 상황에서 재미를 찾을 수 있다. 분위기가 무거운 상황에서조차도 재미를 찾으려고 애쓰며 분위기를 즐겁게 하려는 모습을 보인다. 영유아와 함께 있을 때에도 매우 융통성 있고 즐거운 상황을 만들어 아이들을 편안하게 만들어 준다.

(3) 반응적 태도

놀이성이 높은 교사는 다른 누군가가 시작한 재미있는 활동에 반응을 보이며 다른 사람이 재미있는 일을 시작하면, 함께 활동에 참여하여 즐긴다. 타인과 함께

할 수 있는 것에 대하여 기쁨을 느낀다. 다른 사람들이 시작한 재미있는 일에 감사의 마음을 갖기도 한다. 영유아와의 관계에 있어서도 영유아의 요구에 민감하게 반응하며 영유아에게 필요한 것을 제때 파악하고 제공해 주며 놀이상황에서도 놀이자가 되어 영유아의 놀이에 함께 참여해 준다.

(4) 자유로운 사고

놀이성이 높은 교사는 정해진 틀에 구애받지 않고 제약을 받지 않는다. 때로는 결과에 대한 걱정을 하지 않고 하고자 하는 것을 실행하기도 한다. 무엇을 하고자 할 때 다른 사람들의 눈치를 보지 않고 자신의 생각대로 추진한다. 많은 사람들이 자신의 삶을 심각하게 여기는 경우가 있는데 일을 추진할 때에는 순간적인 생각이나 즉흥적으로 떠오른 생각에 따라 행동하기도 한다. 영유아의 놀이상황에서도 무엇이든 해 볼 수 있도록 기회를 주고 창의적인 사고를 할 수 있도록 격려한다.

5) 적극적이고 활발한 활동

놀이성이 높은 교사는 적극적이고 활동적이다. 하고자 하는 것을 미루지 않고 행동으로 옮기고 자신의 느낌과 생각을 신체적인 활동으로 표현하기도 한다. 매 상황에서 바지런한 모습을 보이며 타인과의 관계에서도 매우 적극적이다. 영유아를 지도할 때에도 영유아의 호기심을 자극하고 탐색할 수 있는 기회를 마련하여 함께 문제를 해결할 수 있도록 도움을 준다.

신나게 놀이하고 있는 교사

♣ 더 알아보기

■ 교사의 놀이성을 측정하는 척도의 내용을 알아보고 스스로 체크해 봅시다(o, x).

구분	내용	o, x
주도성	대부분의 상황에서 재미를 찾을 수 있다.	
	거의 모든 활동을 재미있게 할 수 있다	
	상황에서 재미있는 일을 고안해 내는 사람이다.	
	무엇을 하고 있든지 재미있게 하려고 노력한다	
즉흥성	종종 그 순간에 떠오른 느낌을 따른다.	
	종종 그 순간에 떠오른 사고를 따른다	
	충동적으로 행동한다	
	종종 계획되지 않은 일을 한다.	
	그 순간의 감에 의해 일을 추진한다	
반응성	다른 사람이 재미있는 일을 시작하면 함께 따라 할 수 있어서 기쁘다.	
	다른 사람들이 시작한 재미있는 활동을 즐긴다.	
	누군가 재미있는 일을 시작하면 기분이 좋다	
비억제성	사회적 규칙을 이해하지만 그것에 의해 제약받지 않는다.	
	다른 사람이 뭐라고 말할까 봐 하고 싶은 일을 못하는 편은 아니다.	
	때때로 결과에 대해 걱정하지 않고 일을 할 수 있다.	
	웃기게 행동하지만 우습게 보일까 봐 걱정하지는 않는다.	
재미성	시간을 재미있게 보내는 것을 좋아한다.	
	인생에서 재미가 매우 중요한 부분이라고 생각한다.	

출처: 이순행, 이희연, 정미라(2018). 한국판 성인놀이성 척도(K-APTS).

Chapter 06

놀이 지지환경

본 장에서는 영유아의 놀이 지지환경을 살펴보고자 한다. 영유아의 놀이는 부모나 교사, 그리고 또래 등의 사회적 환경에도 영향을 받지만, 물리적 환경도 영향을 많이 받는다. 영유아의 놀이를 지지해 주기 위한 영아 실내놀이 지지환경, 유아 실내놀이 지지환경이 무엇인지 살펴보고, 영유아의 실외놀이 지지환경과 구성하는 요소들을 살펴보고자 한다. 무엇보다도 영유아가 주도하여 놀이할 수 있는 놀이 지지환경을 구성하는 것이 중요하다고 할 수 있다.

1. 영아 실내놀이 지지환경

1) 놀이 지지환경 구성을 위한 요소

놀이를 하는 공간에 따라 영아들의 놀이가 잘 이루어지기도 하고, 위축되기도 한다. 영아의 놀이를 지지해 주기 위해서 탐색 및 탐구를 촉진하는 안전한 환경을 조성할 필요가 있다. 로우만과 루만(Lowman & Ruhman, 1998)은 안전과 건강, 위생, 안정성과 질서, 적절한 규모와 안락함, 단조로움과 편리함, 고요함과 선택, 동기부여, 부드러움, 흥미로운 감각적 요소, 편안함 그리고 햇빛을 고려하는 놀이 환경 구성을 제안하였다.

첫째, 안전과 건강이다. 어린 영아일수록 안전과 건강에 대해 더욱 중점을 두어야 한다. 전반적으로 교사 대 영아 비율, 가구, 교실 환경이 영아 발달에 적합하고 안전한지 등을 고려해야 한다.

둘째, 위생이다. 위생에는 기저귀 가는 것, 화장실 사용 및 급간식, 영유아가 가지고 노는 놀잇감 등이 포함된다. 특히 영유아가 입으로 잘 가져가는 놀잇감의 경우 철저한 위생에 신경 쓰도록 한다.

셋째, 안정성과 질서이다. 안정된 환경 속에서 교실 환경이나 물건들의 순환 및 이동은 점진적으로 이루어져 한다.

넷째, 편안함과 안락함이다. 영아를 위한 교실 환경에서 편안함과 안락함은 중요한 요소라 할 수 있다. 안전하면서도 편안한 공간을 구성해야 한다.

다섯째, 단조로움과 편리함이다. 공간은 비교적 단순해야 한다. 동선이 자유로워야 하고 교사에게도 편리해야 한다. 쿠션 등으로 공간을 구분지어 사용할 수 있다.

여섯째, 조용함과 선택이다. 영아들의 경우도 혼자 있을 수 있는 장소가 필요하며 영아들이 선택할 수 있는 자유를 갖게 하는 것은 필수이다.

일곱째, 동기부여이다. 영아들에게 적절한 동기를 줄 수 있어야 한다. 교사는 예리한 통찰력과 경험을 가지고 영아를 적절하게 격려하고 응원하며, 영아들이 스스로 선택할 수 있는 환경을 제공한다.

여덟째, 부드러움이다. 여러 종류의 천, 담요나 바닥 매트와 같은 부드러운 소재들로 이루어진 공간들은 영아에게 따뜻한 느낌을 조성해 준다.

아홉째, 흥미로운 감각적 요소이다. 거울이나 클래식 음악, 빛, 감각을 통해 탐색할 수 있는 공간을 구성한다.

열 번째, 편안함과 햇빛이다. 영아들의 환경은 편안하고 밝아야 한다. 교실 역시 밝고 편안하게 구성되어야 하며, 자연광이 공간 전체로 퍼져야 하며, 심미적으로도 즐거운 환경은 영아에게 즐거움을 준다.

2) 영아를 위한 실내 놀이공간

교사는 영아들의 놀이를 지지하기 위해 다음과 같이 할 수 있다(Gonzalez-Mena &Eyer,2017,p.69).

첫째, 돌봄 영역과 놀이공간을 분리하는 것이 좋다. 쿠션을 사용하여 각 영역을 분리할 수 있으며 부드러운 천을 이용해 바닥을 덮어 준다. 이때 카펫과 담요 또는 이불 등을 다양하게 사용할 수 있다.

둘째, 놀이공간의 놀잇감 등은 만질 수 있고 '입에 넣어도 무해한 것'인지를 꼭 확인해야 한다.

셋째, 영아들이 놀잇감과 자료를 다양하게 사용하도록 한다.

넷째, 놀잇감 개수를 적당하게 맞추는 것이 중요한데 이 때 적당한 양이라는 것은 다양한 기준으로 판단할 수 있다. 하지만 너무 많은 양의 놀잇감은 오히려 영아들에게 혼란을 가져다 줄 수 있다.

실내 놀이공간에서 영아들의 기저귀 및 수면 영역과 놀이 영역을 구체적으로 살펴보고자 한다.

(1) 기저귀 및 수면 영역

실내공간 중 기저귀 영역, 휴식 및 수면을 위한 공간은 영아에게 매우 중요한 영역이다(Houck, Signore, Fein, & Ragu, 2008). 기저귀 영역은 위생적이고 물이 있는 곳과 가까워야 한다. 수면을 위한 개인 영아의 이불과 담요 등을 놓을 수 있는 공간이 구비되어야 한다.

(2) 놀이 영역

놀이 영역에서는 영아들의 호기심을 자극하고 탐색하며, 즐겁게 놀이할 수 있도록 구성해야 한다.

① 블록 영역

블록 영역은 영아들의 발달 수준에 따른 낮은 선반에 안전하고 내구성이 뛰어난 다양한 종류의 블록으로 구성한다. 다양한 소품과 인형 등도 함께 배치하여 영아들의 놀이가 확장되도록 지원할 수 있다.

② 역할 영역

실제 그대로의 가정에서 사용하는 물건들은 영유아의 극놀이를 발전시키는 데 도움을 줄 수 있다. 실제 냄비와 팬, 접시, 깨끗한 빈 용기를 사용하는 것이 좋다. 집의 한가운데 놓인 큰 상자는 영아들이 자동차나 트럭 그리고 보트로 사용할 수 있다. 영아들은 분장하는 것을 좋아하고 특히 모자에 흥미를 많이 갖는다. 또한 영유아들은 극놀이에 더욱 흥미를 주기 위해 현실적인 소품들을 필요로 한다. 전화기나 경찰모자와 같이 실제 사용하는 소품들은 그들의 놀이에 풍부함을 더할 수 있다. 또한 안전한 거울과 같은 소품들은 영아들에게 가작놀이의 기회를 더 늘릴 수 있다.

③ 조용한 공간

영유아들은 앉아서 퍼즐을 맞추거나 책을 보거나 때로는 누군가의 무릎에 앉을 수 있는 공간이 필요하다. 영유아들이 책을 고르기에 편리하고 접근성이 용이하도록 한다. 부드러운 베개나 쿠션은 공간의 분위기를 부드럽게 해 줄 수 있다.

영아들에게 안락함을 제공할 수 있는 휴식 공간 구성의 예

3) 영아 놀잇감과 놀이자료

영아들은 보고, 듣고, 만질 수 있는 놀잇감과 자료들로부터 흥미를 느낀다. 영아에게는 충분한 놀잇감과 자료를 똑같이 제공해 주어야 자료나 놀잇감으로 인한 다툼을 줄일 수 있다. 무엇보다도 영아의 놀잇감을 선택할 때 교사들은 항상 안전을 제일 중요시해야 한다. 영아에게는 지나치게 많은 놀잇감이나 놀이자료는 필요하지 않지만, 충분한 양을 제공해 줘야 한다. 동시에 교사와 영아의 상호작용은 매우 중요하다.

〈표 6-1〉 영아 놀잇감과 놀이자료

연령	놀잇감과 놀이자료
0~6 개월	부드러운 공과 블록, 부드러운 라벨이 붙어 있는 천으로 된 공, 빛이 반사하는 플라스틱 병, 흔들고, 던지고, 차고, 조작이 가능한 딸랑이와 놀잇감, 대조되는 색상과 무늬가 있는 바닥 커버와 벽에 거는 장식품, 부드럽고 색감 있는 스카프
7~12 개월	부드러운 공, 여러 개의 부드러운 블록, 빛을 반사하는 플라스틱 병, 재미있는 소리를 내는 다양한 공들, 종과 딸랑이, 포개고 쌓을 수 있는 재료, 조작이 가능한 물체가 있는 활동 상자, 채워질 수 있고 비워지는 것이 가능한 용기, 밀고 당길 수 있는 자동차와 동물, 작은 천, 플라스틱 또는 판지로 된 책

1세 ~2세	• 간편하고 세탁이 가능한 인형, 경량 블록세트, 몇 개의 나무와 튼튼한 플라스틱으로 된 사람이나 동물 형상의 피규어 • 여러 종류와 크기의 공들, 밀고 당기는 놀잇감, 끼우고 쌓는 놀잇감 그리고 다양한 책들 • 색연필과 종이, 감각이 있는 용기 그리고 판지로 된 빈 상자들 • 플라스틱으로 된 끼울 수 있는 구슬과 줄이 달린 구슬, 3~5개의 손잡이가 달린 퍼즐, 다양한 모양의 큰 집게와 집게 판 그리고 간단한 악기들
2세	• 매칭 게임과 비슷한 숫자 맞추기 게임, 줄로 엮인 구슬, 조각 퍼즐, 간단한 악기 음악 세트와 다양한 책들 • 간단한 옷과 액세서리를 갖춘 인형, 아이 크기의 놀잇감 청소기 및 쇼핑 카트, 플라스틱 스쿨버스 및 피규어, 모자, 안 깨지는 거울, 변장 가능한 의류, 아이 크기의 난로, 냉장고, 싱크대, 식탁과 의자; 보관장, 냄비와 프라이팬들, 시리얼 상자와 같은 빈 음식 상자들 • 단위 블록 및 소품세트(목재 및 플라스틱 피규어 그리고 동물들, 조립재료), 목재로 된 헛간, 농장 및 동물원의 동물들, 플라스틱 나사와 볼트, 빈 판지 상자들 • 영아들이 탈 수 있는 비행기, 트럭, 자동차와 같은 교통수단과 블록 놀이에서 사용할 수 있는 작은 모형의 놀잇감 • 감각적인 용기, 크레용, 종이 그리고 물감 붓, 분필, 칠판, 색종이, 안전 가위, 찰흙, 점토, 마커, 이젤, 운동장에 물로 그림을 그리기 위해 필요한 양동이들 • 영아가 다룰 수 있는 다양한 종류와 크기의 공들과 타고 달리는 놀잇감

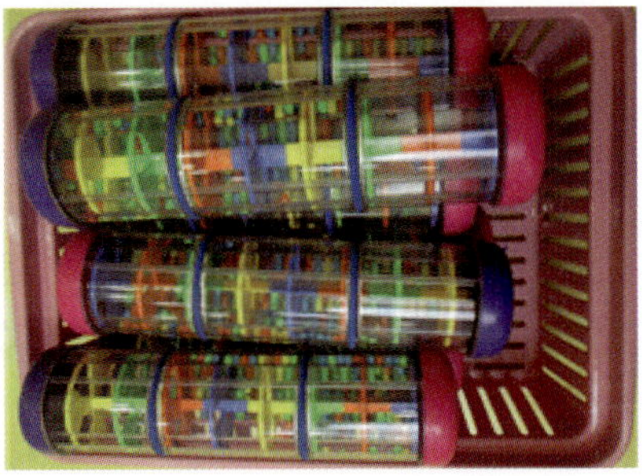

영아들을 위한 블록, 퍼즐, 인형, 소품 등의 놀잇감

생각해 보기

- 아이들을 위한 비구조적 놀잇감과 놀이자료는 무엇이 있을지 생각해 봅시다.
- '비구조적' 놀잇감이나 놀이자료를 통해 영아들의 놀이에서 나타나는 놀이 양상은 어떠할지 생각해 봅시다.

2. 유아 실내놀이 지지환경

1) 놀이 지지환경 구성을 위한 요소

실내 교실 공간은 유아가 하루 중 대부분의 시간을 머무는 곳이다. 유아들이 다양한 교구와 놀잇감으로 탐색과 놀이가 활발하게 이루어질 수 있도록 물리적 환경 구성이 필요하다. 영역 간 통합적 운영과 개별 영역의 특수성을 고려한다. 모든 영역이 교사의 시야에 들어올 수 있도록 개방적으로 구성한다. 기본적으로 유아들의 발달 수준에 맞는 교구장, 책꽂이, 분리대 등으로 구분하고 유아들이 영역 간에 자유롭게 통행할 수 있도록 하되 유아의 흥미와 발달 수준, 놀이의 형태와 교육과정의 목표에 따라 영역을 각기 다르게 배치한다. 유아들의 놀이에 따라 공간을 유동적으로 구성할 수 있으며, 필요하면 공간의 변화를 줄 수도 있다. 유아들의 놀이 성향에 따라 놀이 인원을 고려하여 조용한 영역과 시끄러운 영역, 물과 햇빛이 필요한 영역 등을 분리하여 배치할 수 있다. 유아들이 놀잇감에 쉽게 접근할 수 있도록 개방된 교구장에 진열하고, 게시물이나 전시물 등은 유아의 눈높이에 맞춰 제시한다. 혼자 놀이를 하거나 잠시 휴식이 필요한 유아들을 위해 조용하고 사적인 휴식 공간도 마련한다.

2) 유아 실내놀이 영역 구성

(1) 쌓기 영역

쌓기 영역은 크기가 큰 블록을 사용하여 구성하는 놀이가 이루어지고 유아들의 움직임이 많으므로 충분한 공간이 필요하다. 소음을 흡수할 수 있는 카펫을 깔아 줄 수도 있다. 유아의 수를 고려하여 충분한 양의 블록을 구비하고, 교구장에 블록을 배치할 때 블록의 전체 모습이 한눈에 보일 수 있도록 한다. 필요에 따라 역할놀이 영역과 근접하게 배치하여 통합놀이가 이루어질 수 있도록 지원할 수 있다. 통합놀이가 활발하게 진행되는 경우에는 영역 간 경계를 없애고, 공간도 통합될 수 있도록 융통성 있게 조절해 준다. 아울러 다양한 소품, 동물 모형, 인형, 모형 자동차와 교통표지판, 화보 등을 제공하여 놀이의 확장이 이루어질 수 있도록 한다.

(2) 역할 영역

역할 영역은 유아가 모여 일상의 경험을 통한 여러 가지 사회적 역할을 표현하는 곳으로 충분한 공간이 확보되어야 한다. 주변 영역과 연계 및 확장이 쉽도록 배치하고, 유아들의 흥미와 놀이 흐름을 반영하여 다양한 자료와 소품을 수시로 제공한다. 극놀이의 확장이 이루어질 수 있도록 이동이 가능한 칸막이와 옷장 등도 배치해 줄 수 있다.

(3) 언어 영역

언어 영역은 조용하고, 밝고 아늑하되, 유아들이 방해받지 않고 편안한 분위기에서 읽기, 쓰기, 말하기, 듣기가 이루어지도록 한다. 편안하게 앉거나 기댈 수 있는 매트와 쿠션, 의자 등을 구비하여 유아가 의사소통과 관련된 놀이를 안정적으로 즐길 수 있도록 한다. 종이와 다양한 필기류, 유아들의 관심과 흥미를 반영한 그림책, 유아들의 책 만들기 결과물 등을 제시한다. 다른 영역과 통합놀이가 이루어질 수 있도록 개방적인 공간으로 조성하여 동극이나 공연 등이 놀이와 연계될 수 있도록 한다.

(4) 과학 영역

과학 영역은 햇빛이 잘 드는 조용한 곳에 배치한다. 관찰, 측정, 실험 등 탐색이 충분히 이루어질 수 있는 공간이어야 한다. 동식물 및 곤충 기르기, 자연물 탐색하기 등 유아들이 호기심을 갖고 여러 가지 탐색 활동을 할 수 있는 공간도 필요에 따라 구성할 수 있다. 실험과 '식물 물 주기' 등 물을 사용하는 경우에 대비해 물과 가까운 곳에 구성할 수 있다. 실험 도구 사용법이나 관찰 기록지, 측정이나 실험의 결과를 부착할 수 있도록 한다.

(5) 미술 영역

여러 가지 미술재료를 활용한 놀이가 이루어지는 곳이므로 물을 사용하거나 손을 씻어야 하는 경우가 빈번하므로 화장실과 가까운 곳에 배치한다. 유아들의 개별 작업과 공동 작업이 각기 다르게 이루어지는 경우가 많으므로 책상의 배치를 유동적으로 할 수 있도록 한다. 유아들이 물감이나 흙 등을 활용한 작품을 말리거나 전시할 수 있는 공간을 확보하고, 유아들이 원하는 때에 자유롭게 전시와 감상을 할 수 있도록 통행이 자유로운 곳에 배치하도록 한다. 미술 영역의 재료는 전형적인 것부터 재활용품, 자연물, 일상의 사물 등을 활용하여 유아들이 원하는 만큼 충분하게 사용할 수 있도록 한다.

(6) 음률 영역

음률 영역은 신체활동과 더불어 소리가 발생하는 공간으로 조용한 공간과 충분한 거리를 둘 수 있는 곳에 배치한다. 유아들의 놀이 흐름에 따라 유동적으로 공간의 크기를 조절하고 구성할 수 있다. 다양한 소리를 탐색할 수 있는 리듬악기와 실로폰, 멜로디를 연주할 수 있는 키보드 등을 제공하며, 신체 표현 활동에 필요한 소품도 함께 제공한다. 유아들이 즐겨 부르는 노래의 가사판이나 계이름 등 악보를 제시해 주고, 유아들의 눈높이에 맞도록 조절하여 부착한다.

유아들을 위한 영역별 환경 구성의 예: 블록 영역, 책 영역, 과학 영역, 미술 영역

3) 유아 놀잇감과 놀이자료

놀잇감과 자료의 선택 순환 및 저장은 놀이에 영향을 미친다. 교사는 어떤 재료들이 그 집단에 적합한지 결정해야 한다. 기본적으로 유아들의 놀이지원을 위한 자료들은 다음과 같다〈표 6-2〉. 유아들의 놀이와 흥미에 따라 다양한 자료들을 지원해 줄 수 있다.

〈표 6-2〉 유아 놀잇감과 놀이자료

쌓기 영역	• 단위 블록(유니트 블록), 크기가 큰 속 빈 블록(할로우 블록), 종이벽돌 블록, 레고 블록, 끼우기 블록, 자석 블록, 띠 블록, 몰펀 블록 등 • 소음방지용 매트 또는 털이 짧은 카펫 • 유아들의 흥미와 놀이 흐름을 반영한 다양한 소품(사람 및 동물 모형과 인형, 직업 및 가족 인형, 자동차류, 신호등, 간판 표시대, 운전대 등)
수 · 조작 영역	• 수 세기 관련 자료: 구슬, 솔방울, 단추, 곡식류, 씨앗 조개 등 • 조작 활동 관련 자료: 퍼즐류, 도형 끼우기, 지퍼 및 단추 끼우기, 바느질 재료, 구슬꿰기 등 • 게임 자료: 주사위 게임, 일대일 대응 게임, 도미노, 패턴 게임, 판 게임 등
역할 영역	• 벽이나 튼튼하게 세워진 곳에 장착되어 있는 깨지지 않는 전신거울 • 가구류: 모형 싱크대, 모형 냉장고, 모형 화장대, 모형 가스레인지, 낮은 상 등 • 소꿉놀이용 그릇 및 기구류: 냄비, 프라이팬, 주전자, 접시와 컵 세트, 숟가락, 포크, 모형 칼, 도마, 밀대, 찍기 틀, 모형 믹서기, 밀대 등) • 음식 소품류: 모형 음식과 과일, 밀가루 반죽 등 • 놀이용 옷장, 옷걸이 의상 및 소품류 • 인형류(아기 인형과 동물 인형 등) • 유아들의 놀이와 흥미를 반영한 소품
언어 영역	• 읽기 자료: 다양한 책과 책꽂이, 책상, 잡지류, 사전, 글자 카드, 우리 반 친구 이름 카드, 주사위를 이용한 게임용 글자, 수수께끼 카드 등 • 듣기 자료: 카세트, 헤드폰, CD 플레이어와 CD • 말하기 자료: 마이크, 녹음기, 손가락 인형, 막대 인형, 융판동화 등 • 쓰기 자료: 다양한 필기류, 자음과 모음의 글자 도장과 스탬프, 한글 글자판, 프린터기 등 • 수수께끼 책이나 카드, 속담이나 이야기 책, 직접 만든 책 등

과학 영역	• 관찰 및 실험 도구: 색 관찰판, 확대경, 돋보기, 현미경, 자석 등 • 측정 도구: 양팔저울, 온도계, 모래시계, 줄자, 계량컵 등 • 식물 기르기: 감자, 고구마, 양파 등, 씨앗 키우기(콩, 나팔꽃, 봉숭아 등), 꽃 화분 등 • 동물 및 곤충 기르기: 금붕어, 거북이, 달팽이, 딱정벌레 등 • 과학 관련 화보와 사진, 동식물 도감, 인체 모형, 지구본 등
미술 영역	• 다양한 재질의 지류(도화지, 색종이, 색 도화지, 한지, 검은 종이, 골판지, 두꺼운 도화지 등) • 그리기 도구(색연필, 사인펜, 네임펜, 연필 등) • 각종 재활용품류(우유갑, 휴지 심, 빈 상자, 플라스틱 용기, 병 뚜껑, 요거트 컵 등) • 만들기 재료(수수깡, 모루, 리본 테이프, 빨대, 나무젓가락 등) • 풀, 테이프, 가위, 모양 펀치 등 • 작품 게시대 • 물감, 미술용 앞치마, 붓, 먹물, 흙, 다양한 점토 등
음률 영역	• 리듬악기: 마라카스, 캐스터네츠, 탬버린, 귀로, 에그쉐이크, 리듬막대 등 • 멜로디 악기: 키보드, 실로폰, 핸드벨 등 • 국악 악기: 징, 꽹과리, 소고, 북 등 • 신체 표현 자료: 리본 막대, 스카프, 리듬 뛰기용 발판 등 • 노래가사 및 악보 게시물, 악기 사진, 연주 화보 등 • 감상을 위한 기기: 다양한 음원, mp3 및 CD 플레이어, 헤드폰(2개 이상) 등

생각해 보기

- 자신이 어렸을 때 가지고 놀이했던 놀잇감이나 놀이자료가 무엇인지 생각해 봅시다
  - 오늘날 놀잇감과 놀이자료 비교하기
- 다음의 사례는 유아들이 산책길에서 수집한 단풍잎과 낙엽 등을 가지고 모자를 만들고, 패턴을 만들고 있는 모습입니다. 자연에서 찾을 수 있는 놀잇감이나 놀이자료가 있다면 무엇이 있을지 생각해 봅시다.

생각해 보기

- 유아들을 위한 비구조적 놀잇감과 놀이자료는 무엇이 있을지 생각해 봅시다.
- 다음은 유아들이 교실에 '공던지기 영역'을 구성하여 끈끈이처럼 테이프로 그물망을 만들고 신문지로 만든 공을 던져서 놀이하는 모습입니다. 유아들이 주도하여 교실에서 관심 있는 영역이나 공간을 구성한 다른 사례들을 찾아봅시다.

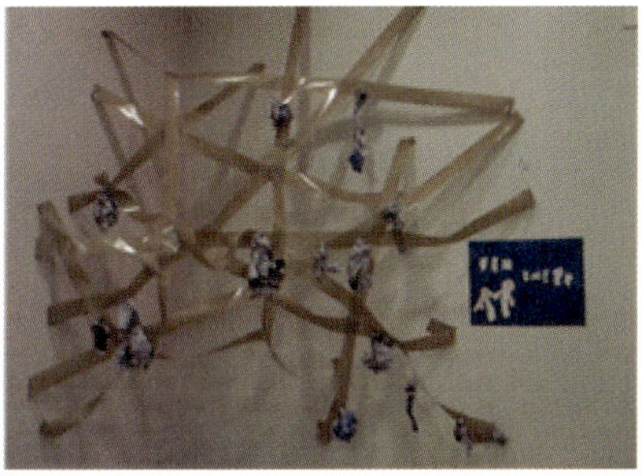

3. 영유아 실외놀이 지지환경

실외놀이는 영아에게 다양하고 풍부한 감각적인 경험을 제공하는 장소이므로 시각, 청각, 촉각, 후각, 미각 등 오감을 통해 자연을 직접 경험할 수 있는 기회를 제공할 수 있다. 바깥놀이를 통해 영아들은 자유로운 탐색놀이를 할 수 있고, 경험을 풍부하게 만들 수 있다(김미래, 2015). 한편 유아들은 실외에서 미끄럼틀, 그네, 오르는 기구 등을 통해 신체를 자유롭게 움직이는 대근육 활동으로 균형잡기, 민첩성, 유연성 등 운동의 기술을 익힐 수 있고, 또래와 함께 놀이하며, 순서 지키기, 양보하기, 기다리기 등 사회적인 기술도 배울 수 있다.

영유아들의 실외놀이를 지원하기 위하여 동적 영역과 정적 영역을 지지해 주어야 한다. 고정적 놀이기구와 유동적 놀이기구를 적절히 배치한다. 실내의 모든 흥미 영역이 실외에서도 가능할 수 있다. 실외놀이에서도 다양한 놀이가 일어날 수 있도록 공간을 재구성할 수 있다. 그늘진 공간과 해가 잘 드는 공간을 균형적으로 배치하여 놀이와 휴식이 고르게 이루어질 수 있도록 한다. 지붕이나 천막 등을 활용하여 눈이나 비, 직사광선에서도 안전하게 모래놀이할 수 있도록 한다. 실외 물놀이 영역도 계절에 따라 구성할 수 있으며, 안전하고 즐겁게 놀이하도록 한다.

실외 놀이공간에서는 놀이기구를 통해 신체를 움직일 수 있고, 자연을 탐색하고 호기심을 기를 수 있다

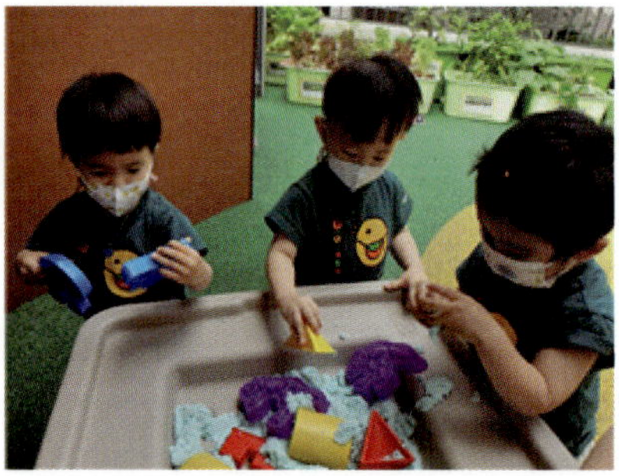

실외 놀이공간에서도 영아들이 찰흙놀이를 하거나 책을 읽을 수 있는 정적 영역을 구성할 수 있다

영아기는 신체의 움직임이 미숙하기 때문에 실외 공간은 다양한 탐색과 놀이를 시도할 수 있는 환경이어야 한다. 프로스트(Frost, 1992)는 3세 미만 영아를 위한 실외 놀이공간은 영아의 발달 수준을 고려해야 한다고 하였다. 영아의 기어가기, 붙잡기, 일어서기, 잡아당기기, 밀기, 걷기, 뛰기, 깡총 뛰기, 균형잡기, 회전하기 등과 같은 다양한 동작이 가능한 공간이어야 한다는 것이다. 아울러 안정성과 새

로운 시도를 자극할 수 있는 공간이어야 한다고 하였다.

실외놀이는 유아의 신체 및 운동발달(Pellegrini, 1991)과 더불어 사회적 상호작용을 촉진시킨다(Pellegrini & Perlmutter, 1988). 유아가 마음껏 뛰며 신체놀이를 할 수 있는 충분한 공간이 필요하다. 한편으로는 조용한 놀이를 할 수 있는 공간에 이동식 의자와 돗자리를 구비하여 이동이 가능하도록 한다. 때로는 큰 소음을 내는 악기나 물건들, 움직임이 큰 신체 표현 도구도 배치할 수 있다. 유아들은 실외 텃밭 가꾸기 활동을 통해 다양한 작물을 관찰하고 재배하는 방법, 수확의 과정을 경험할 수 있다. 동물에게 먹이 주기와 식물에 물 주기 등을 자율적으로 순서를 정하여 유아들 스스로 책임감을 가지고 동식물을 돌볼수 있는 기회를 마련해 줄 수 있다.

유아들의 모래놀이를 지원해 주기 위해 다양한 기구나 놀잇감을 충분히 제공해 주어야 한다

실외 놀이공간을 다양한 텃밭 가꾸기로 활용할 수 있다

생각해 보기

- EBS(2020.1.13.) 놀이의 기쁨 2부 – '밖에서 놀아야 큰다'를 함께 시청한 후 실외놀이가 영유아에게 주는 의미에 대해 생각해 봅시다.

  https://www.youtube.com/watch?v=OL-ytq9jis8&list=PLvNzObWMMx6vE366gA7uo1LuHgSv6ebZp

- 호기심과 모험심을 키울 수 있는 '모험 놀이터'의 국내외 사례들을 찾아보고, '모험 놀이터'가 영유아에게 주는 의미가 무엇일지 이야기해 봅시다.

도쿄 시부야의 하루노가와 플레이파크 놀이터: 출처: https://www.hankookilbo.com/News/Read/A2021010809100004

호주 브리즈번 사우스뱅크 놀이터: 출처: https://www.hankookilbo.com/News/Read /A2021010809100004815

♣ 더 알아보기

- 영유아보육기관의 놀이터 설치 기준에 대하여 알아봅시다.
- 실외 놀이터와 관련한 「영유아보육법」 혹은 어린이집 평가인증지표에 대하여 알아봅시다.

Chapter 07

영아 놀이와 표준보육과정

본 장에서는 영아(0세~만 2세)의 놀이를 지원하기 위하여 영유아기의 고유한 특징을 반영하여 '영유아중심 및 놀이중심'을 강조하고 있는 표준보육과정의 영역별 목표와 내용을 알아보고자 한다. 이를 토대로 제4차 표준보육과정의 영역별 영아 경험의 실제와 영아 경험 이해, 교사 지원 내용을 제시하고자 한다. 그리고 흥미 영역별 환경 구성과 놀이자료에 대해 설명하였으며 흥미 영역별 영아의 놀이와 이를 지원하는 교사의 놀이지원 사례를 제시하려 한다.

1. 표준보육과정 영역별 영아 놀이

어린이집에서 운영하는 보육과정은 국가수준의 보육목표와 영유아의 발달과 개인차를 고려하여 영유아가 경험하게 될 보편적인 보육내용을 제시하고 있다. 제4차 어린이집 표준보육과정은 2020년 9월부터 현장에 적용되어 영유아 중심의 놀이와 일상을 강조하고 있으며 이를 실현하기 위해 현장의 자율성을 중시한다.

제3차 어린이집 표준보육과정을 개정하여 0~1세와 2세 보육과정 개정 및 0~5세 총론의 일부 용어(영유아, 표준보육과정 등)을 수정하고 영아 관련 내용을 부분 보완하였다. 어린이집 표준보육과정은 국가수준의 공통성과 지역, 기관 및 개인 수준의 다양성을 동시에 추구하며 영유아의 전인적 발달과 행복을 추구한다. 그리고 영유아중심과 놀이중심, 영유아의 자율성과 창의성 신장을 추구하며 영유아, 교사, 원장 부모 및 지역사회가 함께 실현해 가는 것을 추구하는 성격을 갖고 있다.

7장에서는 영아의 놀이를 지원하기 위해서 0~2세 영아의 어린이집 보육교사가 보육과정에 근거하여 영아의 보육계획을 수립하고 실행하는 과정을 지원하기 위해 제4차 어린이집 표준보육과정을 소개하고자 한다. 그리고 어린이집에서 0~2세를 담당하는 교사가 영아의 놀이지도 시 활용할 수 있는 방법을 사례로 제시하고자 한다.

1) 기본생활 영역에서의 영아 놀이

기본생활 영역은 건강하게 생활하기와 안전하게 생활하기로 나누어지며 사회생활의 기본이 되는 건강, 영양, 안전에 대한 지식과 기술을 습득하고, 건강하고 안전하게 생활하는 태도를 기르기 위한 영역이다.

영 역	내용 범주	내 용(0세~1세)	내 용(2세)
기본 생활	건강하게 생활하기	• 도움을 받아 몸을 깨끗이 한다. • 음식을 즐겁게 먹는다. • 하루 일과를 편안하게 경험한다. • 배변 의사를 표현한다.	• 자신의 몸을 깨끗이 해 본다. • 음식에 관심을 가지고 즐겁게 먹는다. • 하루 일과를 즐겁게 경험한다. • 건강한 배변 습관을 갖는다.
	안전하게 생활하기	• 안전한 상황에서 놀이하고 생활한다. • 안전한 상황에서 교통수단을 이용해 본다. • 위험하다는 말에 주의한다.	• 일상에서 안전하게 놀이하고 생활한다. • 교통수단을 안전하게 이용해 본다. • 위험한 상황에 대처하는 방법을 경험한다.

기본생활 영역에서는 영아가 어린이집에 등원하여 놀고, 먹고, 씻고, 자고, 배변하는 일상에 적응하며 건강하고 안전한 생활을 할 수 있도록 영아의 개별적인 욕구를 수용하고 안정적인 애착을 형성하는 것이 중요하다. 영아가 위험에 대한 인식을 하기는 어렵기 때문에 교사는 무엇보다 안전을 고려하여 영아가 주변 환경에 대한 탐색과 놀이를 할 수 있도록 지원한다. 영아가 스스로 시도해 볼 수 있도록 안전한 환경과 기회를 주고 빨리하도록 재촉하지 않고 영아가 교육이 아닌 놀이를 통해 기본생활 습관을 배울 수 있도록 한다.

《기본생활 영역 놀이의 실제》

■ 즐겁게 먹어요!

차례대로 손을 씻고 모인 아이들이 교사와 노래를 부른다. 노래가 끝나고 교사가 "지호야, 오늘 누구랑 같이 밥 먹고 싶어요?"라고 묻자 지호가 "수빈이."라고 대답한다. 교사가 "지호랑 수빈이는 밥 먹고 싶은 자리에 가서 앉아 주세요."라고 하자, 지호와 수빈이가 일어난다. 지호랑 수빈이는 배식된 식판이 놓인 책상으로 다가간다. 비어 있는 가장 가까운 자리에 서서 지호가 "여기?"라고 물어보자 수빈이가 고개를 끄덕인다.

<table>
<tr><th colspan="2">▣ 즐겁게 먹어요!</th></tr>
<tr><td>

교사지원
● 일과
- 손을 씻고 점심식사를 하는 과정에 전이 활동을 여유롭게 진행하여, 영아가 개별적으로 편안하게 일과를 따를 수 있도록 하였다.
- 영아들이 짝을 지어 식사 자리를 찾을 수 있게 하며 일과 중 영아의 개별적 선호를 존중하고 자율적 선택의 기회를 마련하였다.
● 자료
- 영아가 또래 및 교사와 상호작용하며 식사할 수 있도록 공간을 배치하였다.
● 상호작용
- 영아들이 기대를 가지고 즐겁게 식사를 할 수 있도록 메뉴를 소개하였다.
- 영아가 다양한 음식의 맛과 향, 질감을 접할 수 있도록 모델링하였다.
- 영아가 식사도구를 사용하면서 유능감을 느낄 수 있도록 격려하였다

</td><td>

</td></tr>
</table>

출처: 제4차 어린이집 표준보육과정 해설서, 150-151.

'즐겁게 먹어요'는 함께 점심식사를 하고 싶은 친구와 먹을 자리를 선택하고 음식의 맛과 향을 느끼고 즐기며 새로운 음식을 시도해 보는 경험이다. 2세 영아의 경우 놀이와 식사, 휴식과 낮잠, 위생과 청결 등 일상생활의 경험과 하루 일과를 즐겁고 안전하게 보내면서 손을 씻는 과정에서도 놀이하듯이 할 수 있도록 교사가 관심을 보이며 지속적으로 영아에게 놀이 자극을 주도록 제안하고 있다. 교사는 기본생활 습관을 형성하는 과정을 즐겁고 재미있게 아이들이 경험할 수 있도록 일과, 자료, 상호작용에서 놀이를 지원한다. 놀이과정에서 기본생활 습관을 형성하도록 교사는 영아가 필요할 때 혼자 손을 씻거나 스스로 즐겁게 급간식을 먹을 수 있도록 개별적 선호를 존중하고 자율적 선택의 기회를 주며 일상의 경험도 놀이처럼 지도한다.

2) 신체운동 영역에서의 영아 놀이

신체운동 영역은 다양한 신체활동을 통하여 자신의 신체에 대해 긍정적으로 인식하고, 일상생활에 필요한 기본 운동능력을 기르며, 신체활동에 즐겁게 참여하도록 하기 위한 영역이다. 신체운동은 감각과 신체 인식하기와 신체활동 즐기기로 나누어진다.

영 역	내용 범주	내 용(0세~1세)	내 용(2세)
신체 운동	감각과 신체 인식하기	• 감각적 자극에 반응한다. • 감각으로 주변을 탐색한다. • 신체를 탐색한다.	• 감각 능력을 활용한다. • 신체를 인식하고 움직인다.
	신체활동 즐기기	• 대 · 소근육을 조절한다. • 기본 운동을 시도한다. • 실내외 신체활동을 즐긴다.	• 대 · 소근육을 조절한다. • 기본 운동을 즐긴다. • 실내외 신체활동을 즐긴다.

0~1세 영아의 경우 신체운동은 감각적 자극에 반응하고 오감각을 사용하여 영아 자신의 주변과 신체의 탐색과정을 통해 자연스럽게 몸의 움직임을 발전시켜 나가며 대 · 소근육을 조절하고 기본 운동을 시도하며 실내외 신체활동을 즐기는 영역이다. 교사는 영아가 즐겁고 편안하게 기본 운동과 실내외 신체활동을 즐기도록 지원한다.

2세 영아는 일상생활에서 감각적 자극을 경험하고 감각기관을 활용하여 감각적 차이를 구분하며 자신의 신체를 탐색하고 움직이면서 자신의 신체에 대해 인식하고 기본적인 신체 명칭이나 세부적인 신체 명칭에 대해 알아 간다. 교사는 2세 영아가 대 · 소근육을 조절하면서 신체의 움직임과 사물에 미치는 영향을 이해하고 걷기와 같은 기본적인 이동 운동을 잘할 뿐 아니라 걷기를 기반으로 하는 기어가기, 걷기, 옆 구르기 동작과 같이 단순한 비이동 동작을 시도하고 즐길 수 있도록 지원한다.

《신체운동 영역 놀이의 실제》

▣ 물을 만져요

교사: 하임이가 물을 만져 보고 있구나. 시원하지?

도현이와 정우는 주변에 있는 놀잇감을 집어 튜브풀 안으로 던져 넣는다.

교사: 공이 풍덩~ 물속으로 들어갔네.
도현이랑 정우가 물속에 장난감을 집어넣는 것이 재미있구나.

놀잇감 컵에 물을 담아 자리에서 일어난 후 컵을 기울여 물을 쏟으면서 "푸아"하고 소리 낸다.
미우는 앉았다 일어섰다 하면서 컵에 물을 담고 쏟기를 반복하고, 친구들과 함께 발로 물장구를 치며 깔깔거린다.

교사: 민우가 물속에서 발을 움직이니까 물이 흔들흔들 춤을 추는구나.

교사지원

● 공간
- 영아들이 튜브풀에 물을 받아 물놀이를 즐길 수 있도록 충분한 넓이의 물놀이 공간을 제공하였다.

● 자료
- 여러 명이 같이 물놀이를 할 수 있도록 큰 사이즈의 물놀이용 튜브풀을 제공하였다.
- 영아가 익숙한 놀잇감을 이용해 물놀이를 즐길 수 있도록 물에 젖지 않는 다양한 놀잇감을 준비하여 제공하였다.

● 일과
- 물놀이는 에너지 소모가 많고, 사후 관리에 시간이 요구되는 놀이이므로 하루 일과 중 주로 오전에 진행하고, 낮잠을 통해 휴식을 취하도록 하였다.

<table>
<tr><th colspan="2">▣ 물을 만져요</th></tr>
<tr><td>

● 상호작용
- 교사는 영아가 오감으로 물을 탐색하는 것을 즐겁게 지속할 수 있도록 영아의 감각적인 경험을 관찰하면서 언어적 · 비언어적인 표현으로 관심을 보이며 영아의 감각적 경험에 적극적으로 반응하였다.
● 안전
- 바닥에 물기가 있을 경우, 영아가 미끄러져서 넘어질 수 있으므로 바닥에 매트를 깔아 미끄러짐을 방지하였다.
- 물놀이용 튜브풀을 설치할 때 바닥에 쿠션이 없으면 영아가 넘어졌을 때 딱딱하게 느껴 아파할 수 있으므로 튜브풀에 물을 담기 전에 바닥재의 쿠션 정도를 확인하였다.
- 물놀이를 마친 후 사후 관리를 위해 영아의 몸을 닦아 줄 큰 수건과 갈아입을 옷을 미리 준비하여 가까운 곳에 준비해 두었다.

</td><td></td></tr>
</table>

출처: 제4차 어린이집 표준보육과정 해설서, 64-66.

'물을 만져요'는 0~1세 영아가 물놀이 시 시각, 청각, 촉각, 후각, 미각의 오감각으로 다양한 감각경험을 통해 자극을 느끼고 그 자극에 반응하며 주변 사물을 포함한 환경을 탐색하는 놀이이다. 교사는 무엇보다 영아가 편안하고 즐거우며 안전한 물놀이를 하도록 바닥 매트나 쿠션 등을 깔아 놀이공간을 고려한다.

교사는 영아가 오감을 사용하여 물을 탐색하고 다양한 물놀이 놀잇감을 제공하는 자료를 지원하며 물에 자신의 손이나 발 등을 넣어 보고 영아 자신의 대 · 소근육을 사용하면서 팔, 다리, 몸통 등의 움직임을 탐색하고 물놀이를 즐겁게 지속할 수 있도록 영아의 감각적 경험에 적극적으로 반응하며 상호작용한다.

3) 의사소통 영역에서의 영아 놀이

의사소통 영역은 듣고 말하는 것을 즐기며, 상황에 맞는 언어를 익혀 바른 언어생활을 하도록 하고, 일상생활에 필요한 의사소통 능력과 기초적인 문해 능력을 기르는 영역이다. 의사소통 영역은 듣기와 말하기, 읽기와 쓰기에 관심 가지기, 책과 이야기 즐기기로 나누어진다.

영 역	내용 범주	내 용(0세~1세)	내 용(2세)
의사소통	듣기와 말하기	• 표정, 몸짓, 말과 주변의 소리에 관심을 갖고 듣는다. • 상대방의 이야기를 들으면서 말소리를 낸다. • 표정, 몸짓, 말소리로 의사를 표현한다.	• 표정, 몸짓, 말에 관심을 갖고 듣는다. • 상대방의 이야기를 듣고 말한다. • 표정, 몸짓, 단어로 의사를 표현한다. • 자신의 요구와 느낌을 말한다.
	읽기와 쓰기에 관심 가지기	• 주변의 그림과 상징에 관심을 가진다. • 끼적이기에 관심을 가진다.	• 주변의 그림과 상징, 글자에 관심을 가진다. • 끼적이며 표현하기를 즐긴다.
	책과 이야기 즐기기	• 책에 관심을 가진다. • 이야기에 관심을 가진다.	• 책에 관심을 가지고 상상한다. • 말놀이와 이야기에 재미를 느낀다.

의사소통 영역에서 0~1세 영아는 언어와 표정, 몸짓 등 비언어적 상호작용을 사용하여 자신의 생각, 느낌, 감정을 표현하고 상대방의 표현과 반응을 보고 들으며 소통한다. 또한 주변의 그림과 상징에 관심을 갖고, 자유롭게 끼적이기에 관심을 가지며 책과 이야기에도 관심을 갖고 즐긴다. 2세 영아는 의사소통 경험을 통해 일상의 기초적인 어휘를 습득하여 구어로 소통하는 능력이 발달하며 주변의 그림과 상징, 글자에 관심을 갖는다.

의사소통 영역은 영아가 자신의 요구와 느낌을 다른 사람에게 말하고, 상대방의 이야기를 듣고 말하는 영역이다. 영아는 일상에서 읽기, 쓰기에 관심을 갖고 끼적이고 표현하는 것을 즐긴다. 또한 책에 관심을 갖고 상상하며 말놀이와 이야기 등 재미를 느끼는 놀이를 통하여 배운다.

《의사소통 영역 놀이의 실제》

▣ 나도 써 볼게요

설아가 낮은 교구장 맨 위 칸에 골판지를 길게 붙여 둔 끼적이기 공간에서 끼적이기를 한다. 설아는 골판지에 색연필로 다양한 선을 그리면서 자신이 내는 소리를 듣는다.
교사는 영아가 끼적인 골판지의 뒷면에 날짜와 영아 이름을 쓴다. 설아가 교사를 쳐다본다.

교사: 선생님이 지금 설아랑 우성이랑 시은이가 한 거에 이름 써 주는 거야.

설아는 골판지 뒷면에 교사가 쓴 글자를 바라본다. 교사가 써 준 이름 주변에 색연필로 동그라미를 여러 개 그린다.

교사지원

● 공간
- 교실에 낮은 교구장을 활용하여 끼적이기 공간을 마련하였고, 영아가 자유롭게 끼적일 수 있도록 하였다.

● 자료
- 끼적이기 공간인 교구장 맨 위 칸에 긴 골판지를 붙여 제시하고, 아래 칸에는 작은 크기의 골판지, 영아가 손에 쥘 수 있는 크기의 다양한 색연필을 제공하였다.
- 영아가 자신의 것을 표시할 수 있도록 얼굴 사진 스티커를 제공하였다.

● 상호작용
- 영아와 함께 골판지에 끼적이고, 소리가 나자 이를 말로 표현하였다.

<table>
<tr><th colspan="2">■ 나도 써 볼게요</th></tr>
<tr><td>예) “이게 무슨 소리지?”라고 말하며 영아가 관심을 가질 수 있도록 하고, 소리에 대한 관심을 공유할 수 있도록 하였다.
- 영아가 끼적인 종이 뒷면에 영아의 이름을 써 주고, 무엇을 하고 있는지를 말로 설명하였다.
- 영아가 교사를 따라 동그라미를 그리자, 이를 다시 말로 표현해 주었다.

예) “설아도 선생님처럼 뒷면에 쓰고 싶었구나. 동그라미가 이렇게 많구나.”
- 영아가 상징(이름 글자)에 관심을 가지고 글자와 비슷한 형태의 끼적이기로 표현하는 과정을 가까이에서 지켜보았다.</td><td></td></tr>
</table>

출처: 제4차 어린이집 표준보육과정 해설서, 86-87.

'나도 써 볼게요'는 영아가 손에 무엇인가를 쥐고 벽이나 바닥면에 끼적이기를 시도하여 의도적으로 움직여 어떤 결과가 나타나는 것에 관심을 갖는 놀이이다. 교사는 영아가 읽고 쓰는 데 관심을 가질 수 있는 다양한 그림과 사물의 상징이 담긴 인쇄물 등을 충분히 제공하며, 책과 이야기에서 자유로운 상상을 즐길 수 있도록 놀이를 지원한다.

영아의 신체발달의 정도를 고려하여 낮은 교구장에 다양한 끼적이기 자료를 제공하고, 영아가 자신의 관심과 호기심에 의해 자료를 선택하여 자유롭게 끼적이며 즐거움을 느낄 수 있도록 교사는 영아가 끼적인 모양을 말로 표현하며 상호작용한다.

4) 사회관계 영역에서의 영아 놀이

사회관계 영역은 자신에 대해 알고 소중하게 생각하며, 자신과 타인의 정서를 인식하고 조절함으로써, 가족 및 다른 사람들과 더불어 살아갈 수 있는 능력을 갖추고, 나아가 공동체에서 함께 살아가는 방법을 익히도록 돕는 영역이다. 사회관계는 나를 알고 존중하기, 더불어 생활하기로 나누어진다.

영 역	내용 범주	내 용(0세~1세)	내 용(2세)
사회 관계	나를 알고 존중하기	• 나를 인식한다. • 나의 욕구와 감정을 나타낸다. • 나와 친숙한 것을 안다.	• 나와 다른 사람을 구별한다. • 나의 감정을 표현한다. • 내가 좋아하는 것을 한다.
	더불어 생활하기	• 안정적인 애착을 형성한다. • 또래에게 관심을 가진다. • 다른 사람의 감정과 행동에 관심을 가진다. • 반에서 편안하게 지낸다.	• 가족에게 관심을 가진다. • 또래와 함께 놀이한다. • 다른 사람의 감정과 행동에 반응한다. • 반에서의 규칙과 약속을 알고 지킨다.

0~1세 영아는 가정에서 자신을 돌보아 주는 가족과의 관계 경험을 통해 어린이집에서 함께 생활하는 교사와 또래 등 다양한 사람들과 만나며 안정된 애착을 형성하고 관심을 가지게 된다. 영아는 타인의 얼굴 표정이나 행동을 보고, 타인의 말을 듣고 상대방에게 주의를 기울이면서 자신과 타인의 감정을 인식하고 반응한다.

2세 영아는 자신과 타인을 구별하게 되고, 다양한 종류의 감정을 표현할 수 있으며, 타인의 감정이나 생각이 자신과 다를 수 있다는 것을 알게 된다. 영아는 자기가 좋아하는 것이 무엇인지 느끼고, 스스로 선택한 놀이를 경험하면서 자신과 타인의 고유성과 독특성을 인식하게 된다. 또한 2세 영아는 가족에게 특별한 애정과 소속감을 느끼며, 또래에게 관심을 보이고 함께 놀이하는 것을 즐거워한다. 영아는 놀이를 하면서 자율성과 자기조절 능력이 발달하며 사회의 규칙과 약속이 있다는 것을 알게 된다.

《사회관계 영역 놀이의 실제》

▣ 옆에 있고 싶어	
- 소이가 보람이 옆에 와서 좋아하는 초록색 보자기를 편다. 보람이가 놀이하는 것을 바라보다가 보람이와 같은 방법으로 그릇 모형을 쌓으며 놀이한다. 보람이가 그릇에 담으면 소이도 따라 담는다. - 소이는 보람이 옆에서 이동하여 혼자서 놀이한다. 초록색 보자기로 인형을 덮어 주며 재우려고 토닥여 준다. "자장~ 자장~" 하고 작게 여러 번 말한다. - 소이는 친구들이 인형을 안고 보자기를 덮거나 눕는 놀이를 하고 있는 쪽으로 간다. 또래의 놀이를 바라보다가 자기가 가지고 놀던 인형을 안고 친구들 옆에 가 누워서 자는 척을 한다. **교사지원** ● 공간 - 영아들이 영역의 구분 없이 자유롭게 놀이할 수 있도록 공간을 개방적으로 배치하였다. ● 자료 - 영아들이 보자기에 관심이 많아지자 영아의 수만큼 여러 개의 보자기를 제공하고, 영아들이 자신의 의도대로 보자기를 사용하며 놀이하도록 허용하였다. ● 상호작용 - 교사는 영아가 또래의 놀이를 모방하거나 또래 가까이에서 같은 행동을 하며 놀이를 시도할 때 미소, 끄덕임 등 긍정적인 표정으로 영아의 놀이를 지지해 주었다. ● 안전 - 교사는 영아들이 보자기로 놀이할 때 미끄러지거나 잡아당기며 다칠 우려가 있는지 주의 깊게 관찰하였다.	  

출처: 제4차 어린이집 표준보육과정 해설서, 104-105.

교사는 0~1세 영아가 어린이집 일상생활에 적응해 가면서 차츰 교사와 안정된 애착을 형성하고, 반에서 함께 지내는 또래, 교사와 편안하게 지낼 수 있게 한다. 영아가 다른 사람의 행동이나 표정을 보거나 말을 듣고 그 사람에게 주의를 기울이면서 자신과 타인의 감정을 인식함으로써 사회적 상호작용의 기초를 형성하도록 놀이를 지도한다. 2세 영아의 경우 교사는 영아가 긍정적인 경험과 자기표현을 통해 스스로를 긍정적으로 인식할 수 있도록 언어적, 비언어적으로 상호작용 한다.

'옆에 있고 싶어'는 0~1세 영아가 또래가 놀이하는 모습에 관심을 갖고 또래와 나란히 같은 놀이를 하면서 다른 영아의 감정과 행동에 주의를 기울이며 모방 행동을 하는 놀이이다. 영아가 자신이 좋아하는 보자기와 인형을 가지고 혼자 놀거나 또래와 가까이에서 놀이하면서 방해받지 않고 정서적으로 편안함을 느끼며 친숙한 대상(사물)에게 관심을 갖고 애정을 표현한다. 영아는 보자기로 놀이하면서 덮어 쓰거나 몸에 두르거나 쓰다듬으며 보자기의 촉감을 탐색하고 보자기를 깔개, 이불이라고 상상하며 모방 행동과 놀이를 즐긴다.

교사는 영아가 자유롭게 놀이할 수 있도록 놀이공간과 안전을 고려하여 놀이환경을 준비하고 놀이자료를 충분히 제공한다. 영아가 놀이를 하는 동안 영아의 감정과 행동에 적절히 반응 및 공감하고 상호작용하며 놀이를 지지한다.

5) 예술경험 영역에서의 영아 놀이

예술경험 영역은 영유아가 주변 환경 및 생활 속에서 다양한 예술적 요소들을 흥미롭게 경험하고, 즐기며, 스스로 창의적이고 예술적인 표현을 하는 능력을 기르기 위한 영역이다. 예술경험은 아름다움 찾아보기, 창의적으로 표현하기로 나누어진다.

영 역	내용 범주	내 용(0세~1세)	내 용(2세)
예술 경험	아름다움 찾아보기	• 자연과 생활에서 아름다움을 느낀다. • 아름다움에 관심을 가진다. • 자연과 생활에서 아름다움을 느끼고 즐긴다. • 아름다움에 관심을 갖고 찾아본다.	• 자연과 생활에서 아름다움을 느끼고 즐긴다. • 아름다움에 관심을 갖고 찾아본다.
	창의적으로 표현하기	• 소리와 리듬, 노래로 표현한다. • 감각을 통해 미술을 경험한다. • 모방 행동을 즐긴다.	• 익숙한 노래와 리듬을 표현한다. • 움직임과 춤으로 자유롭게 표현한다. • 미술재료와 도구로 표현해 본다. • 일상생활 경험을 상상놀이로 표현한다.

예술경험 영역에서 0~1세 영아는 자연과 생활 속에서 아름다움을 느끼고 영아는 자연물, 사물, 환경의 아름다움에 관심을 가지고 아름다움을 찾아보며 풍부한 정서를 경험한다. 자신과 환경과의 상호작용에서 아름다운 요소를 발견하고 소리와 리듬, 노래로 표현하며 좋아하는 태도를 형성한다. 또한 영아는 일상에 대한 경험을 소리나 움직임을 통하여 창의적으로 표현하고, 감각을 통한 미술을 경험하고 익숙한 사람의 행동을 모방하며 이를 반복하는 것을 즐긴다.

2세 영아는 자연과 생활 속에서 경험하는 다양한 감각 자극을 통해 아름다움을 느끼고 즐기며 아름다움에 관심을 가지고 찾아보고 표현하기를 즐긴다. 영아는 익숙한 노래나 리듬을 흥얼거리고 움직임과 춤으로 자유롭게 표현한다. 또한 미술재료와 도구로 표현해 보며 일상생활 경험을 상상놀이로 표현한다.

《예술경험 영역 놀이의 실제》

■ 냄비소리, 국자소리, 더 큰소리

- 역할놀이를 하던 율이는 냄비로 주걱을 움직이다 마주치며 소리를 만들어 낸다.
- 이를 보고 있던 라엘이가 다가와 옆에 놓인 냄비와 냄비뚜껑을 들고 마주치며 소리를 만든다.
- 라엘이가 국자로 크게 소리를 내려고 주방도구를 두드리다가 멈춰서 웃고 다시 마주치기를 반복한다.
- 서하가 냄비뚜껑을 들고 소리를 만든다. 냄비뚜껑, 국자로 소리를 만들어 낸다.

교사지원

● 공간
- 보육실 가운데 넓은 공간이 확보될 수 있도록 하였다.

● 자료
- 다양한 장르의 음악을 배경으로 준비하여 재생하였다.
- 영아가 잡을 수 있는 악기와 그 외에 다양한 소리가 가능한 주방도구(예: 알루미늄 냄비류, 스테인리스 그릇류 등)를 구비하여 비치하였다.

● 일과
- 실내 놀이시간을 활용하였다. 소음으로 다른 영아의 방해가 되지 않도록 하였다.

● 상호작용
- 일상생활에서 사용되는 주방용 도구를 제공해 주고 역할놀이로 활용하거나 소리를 만들어 내는 복합적인 상호작용을 하였다.
- 소리의 크기, 리듬의 변화, 도구의 활용에 대하여 언어로 격려하였다.
- 멈춤과 지속을 경험할 수 있도록 언어로 지원해 주었다.

● 안전
- 영아가 주방도구를 바닥에 대고 두드리거나 마주칠 때 소음이나 충격이 완화될 수 있는 매트를 준비하였다.

출처: 제4차 어린이집 표준보육과정 해설서, 118-119.

'냄비소리, 국자소리, 더 큰 소리'는 0~1세 영아가 주방도구를 부딪치며 자신이 만들어 낸 소리를 좋아하고 소리의 크기와 멈춤과 진행에 대하여 자신만의 리듬으로 표현하는 것을 즐기는 놀이이다. 영아가 우연히 낸 소리로 다양한 소리를 만들어 보는 것을 즐기며 일상생활에서 쓰이는 용품인 냄비, 국자, 주걱을 놀이도구로 사용한다.

영아가 익숙한 일상에서 접하는 대상과 공간에 주의를 기울여 호기심을 가지고 자기의 생각이나 느낌을 자유롭게 표현할 수 있도록 안전하고 허용적인 놀이 환경을 조성한다. 더불어 영아가 손으로 잡을 수 있는 악기와 다양한 소리를 낼 수 있는 주방기구를 놀이자료로 지원한다. 교사는 놀이 시 영아가 자신만의 방법으로 자유롭게 표현하고 즐기도록 돕기 위해 놀이를 언어로 격려하고 지원한다.

6) 자연탐구 영역에서의 영아 놀이

자연탐구 영역은 다양한 감각과 호기심으로 주변 사물과 환경의 특징을 지각하고, 탐색하며, 생활 중 경험하는 문제상황에서 수학적 · 과학적으로 접근하는 태도를 기르는 영역이다. 자연탐구는 탐구과정 즐기기, 생활 속에서 탐구하기, 자연과 더불어 살기로 나누어진다.

영 역	내용 범주	내 용(0세~1세)	내 용(2세)
자연 탐구	탐구과정 즐기기	• 주변 세계와 자연에 대해 호기심을 가진다. • 사물과 자연 탐색하기를 즐긴다.	• 주변 세계와 자연에 대해 호기심을 가진다. • 사물과 자연을 반복하여 탐색하기를 즐긴다.
	생활 속에서 탐구하기	• 친숙한 물체를 감각으로 탐색한다. • 물체의 수량에 관심을 가진다. • 주변 공간과 모양을 탐색한다. • 규칙성을 경험한다.	• 친숙한 물체의 특성과 변화를 감각으로 탐색한다. • 물체의 수량에 관심을 가진다. • 주변 공간과 모양을 탐색한다. • 규칙성에 관심을 가진다. • 주변 사물을 같고 다름에 따라 구분한다. • 생활 도구에 관심을 가진다.

영 역	내용 범주	내 용(0세~1세)	내 용(2세)
	자연과 더불어 살기	• 주변의 동식물에 관심을 가진다. • 날씨의 변화를 감각으로 느낀다.	• 주변의 동식물에 관심을 가진다. • 날씨와 계절의 변화를 감각으로 느낀다.

자연탐구 영역에서 0~1세 영아는 주변 세계와 자연에 대해 호기심을 가지고 사물과 자연 탐색하기를 즐기며, 궁금해하는 것을 자신의 신체를 사용하여 직접 보고, 듣고, 맛 보고, 만지면서 감각을 통해 확인하려고 한다. 0~1세 영아가 일상생활과 놀이 속에서 자연스럽게 주변 환경과 자연에 관심을 가지는 것을 목표로 한다. 이를 위하여 교사는 0~1세 영아가 안전하고 자유롭게 탐색을 즐길 수 있도록 돕고, 영아가 생활 속에서 자연스럽게 주변의 동식물에 관심을 가지며 날씨의 변화를 감각으로 느끼도록 지원한다.

2세 영아의 경우 호기심을 가지고 주변 세계에 대해 다양하고 반복적인 탐색하기를 좋아하며 주변 환경과 자연세계에 대해 알고자 한다. 2세 영아는 친숙한 물체의 특성과 변화를 감각을 통해 탐색해 보고자 하며, 주변 공간과 모양을 탐색하고 물체의 수량, 규칙성, 생활 도구에 관심을 가진다. 주변 사물을 같고 다름에 따라 구분하고 주변의 동식물에 관심을 가지며 계절의 변화를 감각으로 느낀다.

《자연탐구 영역 놀이의 실제》

▣ 아까는 딱딱했는데, 지금은 미끌미끌해	
- 교사가 마른 미역을 책상 위에 올려 둔다 - 영아들이 놓아둔 마른 미역을 보면서 계속 만지거나 조금씩 떼어 먹어 본다 - 손으로 마른 미역을 잘게 부수기도 하고 혀를 내밀어 맛을 보기도 한다. - 교사와 영아가 그릇에 마른 미역을 넣고 물을 부어 본다.	

▣ 아까는 딱딱했는데, 지금은 미끌미끌해

- 미역이 담겨 있는 그릇에 손을 넣어 휘휘 젓기도 하고 손등과 손바닥에 붙은 미역을 쳐다보고 입에 넣기도 한다.
- 민재가 아까는 딱딱했는데 지금은 미끌미끌하다고 말한다.

교사지원

● 자료
- 미역을 마른 상태에서 먼저 보여 주고 탐색하게 하였다.
- 영아들이 미역의 특성과 변화를 즐겁고 재미있게 관찰할 수 있도록 하였다.

● 일과
- 점심식사와 연계하여 미역국을 꺼리는 일부 영아를 위해 미역과 친해질 수 있는 경험을 제공하였다.

● 상호작용
- 영아들에게 일방적으로 미역의 변화과정을 설명하지 않았다.
- 영아가 스스로 다양한 방식으로 탐색하게 하였다.
- 부수기, 쪼개기, 냄새 맡기, 혀로 맛 보기, 씹어 먹기, 물에 담그기
- 물에 불어난 미역을 만지기, 조물거리기
- 개별 쟁반 위에 미역을 덜어 보기

출처: 제4차 어린이집 표준보육과정 해설서, 235-237.

'아까는 딱딱했는데 지금은 미끌미끌해' 놀이는 2세 영아가 친숙하게 접할 수 있는 미역국의 재료인 마른 미역과 젖은 미역에 호기심을 느끼고 주도적이고 다양한 방법으로 반복적으로 탐색하기를 즐기는 내용의 놀이이다. 영아가 마른 미역과 젖은 미역을 손으로 만져서 촉감을 느껴 보고, 냄새 맡고 먹어 보면서 감각능력을 활용하여 탐색하였다. 교사는 2세 영아가 자유롭고 다양하게 탐색을 즐길 수 있도록 돕고, 영아가 호기심을 가지고 주도적으로 탐색하는 과정에서 자연스럽게 생활 속 일상 경험을 토대로 미역국 만들기, 미역국 먹기 등 상상놀이로 자연스럽게 표현할 수 있도록 자료와 일과, 상호작용 측면에서 놀이를 지원한다.

생각해 보기

- 내가 영아(0세~2세)였을 때 부모님(양육자)께서는 어떤 놀이를 함께해 주셨다고 들었나요? 영아기 놀이 경험을 나누어 봅시다.
- 추억을 떠올리면서 즐겁고 신나고 행복한 놀이를 지원하기 위해 놀이 계획 시 우선 고려되어야 할 점은 무엇인지 토론해 보며 영아가 좋아하는 놀이를 찾아봅시다.

2. 흥미 영역별 영아 놀이

신체적 · 생리적 성장과 대 · 소근육 운동 발달이 급격하게 이루어지는 이 시기 영아를 위해 무엇보다 다양한 감각적 경험과 신체접촉을 통한 놀이경험의 제공이 필요하다.

1) 영역 구성과 놀이자료

놀이 영역은 어린이집의 보육프로그램의 특성, 영유아의 흥미와 요구에 맞게 구성된 놀이공간으로 연령별 흥미 영역을 구성할 수 있다. 흥미 영역은 영유아가 가장 좋아하는 놀이를 중심으로 구성하는 것이 좋으며, 영유아들이 흥미를 보이지 않는 영역은 다른 영역과 통합하여 재구성하거나 대체하는 것도 가능하다.

(1) 보육실 내 놀이 영역

보육실을 포함한 어린이집의 실내공간은 영아에게 가장 친숙한 놀이 환경으로 교사는 놀이공간을 구성하고 변형해 나가며 영아의 자유로운 놀이를 지원할 수 있다. 보육실의 흥미 영역은 영유아의 연령 및 발달 특성과 놀이에 따라 구성한다.

· 만 0세 – 신체 영역, 언어 영역, 감각 · 탐색 영역
· 만 1세 – 신체 영역, 언어 영역, 감각 · 탐색 영역, 역할 및 쌓기놀이 영역
· 만 2세 – 신체 영역, 언어 영역, 감각 · 탐색 영역, 역할놀이 영역, 쌓기놀이 영역

영아의 경우 무엇보다 안전이 중요하므로 신체를 움직이며 탐색할 수 있는 충분한 공간을 구성해 주며, 모든 위험으로부터 안전하게 놀이를 할 수 있도록 영역을 구성하여야 한다.

(2) 보육실 내 놀이자료

영아를 위한 놀이자료는 영아가 놀이에 사용할 수 있는 다양한 놀잇감과 매체와 재료, 도구 등을 포함하는데 영아 자신의 감정, 생각이나 상상력을 자유롭게 표현하고 반영하는 매개물이라고 할 수 있다. 놀이자료 역시 무엇보다 영아의 안전에 문제가 없어야 하며 발달 특성에 맞게 크기, 감촉, 모양, 색, 재질 등을 고려하여 준비하여야 한다.

영아에게 제공되는 놀이자료는 일상의 평범한 사물과 다양한 재활용품, 자연물과 악기, 그림책과 다양한 미술재료이며 영아가 호기심과 재미와 흥미를 느끼는 새로운 놀이자료로 비구조적인 열린 자료도 풍부하게 제공하는 것이 좋다.

2) 흥미 영역별 놀이 환경과 자료

(1) 신체 영역에서의 놀이지원

영아의 놀이는 자신의 주변을 탐색하고 자신의 신체를 탐색하는 과정을 통해 오감각의 발달과 신체 인식을 하게 되는데 이 시기의 영아는 다양한 운동을 시도

하는 것을 좋아한다. 교사는 0~1세 영아가 자신이 가지고 있는 오감각의 능력을 사용하여 자극에 반응하고 다양한 탐색을 할 수 있도록 대 · 소근육 발달을 돕고 신체활동을 즐겁게 경험할 수 있도록 놀이 환경과 자료를 지원한다. 또한 교사는 2세 영아에게는 다양한 감각 능력을 활용하고 신체의 각 부분을 움직일 수 있는 기회를 제공한다. 또한 대 · 소근육을 조절하고 몸의 균형감각을 기를 수 있는 기본 운동과 신체활동을 즐길 수 있는 경험을 지원하도록 한다.

신체 영역의 교구 및 자료로는 영아가 오감으로 블록을 경험할 수 있도록 사이즈가 크고 가벼운 재질의 블록, 영아의 걷기나 달리기 등의 대근육을 사용하는 걸음마 보조기 또는 끌차나 다양한 탈것(자동차)과 스펀지로 된 오르기 매트와 계단, 대 · 소근육을 조절하는 경험을 줄 수 있는 다양한 공과 리본 막대, 도구를 이용하여 신체활동을 즐길 수 있는 애벌레 터널이나 보자기, 악기 등이 있다.

신체 영역

【신체 영역 교구 및 자료】

탈것: 붕붕카 or 던지기판

걸음마 보조기

볼링

다양한 공

자동차 놀잇감

색 스카프 & 보자기

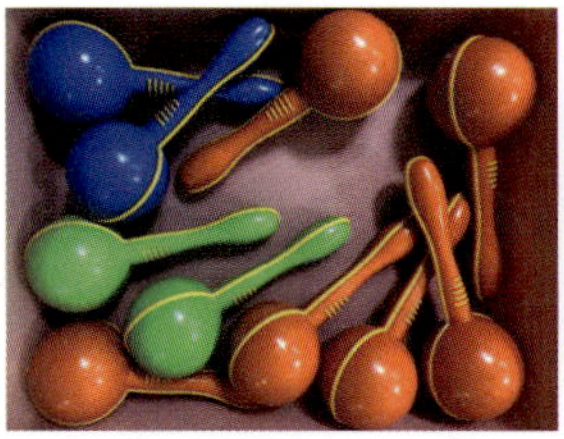
마라카스

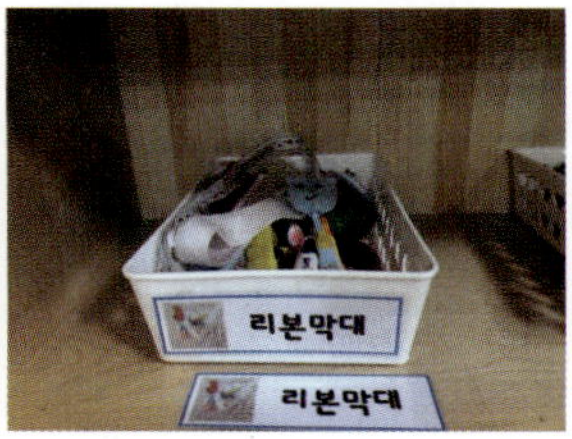

리본 막대

방울

《신체 영역 놀이 사례》

<table>
<tr><th colspan="2">▣ 자동차 경주를 해요</th></tr>
<tr><td>영아들이 자유롭게 자동차를 타며 움직임에 익숙해지면서 속도를 조절할 수 있으며, 출발지와 도착지를 정해서 자동차 경주를 하는 모습을 보였다.

C1: 우와, OO이 너 진짜 빠르다.
C2: (발을 뒤로 세차게 구르며) 이렇게 다리를 움직이면 빨리 갈 수 있어.
C3: (OO이의 모습을 보고) 나도 빠르게 할 수 있어.
C2: 우리 다 빨라.
C1: 그럼 우리 누가 빠른지 시합해 보자.
C3: 그래. 그럼 우리 저기서 저기까지 달려 보자.
C1: 그래. 준비. 출발.
C1,2,3: 도착~!
C2: (교사 무릎을 살짝 터치하며) 선생님 나 다 왔어요.
T: 우와~ 우리 친구들 정말 빠르다.</td><td>
</td></tr>
</table>

▣ 자동차 경주를 해요	
무릎을 터치하는 모습을 보여 다음 번 도착했을 때 교사가 손바닥을 내밀어 주니 하이 파이브를 하고 출발 지점으로 다시 가 활동을 반복하는 모습을 보였다. 다른 영아들도 교사와의 하이 파이브를 좋아하며 경주 놀이와 함께 하이 파이브 놀이를 즐기는 모습을 보였다.	

(2) 언어 영역에서의 놀이지원

언어 영역에서 영아는 자신의 생각과 느낌을 상대방에게 전달하고 상대방의 표현을 이해하는 상호작용 과정에서 또래와 소통하는 다양한 방식을 경험하며 즐거움을 느낀다. 0~1세 영아가 의사소통 능력의 기초를 형성하는 놀이경험을 할 수 있도록 교사는 영아가 또래와 함께 새로운 방식의 탐색 기회를 제공하고 표현할 수 있는 시간을 갖도록 놀이를 지원한다.

2세 영아의 언어 영역은 듣기, 말하기, 읽기, 쓰기의 다양한 의사소통 방식에 관심을 갖고 경험할 수 있도록 하며 책과 이야기를 통해 상상하는 즐거움을 경험할 수 있는 영역이다. 따라서 일상생활에서는 듣고 말하기를 즐기고, 그림과 문자 상징을 읽고 쓰고 그리기에 관심을 갖고 책과 이야기를 즐길 수 있도록 교사의 지원이 필요하다.

언어 영역의 교구 및 자료로 교사는 0~1세 영아를 위해 영아가 자신의 의사를 표정이나 몸짓, 옹알이나 말과 말소리, 끼적이기 등 다양한 방식으로 표현할 수 있도록 다양한 촉감과 소리, 향기를 가진 책과 이야기에 자료를 지원한다. 2세 영아의 경우 교사는 영아가 일상생활에서 자유롭고 편안하게 상대방에게 표정과 몸짓, 언어로 표현하고 또래와 소통하는 것을 격려하며 영아가 듣기와 말하기, 읽기와 쓰기에 관심을 가지도록 책과 이야기를 즐길 수 있는 동화책과 사진이나 인쇄물, 그림책과 쓰기 도구(종이와 펜, 필기류 등), 녹음기와 손 인형 등을 지원한다.

언어 영역

【언어 영역 교구 및 자료】

전화기

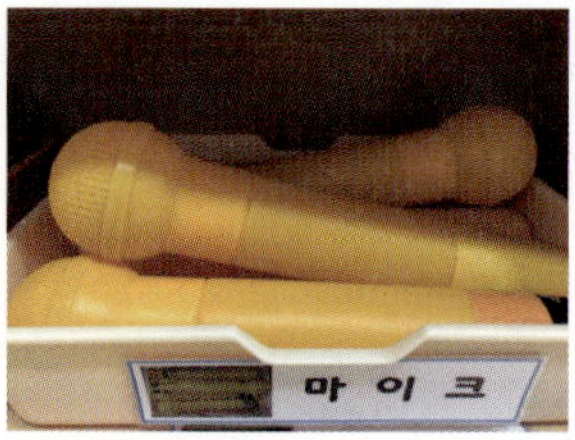

마이크

휴식 매트

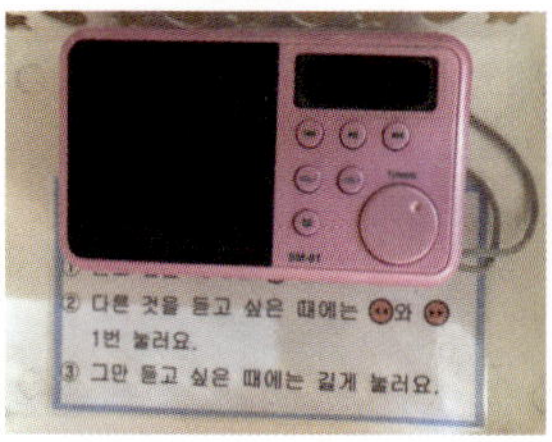

스피커

동물 모자

손 인형

동화책

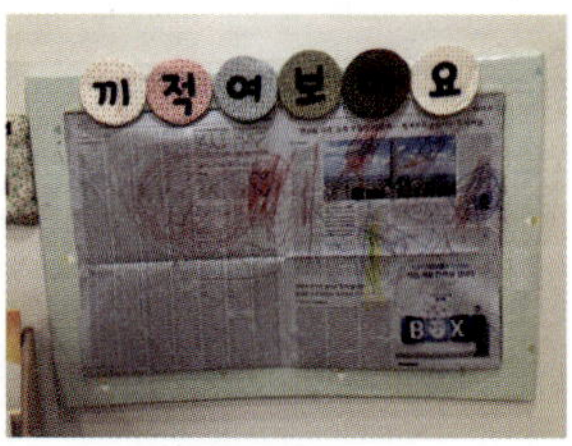

끼적이기 판

끼적이기 도구

《언어 영역 놀이 사례》

▣ 책(사진)을 보며 이야기해요

■ 구급차 책을 보며 이야기해요

영아가 그림책 속 그림을 탐색하고 이야기를 지어 내며 책을 읽는다.

C: (구급차를 가리키며) 이거는 구급차인데 아픈 사람을 병원으로 데려가는 자동차예요. (책을 넘기며) 안 돼요. 위험해요. 아기가 다쳤어요.

T: OO이 구급차 책 보고 있네. 무슨 이야기니?

C: 아기가 아파서 구급차가 도와주러 왔어요.

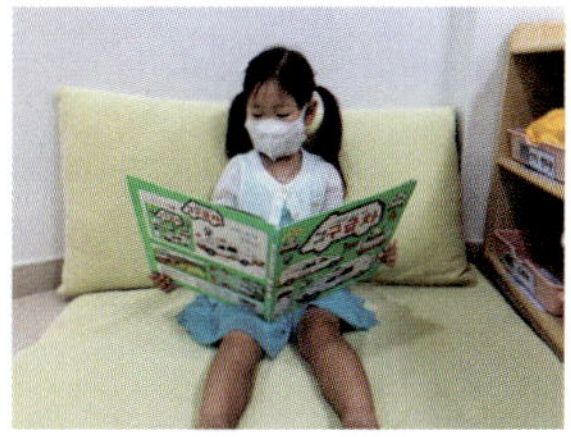

■ 자동차를 탄 경험을 이야기해요

영아들이 여행 장소 사진을 보면서 가족과 함께 자동차를 타고 여행한 경험에 관해 이야기를 나누었다.

C1: (계곡 그림을 가리키면서) OO이는 아빠 차 타고 여기 다녀왔는데.

T: 아빠 차 타고 계곡 다녀왔어?

C2: 나도 엄마랑 아빠랑 차 타고 계곡 갔다 왔어.

C1: 나는 계곡 안 갔어. 자동차 타고 예전에 바다에 다녀왔어.

출처: 서일대학교부설어린이집.

(3) 감각 · 탐색 영역에서의 놀이지원

감각 · 탐색 영역은 영아가 보고, 듣고, 만지고, 냄새를 맡아 보며 오감각적 경험을 통해 주변 사물에 대해 알아보는 영역이다. 오감각 발달을 위한 다양한 오감 놀이 경험과 영아의 일상생활 주변 환경과 사물 탐색에 대한 경험이 즐겁고 재미있도록 영아를 격려하고 지원한다.

감각 · 탐색 영역의 교구 및 자료로는 영아가 시각, 청각, 촉각, 후각, 미각의 오감각을 통해 다양한 감각 자극을 느끼고 그 자극에 반응하는 경험을 할 수 있도록 여러 가지 종류의 놀잇감이 있다. 소리 나는 악기나 물건, 촉각을 경험할 수 있는 에어 캡이나 촉감판 그리고 다양한 질감의 종이나 천, 나뭇잎이나 돌멩이 같은 자연물 등의 실물 자료도 있으며 눈과 손의 협응능력과 소근육 발달을 돕는 조각 퍼즐과 색 고리, 도형 맞추기 그리고 공간을 탐색할 수 있는 오르기 매트나 요술 거울 등의 자료가 있다.

감각 · 탐색 영역

【감각 · 탐색 영역의 교구 및 자료】

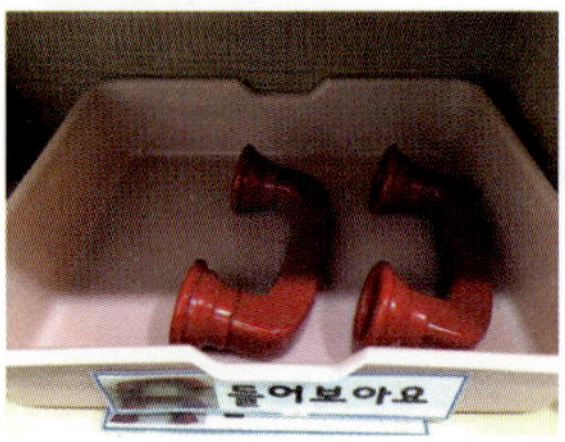

들어 보아요

돋보기/ 색 돋보기

실물 자료

요술 거울

색 고리

자석 퍼즐

《감각 · 탐색 영역 놀이 사례》

▣ 자동차 퍼즐의 모양을 탐색해요

여러 가지 자동차 모양에 맞춰 퍼즐을 맞춰 보던 영아가 자동차를 하나씩 가리키면서 자동차 이름을 말하며 놀이한다.

C1: (택시를 가리키며) 선생님 이건 뭐예요?
T: 그거? 그 자동차는 택시야.
C2: (자동차 퍼즐을 하나씩 맞추며) 우와. 이건… 여기! 엠버.
C1: (퍼즐을 친구에게 건네며) OO아, 이건?
C2: 이거? (퍼즐을 본 후 한 곳을 손가락으로 가리키며) 여기!

소방차 퍼즐을 통해 여러 가지 자동차의 이름과 생김새를 탐색하며 일상생활에서 경험한 자동차에 대해 이야기를 나누었다.

C: (소방차 퍼즐을 보여 주며) 이건 불이 났을 때 '에엥에엥' 하고 움직이는 소방차야.
T: OO이는 소방차를 알고 있구나.
C: 엄마랑 길 가면서 소방차가 지나가는 거 본 적 있어요.

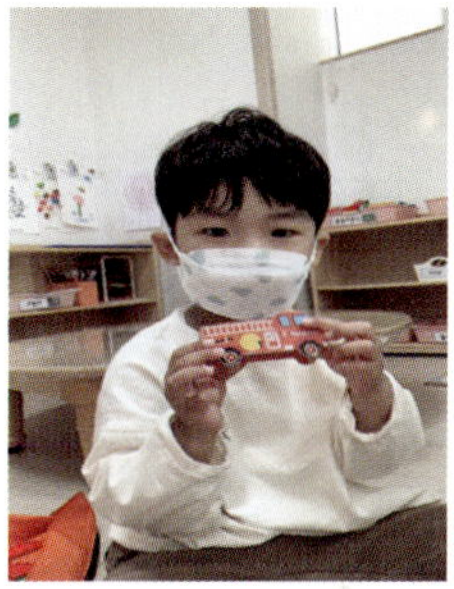

출처: 서일대학교부설어린이집.

(4) 역할놀이 영역에서의 놀이지원

역할놀이 영역은 영아가 자신을 인식하고 친숙한 사람과 관계를 맺는 사회관계 발달을 돕는 영역이다. 교사는 0~1세 영아가 자신이 다른 사람과 분리된 고유한 존재로서 자신을 인식하고 친숙한 성인과 안정적인 애착을 형성하여 또래와 편안하게 지낼 수 있도록 지원한다. 영아가 놀이를 통해 자신의 기본적인 욕구와 감정을 표현할 수 있도록 공감해 주며 영아의 인식을 돕도록 한다. 교사는 영아가 놀이 시 원하는 방식대로 놀 수 있게 상호작용하며, 영아가 자신의 놀이를 존중하고 있다는 느끼도록 미소를 짓거나 고개를 끄덕임으로써 긍정적인 반응을 통해 놀이를 지원한다.

2세 영아의 경우 자신을 다른 사람과 구별하게 되고 여러 가지 감정을 표현할 수 있으며 다른 사람의 생각이나 감정이 다를 수 있다는 것을 알게 된다. 이때 교사는 영아가 친숙한 사람에게 관심을 갖고 타인의 감정과 행동에 적절히 반응하고 공감하며 영아가 기본적인 사회적 규칙과 약속을 지킬 수 있도록 놀이를 하는 영아를 지지하고 격려한다.

역할놀이 영역의 교구 및 자료는 영아가 자신이 좋아하는 친숙한 사물이나 주변 환경, 또래나 주변 사람을 인식하고 행동을 모방하며 여러 가지 역할을 해 볼 수 있는 놀잇감으로 병원놀이, 가게놀이, 미장원 놀이를 할 수 있는 소품이 있다. 음식 모형이나 주방 놀잇감, 영아의 감정을 표현할 수 있는 얼굴 스티커나 가족사진, 여러 종류의 인형과 가방, 로션과 수건, 거울과 포대기, 보자기 등 자신의 흥미나 호기심을 역할로 표현할 수 있는 다양한 자료가 있다.

역할놀이 영역

【역할놀이 영역 교구 및 자료】

가방

포대기

아기 인형

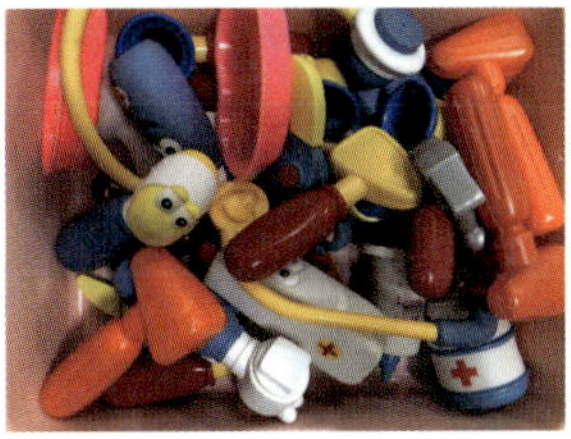

병원 놀잇감

소꿉 놀잇감

음식 모형

바구니

화장품

주방 놀잇감

《역할놀이 영역 놀이 사례》

<table>
<tr><th colspan="2">▣ 일하는 자동차 역할놀이를 해요</th></tr>
<tr><td>교실에서 자동차를 가지고 놀이하면서 정비소 차에 대해 이야기하거나 자동차의 사고, 고장 등을 표현하는 영아들의 모습이 많이 보였다.

C1: (망치를 두드린다)
C2: 왜? 자동차가 망가졌어?
C1: (고개를 끄덕이며) 응, 자동차가 멈춰서 고치는 중이야.
C2: 트럭이 고장났어요. 고쳐 주세요. (레고 블록 인형을 들고) 알겠어. 이 아저씨가 고쳐 주신대. 뚝딱뚝딱.

교사가 교실에 정비소 놀이 용품을 제공해 주었더니 정비소 용품을 이용해 자동차를 고치는 놀이가 이루어졌다.</td><td></td></tr>
</table>

(5) 쌓기놀이 영역에서의 놀이지원

쌓기놀이 영역에서 영아는 다양한 종류의 블록을 옆으로 늘어놓거나 위로 쌓기도 하면서 대 · 소근육을 사용하여 힘을 조절하고 집중하면서 놀이를 한다. 영아가 쌓고, 부수고, 늘어놓는 과정을 반복하며 놀이를 하는 특성이 있는 영역이기에 영아들 간에 갈등이 초래되지 않도록 쌓기놀이 영역은 충분한 공간을 확보해 주어야 한다. 쌓기놀이를 하면서 안전하게 영아가 블록을 쌓고 늘어놓고 부수는 반복적인 놀이를 충분히 즐길 수 있도록 교사는 영아에게 격려하는 말과 표정으로 상호작용을 지원한다.

교사는 쌓기놀이 구성 시 일정한 놀이 영역으로 공간을 제한하지 않고 영아가 블록을 늘어놓으며 안전한 공간에서 놀이할 수 있도록 환경을 구성하고 영아들이 좋아하는 같은 종류의 쌓기놀이 자료를 충분히 제공한다. 교사는 영아의 말소리와 행동에 관심을 가지고 관찰하면서 영아와 영아 간의 관계에 먼저 개입하지 않으며 영아가 또래에게 관심을 보였을 때 다른 영아의 반응을 기다렸다가 놀이가 이루어지도록 지원한다.

쌓기놀이 영역의 교구 및 자료로는 영아가 오감을 사용하여 다양한 쌓기놀이 블록을 사용하여 놀이를 할 수 있도록 가벼운 재질과 다양한 소재의 종이벽돌 블록, 우레탄 블록, 와플 블록, 컵 블록, 빅 블록, 유니트 블록, 소프트 블록, 고리 쌓기 블록 등이 있다.

쌓기놀이 영역

【쌓기놀이 영역 교구 및 자료】

종이벽돌 블록

레고 블록

와플 블록

우레탄 블록

고리 쌓기 블록

컵 블록

빅 블록

유니트 블록

소프트 블록

《쌓기놀이 영역 놀이 사례》

▣ 블록으로 주차장을 만들어요

교실에서는 종이벽돌 블록을 길게 늘어놓아 네모 칸을 만들었다.
영아는 '주차장'을 만들었고 그 안에 자동차 모형도 가져다 놓는다.

C: 선생님 여기는 차 집이예요.
T: OO이 벽돌 블록으로 차가 들어가는 주차장을 만들었구나.
C: 네. 이제 자동차를 이곳에 두면 돼요. (친구가 주차장 안에 들어오자) 아니야. 여기는 자동차만 들어올 수 있어. 자동차가 다니는 곳이라서 사람은 위험해.

<table>
<tr><th colspan="2">▣ 블록으로 주차장을 만들어요</th></tr>
<tr><td>이 모습을 보고 있던 다른 영아는 친구와 함께 고무 퍼즐과 레고 블록으로 친구의 놀이를 모방하여 블록을 길게 늘어놓기 시작한다.

C1: OO아. 이거로 우리 똑같이 만들까? 더 크게 더 많이~
C2: 알겠어. 이것도 내가 많이 가져 올게.
C1: 그래, 좋아. 이렇게 (칸을) 나누고, 이제 자동차를 여기 세우면 되겠다.
C2: 난 포클레인도 가져 와야지~
C1: 응, 그러자.</td><td></td></tr>
</table>

(6) 일상생활 영역에서의 놀이지원

일상생활 영역은 영아가 건강하고 안전한 일상생활을 자연스럽게 경험할 수 있는 영역이다. 신체의 청결과 위생, 수유 및 이유식 등의 식사 그리고 편안한 휴식과 배변 활동을 놀이를 통해 편안하게 경험할 수 있다. 영아의 기본 욕구와 행동을 언어로 표현해 주며 탐색과 모방놀이를 즐길 수 있도록 한다.

영아가 스스로 해 볼 수 있는 충분한 시간을 주며 양치질이나 손 씻기 등 관련 그림을 비치하여 둠으로써 영아가 관심을 보일 때 스스로 충분히 탐색할 수 있도록 한다. 무엇보다 영아가 일상생활과 어린이집 적응과정을 긍정적으로 경험할 수 있도록, 영아의 낯설고 두려운 감정을 수용하고 탐색할 수 있도록 교사는 부정어 대신 긍정어를 사용하고 적절한 행동을 하는 영아를 격려해 주는 긍정적 상호작용으로 영아의 놀이를 지원하도록 한다.

일상생활 용품을 교구로 비치하여 영아가 자신의 경험을 주도적으로 즐겁게 놀이로 경험할 수 있도록 한다. 이 닦기 인형, 일상생활 순서 그림자료, 변기 모형 놀잇감, 종이 타월, 비누, 수건, 빗, 다양한 실물 자료, 치약과 양치 컵, 식판, 애착 인형, 카시트 등을 교구 및 자료로 지원한다.

일상생활 영역

【일상생활 영역 교구 및 자료】

이 닦기 인형 & 사운드 북

이 닦기 순서 그림자료

변기 모형 놀잇감

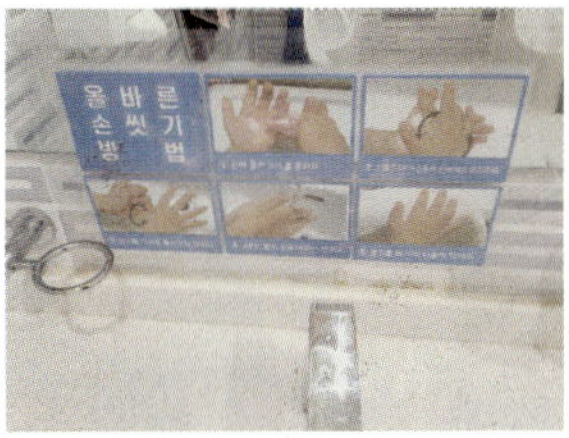

손 씻기 순서 그림자료

아이 깨끗해 실물 자료

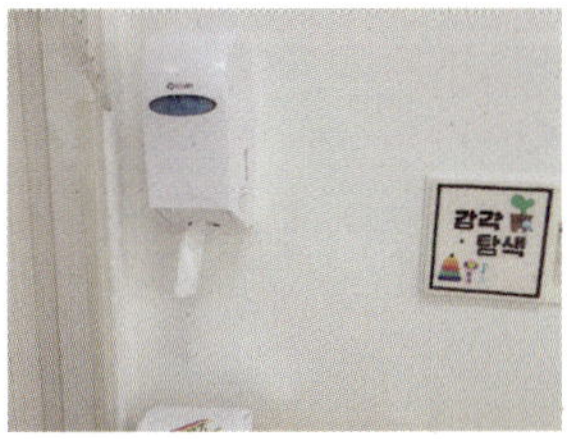

종이 타월

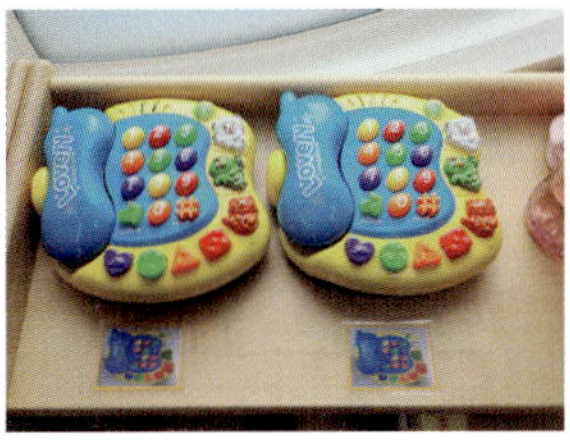

전화기 놀잇감

기저귀 갈이대

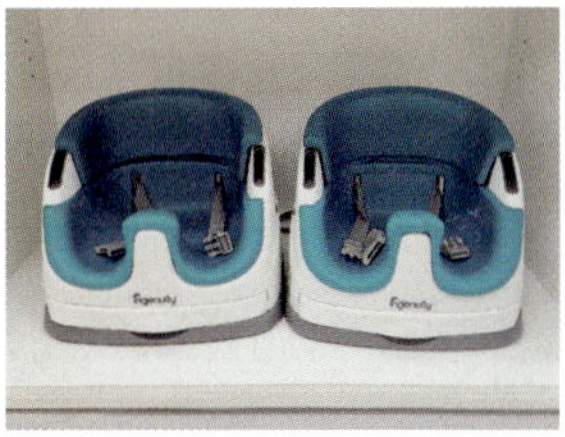

부스터 의자

《일상생활 영역 놀이 사례》

▣ 치카치카 양치해요!	
서빈(32개월)과 민서(30개월)는 화장실에 비치된 의자에 앉아서 양치질을 하고 있다. 서로를 바라보며 깔깔거리더니 서빈이가 "아" 하며 어금니를 닦으면 민서가 따라 하고, 민서가 "이" 하고 앞니를 닦으니 서빈이도 "이" 하고 앞니를 닦는다. 옆에서 함께 양치를 하던 교사가 마주 앉으며 "나는 혀도 깨끗이 닦아야지, 에~"하자, 서빈이와 민서가 "에" 하고 혀를 닦는다. **교사지원** ● 공간 - 영아가 편안하고 즐겁게 양치를 경험할 수 있도록 화장실에 의자를 비치하거나, 동시에 양치질을 하는 영아의 수를 조절하면서 충분한 공간을 확보하였다. ● 자료 - 양치질, 손 씻기 순서 관련 그림을 세면대 주변에 비치하여 영아가 관심을 보일 때 이를 탐색할 수 있도록 지원하였다. - 몸을 씻는 데 사용하는 일상생활 용품을 교구로 비치하여 영아가 자신의 경험을 놀이로 표현할 수 있도록 지원하였다. ● 상호작용 - 영아가 거즈나 손수건을 입에 무는 행동을 수용하며, 영아의 행동을 통해 필요를 살피고 이를 적극적으로 지원하였다. - 치약의 맛이나 종류를 명확히 구분하지 못하더라도 일상생활에서 영아가 치약을 선택할 수 있는 경험을 제공하여 영아가 보다 주도적으로 즐겁게 일상생활에 참여할 수 있도록 하였다. - 영아들과 함께 양치를 하며, 이 닦기의 올바른 방법을 자연스럽게 모델링하고 즐길 수 있도록 지원하였다.	  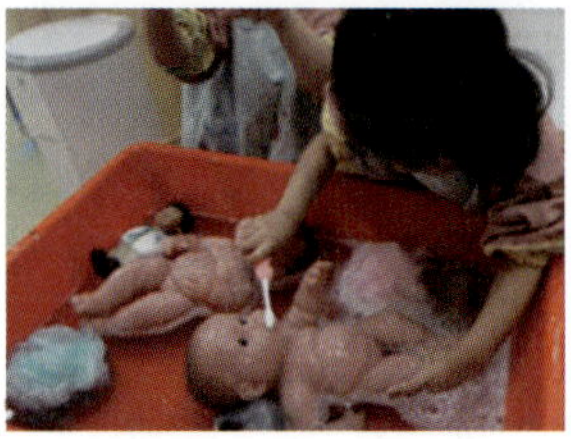

출처: 제4차 어린이집 표준보육과정 해설서, 49-50.

생각해 보기

- 내가 영아(0세~2세)였을 때 좋아하고 많이 가지고 놀았던 놀잇감은 무엇이었나요? 영아기 놀잇감과 관련한 경험을 나누어 봅시다.
- 흥미 영역 중 쌓기놀이 영역에서 영아가 좋아하는 쌓기놀이 영역의 교구 및 자료는 무엇이며 유아의 쌓기놀이 영역 교구 및 자료와 다른 점은 무엇인지 어떤 특징이 있는지 생각해 봅시다.

3. 영아 놀이를 위한 교사의 지원

영아를 위한 놀이지원자로서 교사는 영아의 발달 특성에 맞게 놀이의 특성, 의미, 가치를 이해하며 영아가 즐겁게 놀이하면서 배우는 경험을 지원해야 한다. 교사는 영유아의 의사표현을 존중하고 민감하게 반응하며 영유아가 자신의 흥미와 관심에 따라 놀이에 자유롭게 참여하고 즐기도록 한다.

교사는 영아의 놀이에 관심을 기울이고 집중하여 영아의 놀이를 촉진하고 지원해야 한다. 무엇보다 영아의 경우 또래 간 상호작용과 함께 교사와의 애착과 신뢰감 형성이 중요하며 신체적인 접촉과 따뜻한 돌봄이 기본적으로 고려되어야 한다. 영아를 위한 애착 증진 놀이는 영아가 교사와 안정적인 애착을 형성할 수 있는 특성을 가지고 있다.

교사는 영아의 오감을 이용한 다양한 감각적 경험과 눈 맞춤, 신체접촉을 통한 신체놀이를 지원함으로써 영아의 긍정적인 신체 인식과 자아개념을 발달시킬 수 있다. 영아를 위한 애착 증진 놀이를 통해 친밀감과 신뢰감을 형성하여 영아가 교사와 관계를 맺는 데 긍정적인 영향을 줌으로써 영아의 어린이집 초기 적응을 돕고 놀이의 즐거움과 재미를 느낄 수 있도록 한다.

《영아를 위한 애착 증진 놀이 사례》

<table>
<tr><th colspan="2">▣ 로션 놀이(손도장, 발도장 찍기)</th></tr>
<tr><td>
1) 영아의 손이나 발에 로션을 바르며 부드럽게 마사지해요.
2) 손과 발에 로션을 묻혀 색깔 종이에 찍어 보며 어떤 모양이 찍히는지 탐색해요.
"와, 이거 누구 손바닥이지?"
하며 놀라움을 나타내는 말을 해 준다.
3) 로션에 물감을 살짝 섞어 색깔 로션을 만든 후 찍어 보며 놀이해요.
4) 아빠, 엄마, 선생님, 또래의 손과 발을 영아의 손, 발과 비교하며 즐겁게 놀이해요.

놀이 시 상호작용
● 놀이하며 이야기해요.
- 미끌미끌 향기 나는 로션을 쭈욱 짜 볼까?
- 우리 사랑스런 00이 손바닥으로 짜잔~
- 쓱싹쓱싹, 문질 문질 로션 마사지 시작합니다.
- 우리 00이 손 엄청 귀엽고 사랑스럽네.
● 놀이지원
- 영아가 긴장감을 완화시킬 수 있도록 영아의 몸을 부드럽게 다루어 준다.
- 영아가 신체에 대해 긍정적인 인식을 할 수 있도록 검은 종이 위에 나타난 영아의 손바닥, 발바닥 모양을 자랑스럽다는 듯이 멋진 말로 표현해 준다.
- 색깔 종이 외에 투명비닐, 거울 등 여러 가지 다양한 놀이재료를 활용해도 좋다.
</td><td>

</td></tr>
</table>

♣ 더 알아보기

● 놀이하는 영아를 지원하기 위한 방법은 무엇일까요?

놀이하는 영아 관심 갖기

영아들이 그림책을 바닥에 늘어놓는 것을 보고
"무슨 놀이를 하는 걸까? 왜 그림책을 보지 않고 바닥에 늘어놓지?"
교사는 영아의 놀이를 보다가 궁금증이 생깁니다.
영아들의 놀이가 어떻게 변형될지 더욱 관심을 가지게 되었습니다.

놀이 경험 이해하기

한 영아가 그림책을 늘어놓고 건너자
다른 영아가 책을 놓아주며 놀이에 참여합니다.
영아들은 책을 징검다리로 상상하며 안전하게 몸을 움직입니다.

놀이하는 영아 지원하기

영아들이 그림책을 보지 않고 바닥에 늘어놓는 모습을 보고
그림책은 보는 것이라고 말하며 개입해야 하나 잠시 생각하다가 지켜보며 기다리기로 합니다(기다리기)

※출처: 서울특별시육아종합지원센터(2019).
좋은 교사 되기 핸드북 Ⅱ. 놀이하는 영유아와 함께하기 2. p. 2~4.

서울특별시육아종합지원센터

놀이하는 영아 관심 갖기

계속 놀이를 지켜보니 바닥에 늘어놓던 책을 세우기 시작합니다.
"놀이가 어떻게 변형되는 걸까?"
이 관심은 영아들의 놀이를 더 들여다보게 합니다.

놀이 경험 이해하기

영아들은 책을 세워 길게 연결하는 놀이로 놀이를 변형시킵니다.
영아는 주도적으로 놀이 맥락을 생성하고 변화를 만들어가는 즐거움을 느낍니다.

놀이하는 영아 지원하기

영아들이 교실에서 그림책을 늘어놓을 때, '저 공간을 넘어가면 안되는데' 라는 생각 대신
교구장을 밀어 비좁은 자리를 넓혀줍니다(공간의 변형).
놀이가 지속되자 교실의 공간이 좁아져 복도로 나가기로 합니다(공간의 변형).
이 때 복도는 공용 공간이기 때문에
복도를 함께 사용하는 다른 반 교사와 협의하여 통행에 방해되지 않는 선에서 사용할 수 있게 합니다(교사 간 협력).

※출처: 서울특별시육아종합지원센터(2019).
좋은 교사 되기 핸드북 Ⅱ. 놀이하는 영유아와 함께하기 2. p. 2~4.

서울특별시육아종합지원센터

Chapter 08

유아 놀이와 누리과정

본 장에서는 놀이를 통해서 배우고 관계를 맺는 유아(만 3세~만 5세)의 놀이를 지원하기 위하여 유치원과 어린이집의 공통교육과정인 개정 누리과정에 대해서 알아보고, 유아기의 고유한 특징을 반영하여 '유아중심 및 놀이중심'을 강조하고 있는 2019 개정 누리과정에 대해 설명하고자 한다. 또한 누리과정을 유아 놀이에 반영하여 현장에서 실행된 유아의 놀이와 이를 지원하는 교사의 놀이지원 사례를 제시하고자 한다.

1. 유아 놀이와 누리과정

2012년부터 공통으로 시행된 누리과정은 2019년 개정, 고시되어 2020년 3월 시행되었다. 누리과정은 유치원과 어린이집에 다니는 3~5세 유아의 공평한 교육과 보육 기회 보장을 위해 교육과 보육을 평등하게 받을 수 있도록 국가가 지원하는 교육과정을 의미한다.

2019 개정 누리과정은 개별 영유아의 다양한 특성 고려, 유아중심 · 놀이중심의 교육과정, 현장의 자율성을 확대하는 개정 누리과정을 공통교육과정이라고 명시함으로써 어린이집과 유치원에 다니는 3~5세 유아들에게 양질의 교육과정을 제공하고, 경험의 격차를 해소하고자 하는 목적을 명확히 하고 있다. 2019 개정 누리과정의 주요 특징은 유아중심 · 놀이중심 교육과정으로 교사 주도 활동을 지양하며, 유아가 충분한 놀이경험을 통해 몰입과 즐거움 속에서 자율 · 창의성을 신장하고, 전인적 발달과 행복을 추구하는 것이다.

개정 누리과정은 유아중심 · 놀이중심 보육과정이 실현될 수 있도록 운영에 대한 현장과 교사의 자율성, 유아의 놀이를 강조하고 있다. 유아의 놀이 흐름에 따라 교사는 가장 적합한 놀이지원이 무엇인지 상황에 따라 판단하고 지원하기 때문에 유아의 놀이는 자유로움, 주도성, 즐거움의 특성을 갖는다.

3~5세 유아의 유아중심 · 놀이중심의 개정 누리과정 운영을 위해서는 기존의 익숙한 틀에서 벗어나 변화하려는 노력이 필요하다. 익숙했던 유치원과 어린이집에서의 일과 운영, 놀이공간과 놀이자료의 변화는 유아가 놀이하고 싶은 장소, 필요한 놀이자료, 하고 싶은 놀이가 무엇인지를 유아 스스로 결정하며 놀이에 흥미와 재미를 느껴 몰입하게 할 수 있다.

1) 일과 구성의 변화

유치원과 어린이집에서는 매일매일 놀이와 일상생활, 활동이 반복되는 특성이 있다. 유아의 놀이가 충분히 이루어지도록 일과 구성의 틀에서 벗어나려는 노력이 필요하다. 일과 구성 시 교사는 놀이시간을 충분히 운영하고 일상생활이 융통성 있고 유아 주도적으로 이루어지도록 한다. 또한 놀이와 연결하여 활동을 운영하며 일과를 융통성 있게 운영한다. 교사는 하루 일과 구성 시 다음의 원칙을 강조하며 유아가 하루 일과를 보낼 수 있도록 한다.

- 유아가 주도적으로 일과를 구성해 볼 수 있도록 기회 주기
- 바깥놀이를 포함한 놀이시간을 최우선으로 충분히 편성하기
- 놀이하는 과정에서도 일상생활을 허용할 수 있도록 융통성 있게 운영하기
- 유아가 생각하는 충분한 놀이시간 허용하기
- 놀이의 흐름에 따라 일과의 순서를 바꾸는 것을 허용하기
- 유아의 놀이와 연결하여 활동을 운영하고 놀이의 흥미 지속하기

예시

날씨의 변화에 따라 일과 계획 변경하기

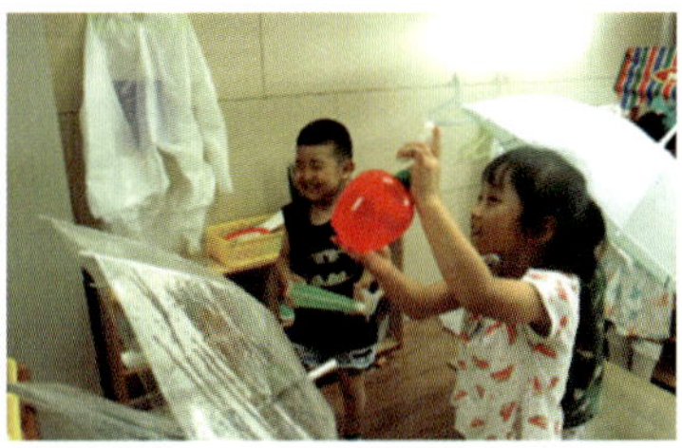

등원 후에는 실내에서 놀이를 하는 것이 일과 계획이었지만, 등원 길에 비를 맞은 유아들이 빗소리에 관심을 보여서 산책을 나가는 것으로 변경하였다. 산책 경험이 교실에서 비 오는 날을 상상하는 놀이로 표현되어 간식 후의 놀이시간이 예상보다 길어졌다.

출처: 2019 개정 누리과정 놀이실행자료, 29, 31.

예시

일상생활을 융통성 있게 운영하기

책상을 식당의 테이블처럼 꾸미고 좋아하는 음악도 틀어서 식당놀이처럼 즐겁게 점심을 먹었다.

교사가 신발 넣을 자리를 정해 주는 것이 아니라 유아가 넣고 싶은 자리를 스스로 매일 바꿔서 정했다.

출처: 2019 개정 누리과정 놀이실행자료, 29.

2) 놀이공간의 변화

환경으로서의 공간은 유아가 놀이를 통해 자신들의 놀이에 적합한 공간으로 놀이를 위해 찾거나 새롭게 만들며 공간과 공간을 연결하여 놀이를 확장하고 주도적으로 놀이를 이끌어 나가는 요인이 된다. 교사는 놀이 영역의 공간을 놀이에 따라 재조정하거나 재배치하는 노력이 필요하며 다음의 원칙을 강조하고 유아의 놀이가 이루어질 수 있도록 한다. 또한 놀이공간을 계획하고 운영할 때 다음의 원칙을 고려하면서 유아가 편안하고 자유롭게 놀이할 수 있도록 한다.

- 놀이공간을 융통성 있게 배치해 본다.
- 기존의 흥미 영역 경계를 허물어 본다.
- 놀이하는 공간을 넓혀 본다.
- 공유 공간을 놀이공간으로 활용해 본다.
- 유아에게 공간 배치의 주도권을 주어 본다.
- 다른 놀이공간을 찾아본다.
- 실내외 놀이 환경의 범위를 넓혀 본다.

예시

공간 비우고 채우기

유아들과 의논하여 관심이 적은 일부 놀이자료와 책상을 교실 밖 공간으로 옮겨 교실의 놀이공간을 넓혀 보았다. 교실(왼쪽)은 좀 더 넓어지고 각 반이 서로 연결되는 공유 공간(오른쪽)은 다른 연령과의 만남과 새로운 놀이가 일어나는 공간이 되었다. 교실 밖에 가구를 둘 때는 「소방법」에 의거하여 비상대피로에 고정으로 설치되는 물건을 놓지 않도록 유의한다.

예시

원하는 놀이공간 만들기

유아들이 스스로 자료장의 위치를 이동하거나 필요 없는 책상을 치워 원하는 놀이공간으로 재구성하였다.

유아들이 안전시설로만 존재했던 난간에 절연테이프를 사용하여 길을 만드는 놀이를 함으로써 새로운 놀이공간을 만들었다.

출처: 2019 개정 누리과정 놀이실행자료. 35-36.

3) 놀이자료의 변화

유아에게 놀이자료는 세상을 배우고 이해하는 배움의 매개체이다. 놀이자료를 사용하여 자신의 감정과 생각을 표현하고 유아가 매일 마주치는 일상의 사물, 자연물, 놀이도구와 놀잇감 등 유아가 가지고 놀이하며 흥미와 재미를 느끼는 모든 것이 놀이자료가 된다.

정형화된 상업적 놀잇감을 포함하여 다양한 자료를 제공하고 유아의 놀이를 관찰하여 필요한 놀이자료를 지원하는 것이 필요하다. 교사는 놀이자료를 활용하여 유아의 놀이를 지원할 때 다음과 같은 원칙에 따라 놀이가 이루어질 수 있도록 한다.

- 유아가 결정한 자료 활용 방법을 격려한다.
- 자료의 속성에 따라 놀이공간을 구분해 본다.
- 자연물이나 자연현상도 자료가 될 수 있다.
- 다양한 일상의 사물을 놀이자료로 활용한다.
- 놀잇감이 아니었던 개방된 자료를 활용한다.
- 자료가 없어도 놀이할 수 있다.
- 기존의 자료도 새롭게 활용해 본다.
- 유아가 자료를 주도적으로 선택하고 활용하게 허용한다.

예시

교사의 의도와 다르게 놀기

교사는 집 꾸미는 자료로 천을 제공했는데 유아는 옷으로 입고 패션쇼 놀이를 하는 데 사용했다.

수 세기 놀이자료 중 일부인 과일 모형을 쌓기놀이에 가지고 와서 동물의 먹이로 놀이했다.

출처: 2019 개정 누리과정 놀이실행자료, 39.

4) 놀이와 안전의 고려

교사는 여러 가지 이유로 유아가 위험하다고 생각되는 상황에서 놀이를 하도록 하는 것에 부담을 느낀다. 놀이 중 유아 간 다툼이 생기거나 또는 놀이의 특성상 흥분해서 유아들이 과격하게 신체놀이를 한다든지 위험한 상황을 예측하지 못하여 안전사고가 발생하기 때문이다.

교사는 유아의 안전한 놀이를 위해 물리적 환경의 안정성을 확보하고 유아 스스로 자신의 신변을 보호하고 조절하며 통제할 수 있도록 지원해야 한다. 누리과정 운영 시 교사는 다음과 같은 원칙을 고려하여 유아가 안전하고 자유로운 놀이를 할 수 있도록 한다.

- 안전이라는 이유로 놀이를 불필요하게 제한했는지 검토해 본다.
- 위험한 요소가 있는지 유아 스스로 살펴볼 시간과 기회를 주어 본다.
- 새로 찾아본 놀이공간의 안전을 유아와 함께 점검해 본다.
- 모든 구성원이 놀이와 안전에 대해 소통한다.

예시

놀이 규칙 바꾸어 보기

어깨만큼만 쌓도록 하던 규칙을 버리고 종이벽돌 블록을 매우 높이 쌓아 보고 싶어하는 유아의 생각대로 해 보게 했다. 블록이 무너질 때 주의해야 할 점에 대하여 유아들이 스스로 토의하였다.

의자의 균형이 무너질 때 주의해야 할 점에 대해 토의하여 위험한 상황이 발생하지 않도록 지원하였다. 유아들은 의자를 뒤집어 경사로의 받침대로 사용하며 놀이하였다.

출처: 2019 개정 누리과정 놀이실행자료, 52.

♣ 더 알아보기

● 자유놀이 시간에 놀이를 하는 과정에서 새롭게 생긴 궁금증을 유아 놀이로 진행하면서 교사가 지원할 수 있는 교사의 놀이지원에 대해 알아보자.

▣ 벌레잡이식물들

교실에서 다양한 곤충 모형을 가지고 놀이를 하다가
"난 파리지옥이야. 너희 곤충들 내가 다 잡을 거야!" 하며
손바닥을 벌려 곤충을 잡는 놀이를 시작하였다.
그러다 한 유아가 "그런데 파리지옥이 뭐예요?"라고 물어봤다.

교사의 놀이지원

● 활동지원

「식충식물이 궁금해요!」

교사는 유아들이 궁금해하는 식충식물에 대해서 알아보기 위해 유아들과 이야기 나누기 활동을 지원하였다.

유아들은 다양한 종류의 식충식물을 보면서 자신이 알고 있는 식물의 이름을 이야기하였다.

또, '벌레잡이식물송(출처: 유라와 자연친구송)'을 들어 본 적이 있다고 하며 따라 부르거나 몸을 움직였다.

● 활동, 자료지원

「벌레잡이식물송」

교사는 유아들이 제시한 '벌레잡이식물송' 노래 악보, 음원, 영상과 다양한 악기 등을 제공해 주어 활동을 지원하였다.

유아들과 식충식물을 알아보니 '네펜데스, 사라세니아, 끈끈이주걱, 파리지옥' 종류가 엄청 많았다.

"우리 할머니 집에 네펜데스 있어요! 예전에 안에 물이 들어 있는 걸 봤어요."

● 원장님 지원

유아들은 식충식물을 키우고 싶다고 원장님께 이야기하였고, 원장님은 아이들과 어떤 식충식물이 있는지, 어디서 구매할지 함께 알아보며 유아들이 직접 구매해 볼 수 있도록 지원하였다.

유아들은 식충식물이 오는 것을 기다리며 아이클레이로 유아들만의 식충식물을 만들어 보았다.

또 예전에 만들었던 곤충 집에 테이프를 뒤집어 붙여서 끈끈이주걱을 표현하였다

식충식물이 궁금해요!

벌레잡이식물송

끈끈이주걱 장갑 만들기

■ 벌레잡이식물들

● 활동지원

「끈끈이주걱 장갑 만들기」

교사는 유아들의 놀이를 확장해 주기 위해 끈끈이주걱 장갑을 만들 수 있도록 자료를 제공하고 활동을 지원하였다.

● 공간, 활동지원

「곤충을 잡아요」

완성된 유아들은 장갑을 끼고, 곤충 잡기 놀이를 하였다.

교실이 놀이하기 좁아서 교사는 복도로 놀이공간을 확장해 주어 넓은 공간에서 활동이 이루어지도록 지원하였다.

바깥놀이 시간에도 하고 싶다고 하여 바깥놀이에서도 실행하게 하여 일과를 변경, 놀이를 지원하였다.

곤충을 잡아요

출처: 구립면일어린이집.

2. 흥미 영역별 유아 놀이

1) 영역 구성과 놀이자료

유치원과 어린이집의 실내공간은 유아에게 가장 친숙하고 자유로운 놀이 환경이다. 환경 구성 시 유아의 연령 및 발달 특성, 놀이와 흥미에 따라 놀이 영역을 구성한다. 놀이 영역은 유치원과 어린이집의 교육 · 보육프로그램의 특성, 영유아의 흥미와 요구에 맞게 구성된 놀이공간으로 유아들이 좋아하는 놀이를 중심으로 구성하는 것이 좋으며 유아가 주도적으로 놀이 영역을 창조할 수 있도록 구성한다. 3~5세의 경우 0~1세와 달리 교실과 보육실의 흥미 영역을 통합 운영하며 언어 영역, 미술 영역, 음률 영역, 수 · 조작 영역, 과학 영역, 역할놀이 영역, 쌓기놀이 영역으로 구성한다.

놀이자료는 유아가 자유롭게 놀이를 하며 사용할 수 있는 놀잇감, 매체, 재료와 도구 등 다양하며 유아에게 제공되는 놀이자료는 일상용품, 자연물, 악기, 미술재료, 그림책, 상자, 재활용품 등이 있으며, 유아가 찾아낸 새로운 것들도 포함된다. 자신의 흥미와 호기심에 의해 유아가 주도하는 놀이자료는 유아 자신의 생각이나 감정, 상상력을 표현하고 세상을 이해하는 중요한 교수매체이다.

2) 흥미 영역별 놀이 환경과 자료

(1) 언어 영역에서의 놀이지원

언어 영역은 유아가 다른 사람과 소통하며 일상에서 만나는 글자나 상징에 관심을 가지고 책과 이야기를 즐기는 경험과 놀이가 이루어지는 영역이다. 교사는 유아가 자신의 생각과 느낌을 적절하게 말하는 경험을 통해 바른 언어생활을 할 수 있도록 돕고 책과 이야기에 흥미를 가지고 언어가 주는 재미와 상상을 즐길 수 있도록 지원한다.

언어 영역 / 휴식 영역

언어 영역은 유아가 정서적인 안정을 취할 수 있도록 휴식 영역을 둘 수 있으며 이때 푹신한 매트나 쿠션을 마련한다. 언어 영역은 유아의 일상생활에 필요한 의사소통 능력과 상상력을 기를 수 있도록 말하기, 듣기, 읽기, 쓰기를 위한 자료를 준비해 준다. 듣기를 위한 녹음기나 테이프, 컴퓨터, 스마트폰과 말하기를 위한 융판과 융판 자료, 인형극 틀과 다양한 종류의 손 인형과 막대, 줄 인형 등이 있다. 또한 읽기를 위한 동화책을 포함한 다양한 읽기 자료와 쓰기를 위해 끼적일 수 있는 다양한 색과 모양의 종이, 색연필, 크레파스, 화이트보드, 칠판 등이 있다.

【언어 영역 교구 및 자료】

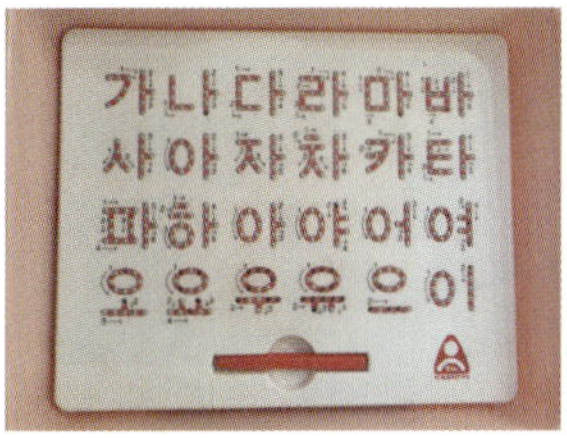
자석 글자판

라디오

내 목소리 녹음기

여러 가지 도서

화이트보드

말하는 앵무새

막대 동화

한글 공책

이야기 만들기

글자 찍기 놀이

소리나는 그림책 놀이

큰 책 읽기 놀이

《언어 영역 놀이 사례》

<table>
<tr><th colspan="2">▣ 내 이름 글자를 찾아요</th></tr>
<tr><td>노트북 놀잇감을 꺼낸 뒤 자리에 앉는다.

C1: (노트북 자판을 보며) 여기 안에 글자들이 모여 있어.
C2: 여기 안에 내 이름 글자도 있는 것 같아.
C1: 선생님, 여기 내 이름에 들어가는 기역도 있고 동그라미 모양 글자도 있어요!

교사는 유아의 놀이를 들여다보며 유아가 관심을 갖고 있는 것이 무엇일까 생각한다. 또한 유아가 글자에 관심을 가질 수 있도록 책이나 인쇄물 등의 자료를 지원하며 상호작용하고 유아가 다양한 탐색을 할 수 있도록 격려한다.</td><td></td></tr>
</table>

출처: 서일대학교부설어린이집.

(2) 미술 영역에서의 놀이지원

미술 영역은 아름다움과 예술에 관심을 가지고 창의적인 표현을 즐길 수 있도록 하는 영역이다. 유아는 자신의 경험을 바탕으로 창의적인 표현을 할 수 있도록 유아의 흥미를 끌 수 있는 다양한 미술재료가 준비되어 있는 흥미 영역이다.

미술 영역

미술 영역에 비치되는 기본 자료로는 모양, 색, 질감, 크기, 두께가 다양한 종이류와 비닐류, 다양한 물감과 펜 종류, 풀, 본드, 테이프 등의 접착재료, 잡지나 상자, 음료수 통 등의 다양한 재활용품 등이 있다. 또한 솔방울이나 나뭇잎, 조약돌 등의 자연물이 놀이재료로 사용된다.

【미술 영역 교구 및 자료】

가위와 풀

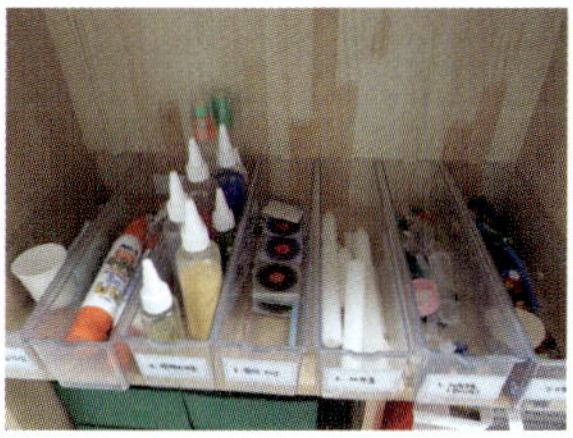
꾸미기 재료

물감

모양 펀치

그리기 도구

색종이

모양틀 찍기

물감으로 그리기

창의적으로 그리기

《미술 영역 놀이 사례》

▣ 잠수함을 만들어요

C1: 난 오늘 이걸로 잠수함을 만들 거야.
두 개를 연결해야 하니까 테이프가 필요할 것 같아.
C2: 재미있겠다! 나도 같이 해도 돼?
나는 여기 앞에 동그란 나무 조각을 붙이면 더 멋있을 것 같아.
C1: 그래, 좋아. 같이 멋있는 잠수함을 만들어 보자.

교사는 유아에게 자유롭게 자료를 선택할 수 있도록 주도권을 주고 유아가 기존의 자료를 새로운 방식으로 사용하여 놀이를 하도록 지원한다.

출처: 서일대학교부설어린이집.

(3) 음률 영역에서의 놀이지원

음률 영역은 유아의 심미적이고 창의적인 표현을 지원하는 놀이 영역으로 다양한 일상의 사물을 놀이자료로 활용한다. 유아가 자신의 신체, 주변의 사물, 리듬악기 등을 사용하여 소리와 리듬을 창의적으로 만들어 보며 놀이를 하는 영역이다.

음률 영역

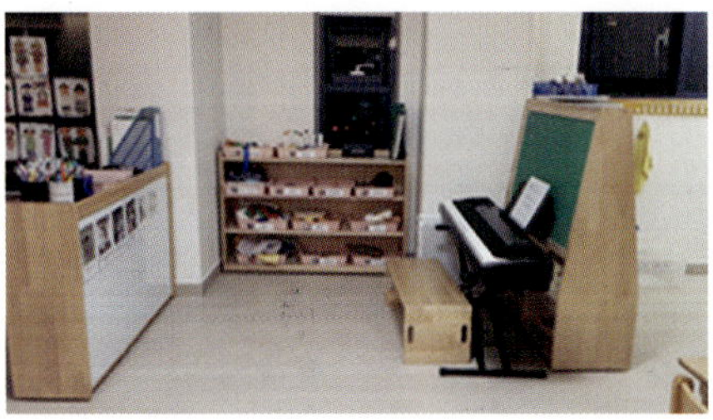

음률 영역의 교구 및 자료로는 실로폰, 리듬악기, 피아노 등의 여러 가지 악기와 전통악기, 리본 막대, 줄이나 끈 등의 신체 표현 도구가 놀이자료로 비치된다. 다양한 소리와 음악을 들을 수 있는 블루투스 스피커와 카세트 등이 있다.

【음률 영역 교구 및 자료】

나무 리듬악기

터치벨

마라카스

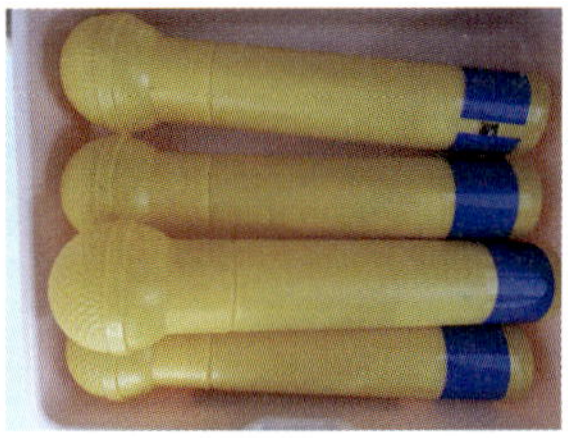
마이크

스피커

전자 피아노

피아노 연주

노래에 맞춰 동물 춤 추기

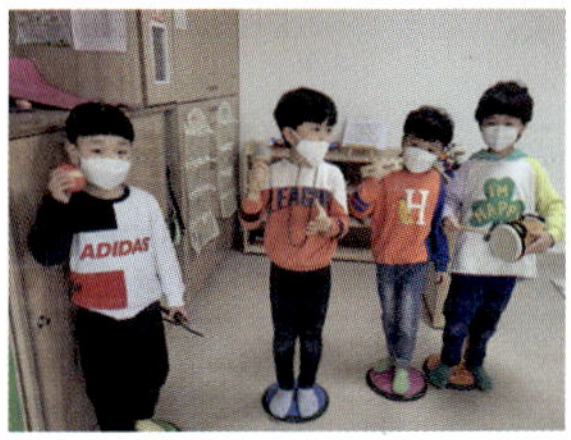

악기놀이

《음률 영역 놀이 사례》

▣ 친구들과 함께 합주를 해요	
음률 영역에 모여 놀이하던 유아들이 각자 연주하고 싶은 악기를 꺼낸다. C1: 얘들아, OOO이랑 내가 같이 피아노 연주할게. 너희는 어떤 악기 연주할 거야? C2: 나는 마라카스를 연주할게! C3: 나는 리듬막대로 춤을 출거야. C1: 자~ 그럼 다 함께 시작!	

▣ 친구들과 함께 합주를 해요	
교사는 유아가 스스로 만들어 가는 질서와 규칙의 경험을 통하여 공동체 경험을 즐기며 악기를 연주하고, 좁아 보이는 음률 영역에서 유아가 편안하고 즐겁게 표현할 수 있도록 공간 구성에 대한 새로운 계획을 세워 본다.	

출처: 서일대학교부설어린이집.

(4) 수 · 조작 영역에서의 놀이지원

수 · 조작 영역은 유아가 수학적 개념과 상징적 개념을 탐색하는 놀이 영역이다. 유아는 일상에서 수에 관심을 가지고 수량을 세어 많고 적음 및 수량의 변화를 알아보며 놀이를 한다. 교사는 유아가 호기심을 갖고 주도적으로 탐구하는 과정을 즐기도록 놀이를 지원한다.

수 · 조작 영역

수 · 조작 영역의 기본 자료로는 수 세기 판, 양팔저울, 여러 종류의 끼우기 블록과 모양 맞추기 조각, 단추 끼우기, 지퍼 올리기, 곡식 옮기기, 수 세기, 연산을 위한 자료가 있다.

【수 · 조작 영역 교구 및 자료】

수 세기 판

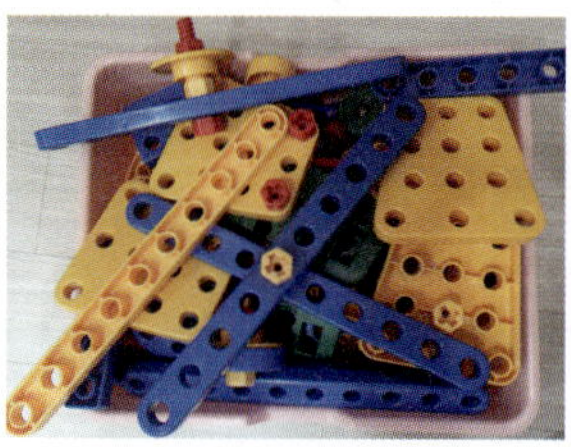

볼트와 너트

모자이크 교구

사람 수 세기

양팔저울

모래시계

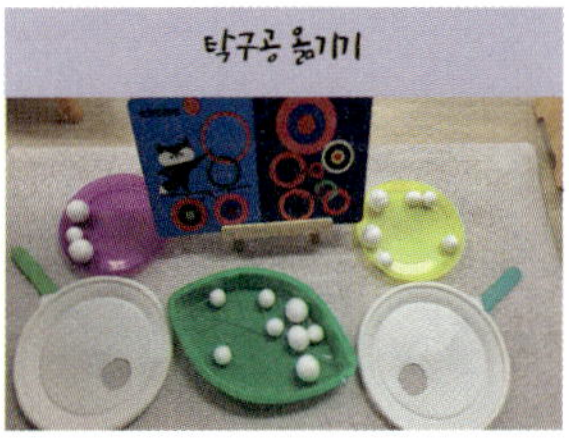

수 세기 놀이

수 세기 게임

수 인식하기

《수 · 조작 영역 놀이 사례》

<table>
<tr><th colspan="2">▣ 1~100까지 수 세기 게임</th></tr>
<tr><td>1~100까지의 수 세기 판과 모래시계를 꺼낸 뒤 자리에 앉는다.

C1: 모래시계에 있는 모래가 다 떨어지기 전에 수 세기 판을 완성해 보자!
C2: 시간이 너무 부족할 것 같은데….
C1: 그러면 내가 모래시계를 한 번 더 뒤집을게!
시간 안에 수 세기 판을 완성해 보자.

교사는 유아가 수 세기 판을 편안하게 사용할 수 있도록 책상 양쪽 면에 의자를 놓아 주고 수 세기 판의 수량을 넉넉하게 제공하였고 유아가 수세기 판을 완성하는 순간 칭찬과 격려로 상호작용하며 성취감을 느끼도록 지원하였다.</td><td></td></tr>
</table>

출처: 서일대학교부설어린이집.

(5) 과학 영역에서의 놀이지원

과학 영역은 유아가 물질과 사물, 자연현상, 동식물 등의 특성과 변화를 수학적 · 과학적으로 탐구하는 등 다양한 경험을 하는 영역이다. 교사는 유아가 호기심을 갖고 스스로 궁금증을 해결하도록 도우며 생명을 소중히 여기고 사람과 자연이 더불어 살아가는 방법을 실천하도록 지원할 수 있다.

과학 영역

과학 영역의 교구 및 자료로는 측정기구인 돋보기, 온도계와 저울, 계량컵, 현미경이나 프리즘 등의 과학기구, 라디오나 텔레비전 등 헌 가전제품이나 동식물 기르기 자료로 화분, 어항, 관찰 상자 등이 있다.

【과학 영역 교구 및 자료】

돋보기

물고기 키우기: 구피

곤충 관찰 모형

식물 키우기: 긴잎끈끈이주걱

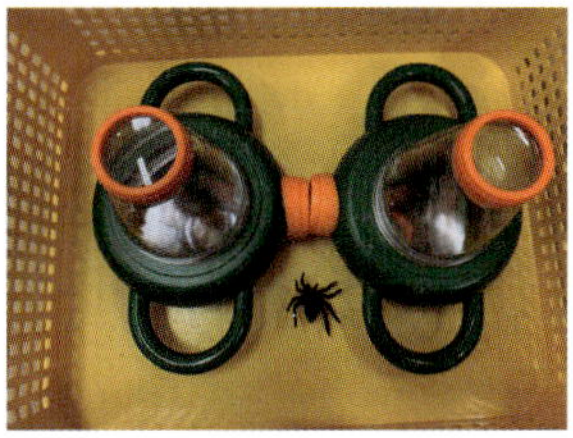

관찰 현미경

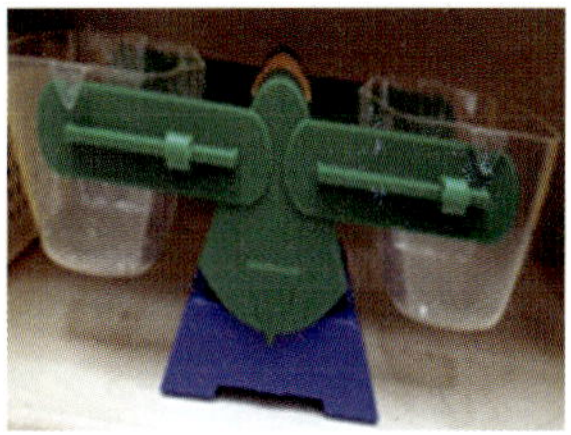

양팔저울

올챙이 관찰하기

무게 측정하기

자석놀이

《과학 영역 놀이 사례》

▣ 아기 달팽이 안녕

아기 달팽이가 태어난 후 너무 작아서 관찰하기 어려웠던 부분들이 있었으므로 시간이 지나 성장한 아기 달팽이를 자세히 살펴본다.

C1: 돋보기로 보니까 아기 달팽이가 더 잘 보이네.
C2: 선생님, 아기 달팽이가 많이 컸어요.
T: 그래, 많이 커졌구나.
C1: 아기 달팽이가 채소도 많이 먹고 물도 먹고 해서 그렇대요.
C2: 내가 밥을 많이 주니까 많이 커졌어.

교사는 유아의 주도적인 탐색 및 탐구를 격려하고 발견의 기쁨을 공유하며 유아의 이야기에 귀를 기울여 경청하고 놀이가 지속될 수 있도록 지원하였다.

출처: 서일대학교부설어린이집.

(6) 역할놀이 영역에서의 놀이지원

역할놀이 영역은 유아가 자기 자신과 다양한 삶의 모습을 이해하고, 다른 사람과 더불어 살아가기 위해 필요한 의미 있는 경험을 놀이로 배우는 영역이다. 교사는 유아가 자신이 속한 사회와 주변 세계에 대해 관심을 가지고 적응해 나갈 수 있도록 유아의 놀이를 지원한다.

역할놀이 영역

역할놀이 영역은 자신을 존중하고 더불어 생활하는 태도를 가질 수 있도록 지원하는 놀이 영역으로 교구 및 자료로는 소꿉놀이, 미용놀이, 병원놀이, 가게놀이 등 역할놀이 자료와 모형 음식을 비롯하여 가전제품, 주방용품, 가정비품, 가구, 여러 가지 의상, 인형과 인형놀이를 위한 소품 등이다.

【역할놀이 영역 교구 및 자료】

미용놀이

소꿉놀이

여러 가지 의상

음식 놀잇감

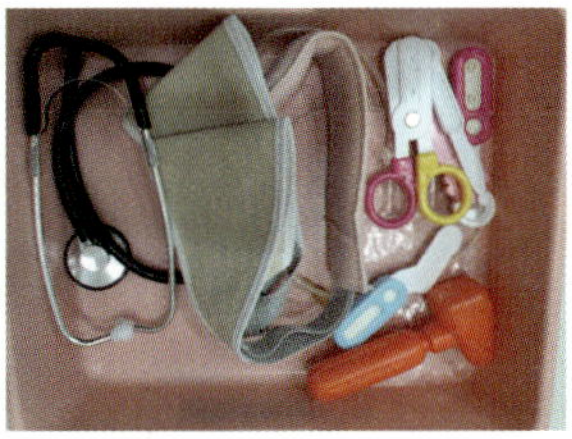

병원놀이

마트 계산대

제과점 놀이

소꿉놀이

어부바 놀이

《역할놀이 영역 놀이 사례》

▣ 뷰티 유튜버가 되어 보아요	
역할 영역에 있는 미용놀이 도구를 교구장 위에 올려 두고 화장품을 소개하는 놀이를 시작한다. C1: 오늘은 어떤 화장품을 소개할까요? C2: (화장품 하나를 들어 보이며) 오늘은 이 화장품을 소개해 볼게요. C3: (휴대폰 교구를 들고 찍는 시늉을 하며) 여기 보고 이야기해 주세요! 준비 시작~ 교사는 유아 자신의 흥미와 관심을 모방놀이나 극놀이로 전환하여 즐겁게 유아의 이전 경험을 자유롭고 창의적으로 표현할 수 있도록 놀잇감과 자료를 지원한다. 교사는 유아가 놀이를 자발적으로 즐겁게 무엇이든지 유아 스스로 선택하여 할 수 있다는 것을 알게 하고, 놀이를 통해 배움이 일어나도록 지원한다.	

출처: 서일대학교부설어린이집.

(7) 쌓기놀이 영역에서의 놀이지원

쌓기놀이 영역은 유아가 혼자 또는 또래와 협동하여 놀잇감을 쌓고 줄지어 놓고 균형을 맞추는 놀이를 통하여 대 · 소근육의 발달과 눈과 손의 협응능력, 공간 개념과 문제해결 능력 등을 발달시킬 수 있는 흥미 영역이다. 교사는 유아가 몸을 움직여 놀이하는 것을 좋아하며 블록으로 자신이 생각한 것을 만들 수 있고 유아 자신의 일상생활의 경험을 존중하고 쌓기놀이를 통하여 모방하거나 창의적으로 표현할 수 있도록 놀이를 지원한다.

쌓기놀이 영역

쌓기놀이 영역에 비치되는 교구 및 자료로는 다양한 재질로 만든 와플 블록, 레고 블록, 나무 블록, 종이벽돌 블록 등이 있으며 사람이나 동물의 인형이나 모형, 여러 가지 자동차, 신호등, 교통표지판, 도로 모형판 등이 있다.

【쌓기놀이 영역 교구 및 자료】

레고 블록

와플 블록

나무 블록

벽돌 블록

와플 블록

도로 블록

우드 블록

도미노 블록 놀이

와플 블록 쌓기놀이

《쌓기놀이 영역 놀이 사례》

▣ 자동차 도로를 구성해요	
도로 블록에 관심을 보이는 유아들이 모여 도로를 어떻게 구성하면 좋을지 이야기를 나누고 쌓기놀이를 시작한다. C1: (도로 블록을 꺼내며) 우리 도로 블록을 길게 연결해 보자! C2: 오르막길이나 내리막길이 있으면 좋겠어. C1: 도로 블록 밑에 벽돌 블록을 쌓으면 될 것 같아. 교사는 유아의 놀이에 따라 공간을 영역 구분 없이 넓게 사용하도록 하였고 블록과 함께 만들기 재료로 재활용품이나 기존의 놀잇감을 제공하였다. 유아가 직접적인 도움을 요청하거나 갈등이 발생하지 않아서 가만히 놀이를 관찰하며 고개를 끄덕거리거나 웃어 주는 등 정서적 지원을 제공하였다.	

출처: 서일대학교부설어린이집.

모래놀이 영역

모래놀이 영역은 유아가 자유롭게 모래를 사용하여 정서적인 안정감과 재미를 느끼고 놀이에 몰입하게 하는 특성이 있다. 함께 사용하는 놀잇감으로는 모래상자, 모래 파는 도구, 탈것 모형이나 모양 찍기틀 등으로 구성하고 탐색하고 측정하는 놀이 자료가 비치된다.

《모래놀이 영역 놀이》

모래상자

모래상자

모래놀이터

실외놀이 영역

실외 영역은 실내에서 경험할 수 없는 다양한 자연현상과 신체활동의 기회를 제공한다. 대근육 활동 기구와 물놀이, 모래놀이를 할 수 있는 활동공간은 신체활동을 즐기고 건강하고 안전한 생활을 할 수 있도록 지원하는 놀이 영역이다.

《실외놀이 영역 놀이》

놀이기구 타기

미끄럼틀 타기

비눗방울 놀이

생각해 보기

- 유아에게 놀이의 본질적 특성인 '재미'와 '즐거움' 그리고 '자유'가 있는 진짜 놀이란 무엇일까요?
- 유아에게 자유와 재미가 없는 가짜 놀이란 어떤 놀이인지 토론해 봅시다.
- 요즘 어린이집에서 활용하는 놀이자료로 재미있게 많이 사용되는 놀이자료는 무엇이며, 어떤 놀이로 나타나고 있는지 이야기해 봅시다.

3. 유아 놀이를 위한 교사의 지원

유아중심, 놀이중심의 놀이를 지원하기 위하여 교사는 먼저 준비된 환경을 제공하고 유아가 무엇을 보고 있는지, 어떤 놀잇감을 선택하는지, 어떤 말을 주고받는지, 누구와 놀이하는지 드러나는 행동을 보아야 한다. 그리고 유아의 놀이에 대한 흥미는 어떻게 시작되었는지, 유아가 놀이를 계속하는 이유는 무엇인지, 놀이를 하면서 무엇을 배우는지 행동의 의도를 알아차리고 놀이의 의미를 읽으려고 노력해야 한다. 교사는 유아의 놀이가 지속되고 확장되기 위해 어떤 지원을 해 주어야 하는지 잘 관찰하고 유아가 문제를 어떻게 해결하고 이전의 놀이와 어떻게 변화했는지를 관찰하여 이를 반영해 준다. 이후 유아의 놀이와 놀이 환경을 어떻게 지원해야 하는지 새롭게 바라보는 교사의 역할이 필요하다.

1) 유아의 놀이 요구가 서로 다른 경우

교사의 유아에 대한 놀이지원이 유아의 모든 요구를 들어 주어야 한다는 의미는 아니다. 유아가 서로 다른 놀이를 하고 싶다고 요구하는 경우 교사는 상황을 고려하여 각 유아의 생각을 물어보고 조율하여 수용 가능한 수준에서 유연하게 대처하여 지원하는 것이 바람직하다.

동료 교사 간 협력이 가능한 경우 부담임과 보조교사 등의 도움을 받아 사전에 놀이지원이 가능한 범위(날짜, 요일, 시간, 지원 범위 등)를 협의하여 놀이를 할 수 있도록 계획한다. 협력이 어려운 경우 놀이 요구 상황이 달라 동시에 진행될 수 없음을 유아들과 이야기하고 놀이를 어떻게 진행하면 좋을지 이야기를 나누어 봄으로써 상황에 따라 놀이 형태와 놀이 장소가 달라질 수 있음을 알려 주는 것이 좋다.

2) 교사의 놀이 개입이 필요한 경우

교사가 유아의 놀이를 지원하기 위해 유아의 요청이 없는 경우에 놀이 개입을 하면 오히려 유아의 놀이에 방해가 될 수 있다. 유아가 놀이를 할 때 잘 들여다보며 놀이 개입의 적절한 타이밍을 찾아 필요한 놀이자료를 제공하거나 질문을 통해 놀이를 확장해 주는 놀이지원을 하는 것이 바람직하다.

놀이를 하면서 유아가 교사의 도움을 필요로 하거나, 스스로 해결할 수 없어 힘들어하며 어려움을 느낄 때, 유아가 놀이에 참여하지 못하고 망설일 때 교사의 유연하고 적절한 놀이 개입이 필요하다. 교사의 지원이 필요한 시점과 놀이를 하는 유아에게 필요한 지원은 무엇인지 유아의 놀이를 잘 들여다보아야 한다.

3) 놀이지원에 대한 교사 간 생각이 다른 경우

교사의 자율성을 강조하는 개정 누리과정 운영 과정에서 교사마다 의견이 상이하거나 견해 차이가 있을 수 있다. 서로 오해가 발생하지 않도록 어린이집의 당면한 문제, 공동 공간 사용 기준, 보육교직원 간의 협력 범위 등을 전체 회의를 통해 정하는 것이 바람직하다.

유아의 요구에 따라 공동 공간(유희실, 복도 등)을 교직원 간의 협의 없이 사용할 경우 서로 간의 오해가 발생될 수 있으므로 일상적 소통이 이루어져야 한다.

♣ 더 알아보기

- 개정 누리과정을 적용하여 진행된 교사의 놀이지원 사례의 실제와 유아 교사의 적용 소감에 대해 알아봅시다.

Chapter 09

놀이 관찰, 기록 및 평가

영유아의 놀이를 이해하기 위해서는 영유아의 놀이를 관찰하는 것이 중요하다. 영유아가 하는 놀이를 관찰하다 보면 영유아의 관심과 흥미가 무엇인지, 영유아가 놀이를 통해 무엇을 경험하고 있는지를 알 수 있다. 영유아가 중심이 되는 놀이가 이루어지기 위해 교사는 영유아의 놀이를 주의 깊게 관찰하고 영유아에게 필요한 다양한 지원을 하는 것이 필요하다.

본 장에서는 영유아 놀이 관찰 및 평가의 중요성에 대해 살펴보고, 놀이 관찰 시 활용할 수 있는 다양한 관찰 양식에 대해 알아보고자 한다. 또한 관찰에 기반한 영유아의 놀이지원이 어떻게 이루어질 수 있는지에 대해서도 살펴보고자 한다.

1. 놀이 관찰

놀이중심 교육과정이 잘 운영되기 위해서는 유아의 놀이를 중심으로 일과를 관찰하고 기록할 필요가 있다(교육부, 보건복지부, 2019). 놀이 관찰은 유아의 놀이 행동을 이해하는 데 도움이 되며 관찰을 통해 영유아들이 선호하는 놀이 유형, 놀이자료, 놀이 영역, 놀이 주제와 유아 간의 상호작용, 놀이집단 구성, 놀이 지속시간 및 제반 발달에 대한 귀중한 정보를 얻을 수 있다(박찬옥 외, 2016).

1) 영유아 놀이 관찰의 필요성

영유아기는 인생의 어느 시기보다 발달의 속도가 빠르며 개인차가 많은 시기이기 때문에 관찰의 필요성이 제기되고 있다. 영유아에 대해 가장 잘 알 수 있는 방법 중에 하나는 영유아들의 일상생활의 모습과 놀이를 관찰하는 것이다. 유아는 자신의 행동이나 감정을 언어로 충분히 설명할 수 없기 때문에, 어떠한 행동과 말의 원인과 이유에 대해 정보를 얻기 위해서는 관찰과 기록이 중요하다. 또한 영유아의 발달은 놀이에 대한 관찰로 평가될 수 있다(오연주, 2020).

영유아 놀이를 관찰해야 하는 필요성을 살펴보면 다음과 같다.

첫째, 영유아의 놀이를 관찰함으로써 영유아의 발달 수준을 파악하고 개인차를 알 수 있다.

둘째, 영유아의 놀이를 관찰함으로써 영유아의 욕구가 놀이에 표현되는 방법과 놀잇감을 탐색하고 활용하는 행동을 관찰하면서 학습과정을 이해할 수 있다.

셋째, 영유아의 놀이 관찰을 통해 교사가 놀이 활동 및 환경 구성을 계획하고 준비하는 데 필요한 기초자료를 수집할 수 있다.

넷째, 놀이를 관찰함으로써 효율적인 놀이 참여나 지도를 할 수 있다.

2) 영유아 놀이 관찰을 위한 일반적 원리

놀이 행동을 체계적, 객관적으로 관찰하는 것은 관찰자가 편견이나 주관적 해석 없이 영유아들에게 일어나는 행동을 주의 깊게 기록하는 것이다. 유아들의 놀이 행동을 정확히 관찰하기 위해서는 다음과 같은 일반적 지침을 염두에 두어야 한다.

(1) 관찰자는 무엇을 관찰하는가

- 먼저 영유아의 놀이에 대해 알고자 하는 관심 주제를 결정하고, 문제와 가설을 명료히 한다.
- 관찰하고자 하는 놀이 행동의 주체자인 영유아를 선정한다.
- 관찰하고자 하는 놀이 행동이 나타나는 상황이나 맥락을 결정한다.
- 연구하고자 하는 놀이 행동에 관한 정보수집에 적절한 관찰 방법을 선택한다.

(2) 관찰자는 어떻게 관찰해야 하는가

- 영유아가 자신의 능력을 최대한 발휘할 수 있는 환경에서 관찰하도록 노력한다. 다양한 놀이 행동이 나타날 수 있는 충분한 놀잇감과 시간이 주어졌는지 확인한다. 만약 이와 같은 환경이 제공되지 않았다면 유아가 특정 놀이를 하지 않는 것은 놀잇감이 부족하거나 시간이 부족해서이지 유아의 놀이 기술 부족 때문은 아닐 수 있다.
- 가능한 한 실내와 실외 모든 영역에서 유아를 관찰한다. 때로는 실외에서 바깥놀이를 할 때 질 높은 사회놀이나 인지놀이가 일어나는 경우도 있기 때문이다.
- 영유아들끼리 서로 친숙해지고 놀이 환경에 익숙해질 때까지 기다렸다가 관찰한다. 영유아들은 잘 알고 있는 또래가 있는 경우에 보다 질 높은 놀이 유형을 나타낸다. 학기 초에 이루어지는 관찰은 유아의 진정한 놀이 능력을 제

대로 평가하기 어렵다. 따라서 놀이 관찰은 영유아가 교실에 어느 정도 익숙해진 후 실시하는 것이 효과적이다.

- 영유아의 놀이 행동을 정확히 관찰하기 위해서는 반복하여 관찰한다. 단 하루의 관찰을 통해서 놀이 행동을 결정하는 것은 바람직하지 않다. 유아는 질병, 가정문제, 여러 가지 일시적 조건 등에 의해 놀이 행동에 영향을 받을 수 있다. 최소한 일주일에 2~3회 정도는 관찰해야 하며 시간을 분산하여 관찰함으로써 일시적 요인이 줄 수 있는 영향을 최소화할 수 있다.

3) 영유아 놀이 관찰 시 고려해야 할 점

놀이는 영유아들의 발달을 관찰하고 평가하기에 유용한 영역이다. 놀이를 하는 영유아들을 관찰하는 것은 유아들의 놀이 행동 변화와 유아들의 발달적 진보를 살펴볼 기회를 제공해 준다. 영유아들의 놀이를 관찰하면 놀이의 발달 진행 패턴을 기록할 수 있으며, 놀이가 유아들의 사회적, 신체적, 인지적 기술에 어떻게 반영되는지도 볼 수 있다. 관찰을 진행할 때 주요하게 고려해야 할 점은 다음과 같다.

(1) 준비하고 체계 갖추기

관찰을 수행하는 첫 번째 단계는 중요하다. 첫 번째 단계에서는 관찰의 목적이 무엇인지를 고려하고, 관찰의 목적에 맞는 방법을 선택한다.

- 만약 관찰의 목적이 유아의 발달적 진행을 평가하는 것이라면, 표준화된 측정이 있어야 한다.
- 만약 특별한 놀이 활동 영역을 평가하는 것이 목적이라면, 유아들이 그 놀이영역에서 얼마나 오래 놀이를 하는지 그리고 무엇을 하는지를 관찰할 자신만의 관찰 일정을 개발하여 그 영역에서 얼마나 자주 메모할지를 결정해야 한다.
- 만약 유아들 놀이의 나이와 관련된 특성을 관찰하는 데 관심이 있는 경우, 한 가지 또는 여러 발달 영역과 관련하여 다양한 놀이상황에서 그들이 어떻게

행동하는지 문서화하는 것을 선택할 수 있다.

- 만약 어린이들의 그룹을 관찰하기로 결정한다면, 각 유아들을 유사한 범위의 맥락에서 동일한 시간 동안 어떻게 관찰할 것인지를 결정해야 한다.

(2) 정확하고 객관적이 되기

일단 관찰의 목적이 결정되고, 데이터를 모으는 방법이 결정되었다면 정확성과 객관성을 염두에 두는 것이 중요하다. 관찰은 본 것을 정확하게 기록해야 하며, 또한 개인적인 추론을 가지고 그 관찰한 것에서 무엇이 보이는지 정확하게 주목해 보아야 한다. 사전 지식과 기대가 우리가 보고 있다고 믿는 것에 어떻게 영향을 미치거나 편향될 수 있는지를 아는 것이 중요하다. 만약 관찰자가 참여관찰을 한다면, 유아들과 관찰자와의 관계가 유아들에게 어떠한 영향을 미칠 것인가를 이해하는 것도 중요하다.

모든 관찰을 할 때 유아들에 대한 자세한 정보(나이, 성별, 건강, 발달 특성 등)는 기본적으로 써야 하는 항목들이다. 개인정보 비밀유지를 위해 식별번호를 사용하고, 영유아 관련 정보를 안전한 장소에 보관하는 것이 좋다. 부모나 보호자는 관찰에 대해 충분한 정보를 얻고 자녀가 참여할 수 있도록 동의해야 한다. 게다가 관찰이 언제, 어디서 실시되었는지도 주목해야 한다.

영유아들의 행동에 영향을 미칠 수 있는 다른 세부사항들에 대해서도 주목해야 한다. 영유아들에게 친숙한 환경이었는지, 관찰자가 영유아들에게 친숙한 사람인지 등은 중요하다. 예를 들면 새로운 선생님 또는 새로운 성인이 온 것과 같은 일상에 대한 변화 내용도 기록되어야 한다.

영유아들의 활동을 사진으로 찍어 두는 것은 관찰 결과를 뒷받침할 수 있는 자료로 유용하다. 관찰 시 사용할 수 있는 기자재로는 카메라, 녹음기, 비디오 등이 있으며, 요즘은 이 모든 기능을 한번에 할 수 있는 휴대폰이 관찰을 위한 도구로 유용하게 사용될 수 있다. 이러한 매체는 관찰에 대한 정확한 기록 및 장기적인 보관이 가능해 널리 사용되고 있다. 관찰 시 매체를 사용하는 이유는 관찰자가 직접 관찰하면서 모든 것을 기록했을 것이라 보장할 수 없으며 같은 상황을 여러 번 보고 기록을 수정할 수 있어 보완자료로도 가치가 높기 때문이다(이소영, 임재택, 2020).

생각해 보기

- 영유아 놀이에서 교사가 지원할 수 있는 것을 교실 환경, 놀이자료, 놀이방법, 소통의 지원의 측면에서 생각해 봅시다.

① 교실 환경의 지원	② 놀이자료의 지원
③ 놀이방법의 지원	④ 소통의 지원

2. 놀이 기록

1) 영유아 놀이 기록의 목적

영유아 놀이 기록의 목적은 다음과 같다.

첫째, 영유아의 놀이를 관찰하고 기록하는 것을 통해 개별 영유아의 특성을 파악할 수 있다.

둘째, 영유아의 놀이에 대한 누가적 기록을 통해 앞으로의 놀이 기록의 방향에 도움을 받을 수 있다.

셋째, 영유아 놀이 기록을 통해 표준보육과정 또는 누리과정 영역별 발달이 잘 이루어지는지 파악할 수 있다.

넷째, 영유아 놀이 기록을 통해 영유아 개인이 가지고 있는 강점과 약점 영역이 무엇인지 파악할 수 있다.

2) 영유아 놀이 관찰기록 양식

유아중심과 놀이중심의 교육과정이 핵심인 개정 누리과정에서는 놀이의 확장 및 질적 향상에 있어서 교사의 역할이 더욱 다양하고 중요하게 변화되었으며, 놀이지원자 및 협력자로서의 교사 역할에 대해 강조하고 있다. 놀이의 심화와 확장을 위해서는 놀이의 전개와 흐름을 세심하게 관찰하는 가운데 교사의 적절한 개입이 요구된다. 기존의 유아를 가르치는 교사의 역할이 아니라 놀이 전개를 위한 적절한 지원과 놀이 흐름 속에서의 비계설정이 가능한 교사의 역할이 필요한 것이다(Honomichl & Chen, 2012; 유승연, 2020 재인용). 따라서 교사의 실천적 역량을 판단함에 있어서는 놀이상황을 이해하고 놀이 맥락의 발달을 도울 수 있는 안목과 지원 역량이 더 중요해진다(교육부, 보건복지부, 2019b). 이를 위해 교사는 놀이와 삶 속에서 유아가 무엇을 하고 있는지, 교사로서 무엇을 지원해 줄 수 있는지를 관찰과 기록을 통해 파악하고 실천할 수 있다(Pyle & Bigelow, 2015; 유승연, 2020 재인용). 또한 그러한 관찰 및 실행과 더불어 지속적 평가를 통한 반성적인 성찰 과정이 요구된다. 다음에 제시된 관찰양식들은 영유아들의 놀이를 관찰하고, 영유아들의 놀이를 지원해 주기 위해 어떤 것이 필요한지를 생각해 볼 수 있도록 해 주는 관찰양식들의 예이다.

(1) 서술식 관찰양식

관찰 방법 중 '서술식'이란 고정된 양식 없이 사건의 모든 것을 그대로 이야기하듯 기록하는 방법을 말한다. 서술식 관찰양식의 다양한 예들은 다음과 같다.

① 관찰기록지 1

관찰 날짜: 년 월 일 ________ 시간

관찰	놀이이해, 교사의 고민	놀이지원

② 관찰기록지 2

유아명: 생년월일: 관찰 날짜: 년 월 일 요일

시간	함께 놀이하는 유아	장소	유아가 한 행동과 말
10:30~10:40			
10:40~10:50			
10:50~11:00			
11:00~11:10			
11:10~11:20			
11:20~11:30			
11:30~11:40			
11:40~11:50			
11:50~12:00			

③ 관찰기록지 3

관찰 날짜		유아 연령	
관찰 공간		참여 유아명	
놀이 주제		참여 유아 수	
관찰내용		사진	
관찰 초점		지원 방안	

④ 관찰기록지 4

<table>
<tr><td colspan="2">관찰자명:
관찰 목적:

관찰기록</td></tr>
<tr><td>유아의 행동:</td><td>교사의 반응 및 조치</td></tr>
<tr><td colspan="2">* 관찰을 통해 제기되는 점은 무엇인가?

* 이번 관찰을 통해 기억해 두어야 할 점들은?</td></tr>
</table>

출처: 2019 개정 누리과정 운영지원 관찰에 기반한 유아 놀이지원 교사용 핸드북.

생각해 보기

● 영유아의 놀이를 관찰하고, 그 놀이에서 교사가 지원할 수 있는 것은 무엇인지 생각해 봅시다.

유아 놀이 관찰	놀이의 이해	놀이지원

참고 영상: 2019 개정 누리과정 시범어린이집 사례발표.
https://www.youtube.com/watch?v=kLVSoQBpHyE

(2) 기록지 관찰양식

관찰양식 중 '기록지 관찰양식'이란 관찰하고자 하는 행동에 대해 사전에 준비된 특정 양식에 약호식으로 기록하는 방법을 말한다. 놀이에 대한 기록지 관찰양식의 예는 다음과 같다.

① 놀이성 평정척도

바넷(Barnett, 1990)은 리버만(Liberman, 1977)의 평정척도를 참고하여 교사가 유아의 놀이를 평가할 수 있는 척도를 개발하였다. 놀이성을 평가하는 다섯 가지 행동 특징을 규정하고 5점 척도로 평가할 수 있도록 하였다(박찬옥 외, 2014; Johnson et al., 1999).

〈표 9-1〉 놀이성 평정척도

유아 이름 (남, 여)		생년월일		(만 세)	
관찰일		관찰자			
내 용	전혀 1	조금 2	다소 3	많이 4	매우 많이 5
신체적 자발성					
유아의 동작이 잘 협응되어 있다.	1	2	3	4	5
놀이 시 신체적으로 능동적이다.	1	2	3	4	5
조용하기보다 적극적인 것을 좋아한다.	1	2	3	4	5
많이 뛰고, 달리고, 점프한다.	1	2	3	4	5
사회적 자발성					
다른 유아의 접근에 쉽게 반응한다.	1	2	3	4	5
다른 유아와의 놀이를 시작하고 주도한다.	1	2	3	4	5
다른 유아와 협동적으로 놀이한다.	1	2	3	4	5
놀잇감을 가까이 공유한다.	1	2	3	4	5
놀이 시 리더의 역할을 맡는다.	1	2	3	4	5
인지적 자발성					
자기 나름대로의 게임을 창안한다.	1	2	3	4	5
놀이 시 창의적으로 사물을 사용한다.	1	2	3	4	5
다양한 등장인물의 역할을 맡는다.	1	2	3	4	5
놀이 시 활동을 변경한다.	1	2	3	4	5
즐거움의 표현					
놀이 시 즐거움을 표현한다.	1	2	3	4	5
놀이 시 환호성을 나타낸다.	1	2	3	4	5
놀이 시 열심을 보인다.	1	2	3	4	5
놀이 시 감정을 표현한다.	1	2	3	4	5
놀이 시 그림이나 글을 쓰고 말한다.	1	2	3	4	5

유머감각					
다른 유아와 유머를 즐긴다.	1	2	3	4	5
재미있는 이야기를 말한다.	1	2	3	4	5
재미있는 이야기를 듣고 웃는다.	1	2	3	4	5
익살 부리기를 좋아한다.	1	2	3	4	5
소 계					
• 신체적 자발성: 점 • 사회적 자발성: 점 • 인지적 자발성: 점	• 즐거움의 표현: 점 • 유머감각: 점				

출처: 박찬옥 외(2014), Johnson et al. (1999).

② 펜(Penn)의 상호작용적 또래놀이 평정척도(김수영, 김수임, 정정희, 2017)

펜실베이니아의 상호작용적 또래놀이 척도(Pennsylvania Interactive Peer Play Scale, PIPPS)는 유아의 또래놀이 상호작용을 측정하는 관찰도구이다(Fantuzzo, Coolahan, Mendez, McDermott, & Suttion-Smith, 1998). 상호작용적 또래놀이 척도 문항은 놀이 방해 12문항, 놀이 단절 9문항, 놀이 상호작용 8문항으로 총 29문항으로 구성되어 있으며, 각각은 다음과 같다.

- 놀이 상호작용(play interaction): 친사회적 행동, 대인관계 기술, 자아통제, 언어적 주장 관련된 긍정적 측면
- 놀이 방해(play disruption): 공격적 행동과 자아통제의 부족과 관련된 부정적 측면
- 놀이 단절(play disconnection): 놀이 행동의 위축과 같은 부정적 측면

〈표 9-2〉 상호작용적 또래놀이 척도

구분	상호작용적 또래놀이 척도			
	관찰되지 않음	가끔	자주	매우 자주
놀이 상호작용	1	2	3	4
아이디어를 공유한다.	1	2	3	4
다른 유아를 돕는다.	1	2	3	4
또래 행동을 긍정적으로 지도한다.	1	2	3	4
다른 유아가 참여하도록 격려한다.	1	2	3	4
놀이 활동에서 창의성을 보인다.	1	2	3	4
놀이 방해	1	2	3	4
싸움을 걸거나 시비를 건다.	1	2	3	4
또래 유아들이 거부한다.	1	2	3	4
역할을 바꾸지 않는다.	1	2	3	4
고자질한다.	1	2	3	4
다른 사람의 물건을 파괴한다.	1	2	3	4
언어적으로 공격한다.	1	2	3	4
울거나 불평하거나 화낸다.	1	2	3	4
다른 유아의 물건을 뺏는다.	1	2	3	4
신체적 공격을 한다.	1	2	3	4
놀이 단절	1	2	3	4
놀이집단 밖에서 배회한다.	1	2	3	4
움츠린다.	1	2	3	4
목표 없이 쳐다본다.	1	2	3	4
다른 사람에 의해 무시된다.	1	2	3	4
놀이집단 속으로 초청받지 못한다.	1	2	3	4

구분	상호작용적 또래놀이 척도			
	관찰되지 않음	가끔	자주	매우 자주
놀이에 초대받았을 때 거절한다.	1	2	3	4
놀이에서 갈팡질팡한다.	1	2	3	4
교사 지시가 필요하다.	1	2	3	4
불행해 보인다.	1	2	3	4
한 활동에서 다른 활동으로 전이하기가 어렵다.	1	2	3	4

③ 시간표집법

시간표집법은 관찰 영유아의 특정 행동을 정해진 시간 동안 일정한 시간적 간격으로 반복 관찰하여 행동의 출현 빈도를 기록하는 방법이다. 지정된 시간 동안 특정 행동의 발생빈도를 기록해야 하므로 관찰자는 미리 관찰할 행동과 시간차, 기록 방법을 결정한다.

〈표 9-3〉 사회적 놀이를 관찰하기 위한 시간표집법

관찰 유아:
성별:
연령:

관찰일자 및 시간:
생년월일:
관찰자:

초	사회적 놀이				비놀이		메모
	혼자놀이	병행놀이	연합놀이	협동놀이	비참여 행동	방관 행동	
15초							
15초							
15초							
15초							
15초							

관찰 유아:	관찰일자 및 시간:
성별:	생년월일:
연령:	관찰자:

초	사회적 놀이				비놀이		메모
	혼자놀이	병행놀이	연합놀이	협동놀이	비참여 행동	방관 행동	
15초							
15초							
15초							
15초							
15초							
15초							
15초							
15초							
15초							
15초							
15초							
15초							
15초							
15초							
15초							
합계							
요약							

3. 놀이 평가

1) 놀이 평가 지침

영유아를 이해하기 위해서는 영유아가 놀이에 몰두하는지, 선호하는 놀이나 흥미는 무엇인지와 같은 일반적인 영유아의 특성을 이해하는 것이 필요하다. 또한 영유아의 특성과 요구를 파악하기 위해서 다양한 놀이를 하면서 나타나는 행동 특성을 관찰하거나 평가하는 방법을 사용한다. 영유아를 관찰하거나 평가할 때 유의해야 할 사항은 다음과 같다.

첫째, 모든 영유아를 대상으로 다각적인 관점에서 관찰과 평가가 시행되어야 한다. 관찰 시 문제를 가진 영유아, 특수한 영유아를 포함한 학급의 모든 영유아에 대해 다양한 방법으로 관찰과 평가가 이루어져야 한다.

둘째, 관찰 및 평가 시 영유아 개인의 존엄성과 개성을 존중하는 방향으로 시행되어야 한다. 각 영유아의 개인차를 고려하여 개별성과 독특성을 관찰하고 평가한다.

셋째, 지속적이고 적극적인 관찰 및 평가가 이루어지도록 한다. 영유아의 행동을 바르게 이해하기 위해서 이루어지는 관찰 및 평가는 보다 체계적인 계획에 의해서 지속적인 관심을 가지고 시행되어야 한다.

넷째, 객관적이고 종합적인 자료를 바탕으로 영유아를 이해하도록 노력해야 한다. 관찰하는 교사 자신의 주관적인 판단이나 단편적인 정보에 의해서 영유아를 판단하지 않도록 주의한다.

다섯째, 놀이 관찰과 평가는 관찰–기록–평가–보고/ 협의–계획의 순서로 순환주기를 거치며 평가 결과는 놀이 환경 구성과 놀이지도와 같은 놀이 계획에 반영하도록 한다.

2) 놀이 평가의 목적

놀이 관찰을 통해 교사는 영유아의 발달에 대한 다각적 측면의 정보를 얻을 수 있다. 관찰을 통해 이들이 선호하는 놀이 유형, 놀이자료, 놀이 주제, 상호작용 정도, 놀이 지속시간, 놀이집단 구성 및 친구관계 등에 관한 정보와 특성을 알 수 있다. 그러므로 교사는 보다 정확하고 체계적인 관찰 방법을 알고 이를 적절히 활용하는 것이 중요하다(남효순, 신지혜, 전선영, 2018). 최적의 발달을 지원하기 위해 실시하는 놀이를 관찰하고 평가하는 목적을 살펴보면 다음과 같다(고선옥 외, 2018).

첫째, 영유아의 놀이를 평가하면 영유아의 발달 수준 및 특성을 파악할 수 있기 때문에 교사는 집단의 영유아들과 비교하여 개별 영유아의 발달 수준과 특성을 파악해야 하고 이를 위해 세심한 놀이 평가가 필요하다. 교사들은 아이들의 발달 수준에 대한 자료를 수집하고 도표를 작성할 수 있다. 또한 이러한 데이터는 어린이의 발달 수준을 평가하여 개별적인 요구를 충족시킬 수 있다.

둘째, 놀이는 유아들에게는 자연스러운 행동 또는 환경이므로, 관찰과 평가를 위한 자연스러운 맥락을 제공한다. 그러므로 영유아에게 부담을 주지 않은 상태에서 평가가 이루어질 수 있다는 점에서 놀이 평가가 효과적이다.

셋째, 관찰을 하는 목적은 교실 내 문제를 파악하기 위해서이다. 개별 영유아를 관찰하는 것에 그치지 않고 교실에서의 흐름과 놀이의 역동성, 발생하는 문제점, 문제의 원인이 개별 영유아에게 있는지 아니면 교실 환경 및 배치에 있는지, 교사의 교수 방법에 원인이 있는지 등을 파악할 수 있다.

넷째, 놀이 관찰을 하는 목적은 학부모와의 전문적인 상담을 위한 정보를 얻기 위함이다. 영유아의 놀이 모습을 문서화하는 관찰과 평가는 보호자 및 아동의 발달 수준과 진보를 알고 이해해야 하는 다른 성인들과 공유할 수 있는 서면 증거자료를 제공한다. 교사가 평소에 관찰한 바에 기초해서 부모가 얻고자 하는 정보를 제공한다면 부모는 자녀에 대해 객관적으로 이해할 수 있는 동시에 교사와 기관을 이해하고 유대관계를 돈독하게 하는 데 도움을 줄 수 있다.

3) 놀이 평가의 의의

교사는 영유아들의 놀이 행동을 지속적으로 관찰하고 평가함으로써 놀이를 촉진하기 위한 자료로 활용할 수 있다. 놀이를 관찰하고 평가를 하는 과정을 통해 영유아의 놀이 행동 발달 정도와 놀이 교수활동의 적절성을 평가하여 영유아의 놀이 발달을 극대화할 수 있다.

(1) 영유아 놀이 행동의 이해

영유아 놀이 관찰은 영유아의 전반적 행동 특성을 이해하는 데 도움을 준다. 놀이 행동을 통해 영유아의 놀이 양상과 놀이 발달 수준뿐만 아니라 신체발달, 인지발달, 언어발달, 사회정서 발달의 상태를 알 수 있고, 관심 영역, 개인적 요구 및 흥미, 또래 관계 등에 대해 파악하고 평가하는 것이 가능하다.

(2) 교사의 놀이지도 반성

놀이 행동 관찰은 교사의 교수방법에 대한 이해를 돕는다. 교사가 제공한 놀이 활동에 영유아가 적극적인 관심을 보이고 참여하는 경우 유아 발달 수준에 적합한 놀이 활동을 제공한 것으로 볼 수 있으며, 영유아가 놀이에 참여하지 않거나 관심을 보이지 않는 경우 놀이 수준이 영유아에게 너무 쉽거나 어려운 것일 수 있다.

이러한 관찰을 통해 교사는 자신의 놀이지도 방법을 반성하고 영유아의 놀이 참여를 유지하고 발전시키며, 영유아의 요구에 부흥하는 다양한 놀이 교수 행동을 개발하게 된다.

(3) 다음 놀이 활동 계획을 위한 기초 제공

관찰 결과 얻은 자료는 다음 놀이 활동을 계획하는 데 중요한 기초가 된다. 영유아의 놀이 행동 평가는 영유아의 놀이지도에 관한 의사결정을 하기 위해 놀이 행동 및 발달 정도를 주의 깊게 관찰, 기록, 문서화하는 과정을 통해 이루어진다. 평가 결과 분석을 통해 다음 활동을 결정하는 데 근거자료로 활용할 수 있다.

(4) 부모 및 교육행정가와 소통자료로 활용

교사는 영유아 놀이 평가 결과를 기록하여 부모와의 면담자료를 활용함으로써 효율적 의사소통을 가능하게 할 뿐 아니라 이러한 놀이 활동 기록 자료가 영유아에 대한 부모의 이해를 도울 수 있다는 점에서 효과적이다. 또한 놀이 활동 평가 결과는 원장, 장학사 등 교육전문가들과 교육과정 전반에 대해 협의하는 과정에서 유용한 자료로 활용될 수 있다.

(5) 영유아교육기관에서 운영되는 프로그램 평가에 활용

교사가 제공하고 있는 놀이 활동 평가를 통해 각 영유아교육기관이 가지고 있는 특수한 교육프로그램의 목표에 부합하는 놀이 프로그램을 제공하고 있는지를 살펴봄으로써 프로그램 효율성 평가에 기여할 수 있다.

4. 놀이 관찰을 기반으로 한 일지 작성하기

매일매일 영유아들의 놀이를 관찰하면서 영유아들의 놀이가 어떻게 전개되어 가는지를 기록한다. 영유아들의 놀이 속에서 영유아들이 중요하게 생각하는 것은 무엇인지, 흥미를 보이는 것은 무엇인지를 유심히 관찰하여 그 놀이가 활성화될 수 있도록 교사가 지원해야 할 것은 무엇인지 생각하여 기록할 수 있다. 또한 영유아들의 놀이를 관찰하면서 교사가 느끼는 궁금한 점도 함께 기록한다면 영유아들의 놀이에 교사도 지속적으로 호기심을 갖고 관찰할 수 있을 것이다.

보육일지에 포함되어야 할 놀이 관련 내용들을 살펴보면 첫째, 놀이와 일상생활, 활동으로 구성된 일과를 기록하되, 바깥놀이를 포함한 유아의 자유놀이 진행에서 중심이 되는 내용을 기록한다. 둘째, 유아의 자연스러운 놀이 상황을 관찰하고 이를 통해 교사가 지원하고자 하는 내용을 간략히 기록한다. 셋째, 보육일지는 놀이 중 작성한 메모나 유아의 놀이 사진, 놀이 결과물 등을 활용하여 기록할 수 있다.

1) 보육일지에 나타난 놀이 관찰 및 평가

(1) 보육일지를 활용한 놀이 관찰 1

일주일 동안 영유아들의 놀이를 관찰하여, 사진과 함께 기록하고, 매일 영유아들의 놀이를 관찰한 내용을 기록하여, 놀이 확장을 위해 교사가 지원해야 할 내용들을 기록한다.

<table>
<tr><td colspan="2">OOO어린이집</td><td>담임교사</td><td>김OO</td><td>기 간</td><td>2020. 11. 9.(월) ~ 2020. 11. 14.(토)</td></tr>
<tr><td rowspan="2">개나리반 이번 주 경험</td><td>놀이</td><td colspan="4">• 색종이 접기 책을 보며 종이접기를 해요
• 재활용품으로 만들어요
• 낙엽비가 내려요
• OHP 필름에 그림을 그려요</td></tr>
<tr><td>활동</td><td colspan="4"><소방안전교육> 고마운 불, 소중한 불
<연령중점 프로그램 – 생태 활동> 둥근 보자기</td></tr>
<tr><td>놀이 사진</td><td colspan="5"> 
둥근 보자기

새로운 색종이접기 책으로 종이를 접어요
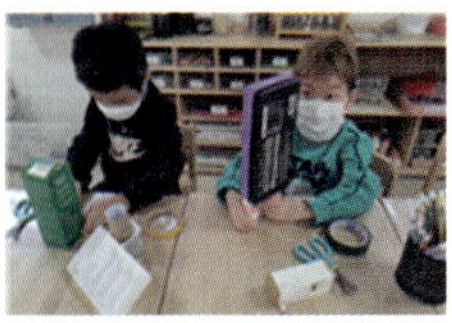
재활용품으로 만들어요

낙엽비가 내려요</td></tr>
</table>

<table>
<tr><td>이번 주 유아들의 관심</td><td colspan="5">- 둥근 보자기에 그려진 나무를 완성해 보는 활동을 해 보았습니다. 나무를 보면서 나뭇잎이 다 떨어져서 추워 보인다고 표현하기도 하고 나뭇잎을 만들어 주고 싶다고 표현하기도 하였습니다. 유아들과 나무를 꾸며 주는 방법을 이야기 나누어 보고 낙엽을 주워서 나무 꾸미기를 하였습니다. 다양한 색깔의 낙엽을 주워서 나무가 완성되었고 유아들이 완성된 나무를 보면서 멋지다고 표현하기도 하였습니다.
- 산책길에 낙엽이 바람에 흐드러지는 순간을 유아들과 느껴 보았습니다. 낙엽비가 내린다고 이야기하고 낙엽을 맞아 보기도 하면서 가을 풍경을 감상해 볼 수 있었습니다.
- 종이접기에 다시 관심을 보이는 유아들에게 새로운 종이접기 책을 준비해 제공해 주었습니다. 유아들이 새로운 종이접기 책을 살펴보며 접고 싶은 모양을 찾아서 접는 모습이었습니다. 다람쥐, 방석 등 원하는 모양을 찾은 뒤 순서를 살펴보면서 접기를 하였고 어려운 부분은 교사에게 도움을 요청하기도 하면서 순서에 따라 접기를 하는 모습을 볼 수 있었습니다.
- 재활용품을 이용해 다양한 만들기를 즐겨 하고 있습니다. 만들기를 한 후 다른 놀잇감과 함께 사용하여 놀이를 하였고 놀이가 끝난 후 전시대에 전시도 해 보면서 친구가 만든 재활용품 작품에 대해 서로 이야기도 하는 모습도 보였습니다.</td></tr>
<tr><td>다음 주 예상 관심과 놀이</td><td colspan="5">- 자연물 놀이가 지속되고 있어 바깥놀이를 할 때 모아 온 자연물을 이용해 놀이하도록 하겠습니다.
- 재활용품을 이용한 놀이에 흥미를 보이고 있어 다양한 재활용품을 제공해 주도록 하겠습니다.</td></tr>
<tr><td>연령중점 프로그램</td><td colspan="2">〈생태 활동〉 낙엽 편지쓰기</td><td>기본생활 습관</td><td colspan="2">겉옷의 단추, 지퍼를 잠가 봐요</td></tr>
<tr><td>안전교육</td><td colspan="2">〈인터넷 · 스마트폰 중독예방〉
자꾸자꾸 가지고 놀면(스마트폰)</td><td>건강 · 영양 교육</td><td colspan="2">–</td></tr>
<tr><td>지역사회 연계활동</td><td colspan="2">–</td><td>현장학습</td><td colspan="2">–</td></tr>
<tr><td>사회관계 증진활동</td><td colspan="2">내가 만든 김장김치 맛
선생님에게 표현하기</td><td>행사</td><td colspan="2">생일잔치, 김장</td></tr>
<tr><td>가족들과 함께해요</td><td colspan="5">*다양한 자연물로 할 수 있는 놀이를 가족들과 함께 해 보시기 바랍니다.</td></tr>
</table>

준비물	16일(월)	17일(화)	18일(수)	19일(목)	20일(금)	21일(토)
	출석 수첩, 수저, 고리 달린 수건 1장, 여분 마스크	출석 수첩, 수저, 고리 달린 수건 1장, 여분 마스크	출석 수첩, 수저, 고리 달린 수건 1장, 체육복, 여분 마스크	출석 수첩, 수저, 고리 달린 수건 1장, 여분 마스크	〈김장〉 출석 수첩, 수저, 고리 달린 수건 1장, 여분마스크, 머릿수건, 앞치마, 진한 색의 편한 옷	수저, 고리 달린 수건 1장, 여분 마스크

	평가
월	- 스크래치 종이를 비치해 두었더니 관심을 보이는 유아들이 있었다. 스크래치 종이에 그림을 그려 본 경험이 있다고 하면서 방법을 잘 알고 있는 모습이었다. 그리고 싶은 그림에 대해 이야기를 나누며 그려 보았는데 유아들이 주말에 비가 내렸던 모습, 다람쥐, 나무, 가족들과 산책하는 모습 등 다양한 그림을 표현하는 모습이었다. 그림을 그린 후 게시하였더니 친구들이 그린 그림을 살펴보면서 이야기하는 모습도 볼 수 있었다. 스크래치 종이에 보이는 색깔을 보면서 무지개 같다고 표현하기도 하고 멋지게 잘 그렸다고 칭찬하기도 하였다. - 지난주에 이어서 볼클레이 점토로 놀이를 하는 모습이었다. 볼클레이 점토의 색깔을 좀 더 다양하게 비치해 두었더니 색깔을 섞어서 새로운 색깔 만들기를 하였다. 색깔을 섞었을 때 새로운 색깔이 나오는 과정을 재미있어 하였고 좀 더 다양한 색깔로 만들기를 해 볼 수 있었다. - 바깥놀이: 어린이집 근처 공원으로 이동하여 산책을 해 보았다. 어제 비가 내린 후 땅이 젖어 있는 부분도 있어 미끄러질 수 있음을 설명해 주고 천천히 걸으며 주변을 살펴보았다. 산수유 나무에 열매가 많이 열려 있어 유아들이 관심을 보이며 관찰하는 모습이었다. 산수유 열매의 색깔과 모양에 대해 이야기를 나누어 보았는데 먹을 수 있는 열매인지 궁금해하는 유아들이 있어 산책을 마친 후 교실에 들어와서 검색을 해 보며 즙, 차 등으로 만들어서 먹을 수 있다는 것을 알아보았다. - 하브루타 특별활동: 하브루타 특별활동을 처음 해 보는 날이어서 선생님과 인사를 나누고 활동을 시작해 보았다. 동화책의 내용을 탐색해 보고 교사와 이야기를 나누어 보았는데 질문에 대한 대답을 잘하고 집중하여 활동하는 모습을 볼 수 있었다. 비가 내리지 않을 때 생기는 일에 대한 내용이 담긴 동화책이었는데 더울 것 같다고 표현하거나 물을 마시지 못해서 힘들 것 같다고 표현하는 등 자신의 생각을 잘 이야기하는 모습이었다.
화	- 등원/ 사회관계 증진 활동: 어젯밤에 비가 내려서 바닥에 낙엽이 많이 떨어졌다고 표현하며 등원하는 유아들이 있었다. 가을비가 내린 모습에 대해 생각해 보고 추워진 날씨도 이야기로 나누어 보았다. - 어제에 이어 스크래치 종이를 이용해 그림을 그리는 놀이에 관심을 많이 보였다. 놀이를 해 봤던 유아들도 한번 더 놀이해 보고 싶어하였고 놀이를 하지 않았던 유아들도 놀이에 참여하였다. 그림을 그리기 전에 방법을 설명해 주면서 어떤 그림을 그리고 싶은지 이야기를 나누어 보았다. 꽃, 나비, 사람 등 다양한 그림을 그리는 모습이었고 그림 그리는 도구의 양쪽 부분을 다 사용하여 그림의 굵기나 색깔을 더 다양하게 표현하였다. - 미니 레고 블록으로 만들기를 하며 놀이를 하였다. 큰 판을 여러 개 연결한 후 유아들이 서로 함께 만들어 보고 싶은 구성물에 대해 이야기를 나누며 만드는 모습이었다. 집, 주차장 등을 만든 후 사람 모형, 미니 자동차도 비치하여 구성하였다. - 실내 대체 놀이: 축구를 하고 싶어 하는 유아들이 있어 실내 유희실에서 놀이를 해 보았다. 팀을 나눈 후 골대에 공을 차서 넣어 보는 놀이를 하였는데 놀이를 하던 중 손으로 공을 잡아서 놀이가 중단되는 경우가 있어 다시 한번 축구 규칙을 설명하고 놀이해 볼 수 있도록 하였다.

♣ 더 알아보기

- i누리 사이트에서 교사들이 직접 기록한 '유아관찰 및 기록'들을 살펴봅시다.

☞ https://i-nuri.go.kr/main/module/dataManage/view.do?data_idx=2125&menu_idx=111

(2) 보육일지를 활용한 놀이 관찰 2

보육일지를 작성할 때 하루 일과 중 '자유놀이 활동' 시간에 영유아들의 놀이 모습을 관찰하여 '평가'란에 기록하고, 영유아의 놀이를 확장할 수 있도록 교사가 지원해야 할 내용도 함께 기록할 수 있다.

<table>
<tr><td>주제</td><td>세계 속의 우리나라</td><td>날짜</td><td>2019년 11월 20일 수요일 날씨: 맑음</td></tr>
<tr><td>요일
활동/시간</td><td>활동 내용</td><td colspan="2">평가</td></tr>
<tr><td>등원 및
맞이하기
(7:30
~8:30)</td><td colspan="2">– 중략 –</td><td rowspan="2">새로 제공해 준 형광펜을 본 유아들은 관심을 보이고 도화지에 그림을 그린 후 형광펜으로 색칠하며 “미끌미끌한 느낌이 이상해요”라며 즐거워한다. 여러 가지 그림을 그려 표현하다가 골판지에 형광펜을 이용해 그림을 그려보기도 하고, 화선지에 그림을 그려 보려다가 잘 안 되자 다시 도화지에 사인펜으로 그림을 그리며 놀이하고 완성된 그림을 오려서 인형놀이를 진행한다. 인형놀이를 진행하던 유아들이 손에 형광펜이 묻자 “손이 끈적끈적해요. 이거 풀 같아요”, “손이 노랑색이 되었어요”, “저는 핑크색 손이에요”라고 이야기하며 즐거워하자 다른 놀이를 하던 유아들이 관심을 보이며 형광펜을 만져 보기도 하는 모습을 보였다.

열매와 씨앗을 이용해 얼굴을 표현하기도 하고 씨앗과 열매들이 서로 섞이자 “이건 맛있는 아이스크림이에요”라고 이야기하며 음식가게 놀이로 전환하여 놀이를 한다.

다윤이가 유솔이에게 이거 먹어 보라고 이야기하자
유솔: 이건 무슨 음식인가요?
다윤: 맛있는 수프입니다. 드셔 보세요
유솔: 너무 맛있네요. 더 주세요
시온: 저도 주세요
라고 이야기하며 놀이에 함께 참여하자 다윤이는 “어서오세요”라고 시온이를 놀이에 참여할 수 있도록 하고 함께 가게놀이를 한다.</td></tr>
<tr><td>자유
놀이
활동
및
오전
자율
간식
(8:30~
11:40)</td><td>- 소지품을 개인장에 정리한 후 투약 의뢰서를 확인한다.
- 유아의 건강 상태(열, 기분, 상처, 콧물, 눈곱, 기침 등)를 확인한다.
- 손을 씻고 우유와 오전 간식을 먹은 후 간식 식기와 우유 팩을 정리한다.
- 먹다 남긴 우유는 즉시 폐기하고, 결석 유아의 우유는 즉시 냉장고에 넣는다.

⦿ 유아가 자유롭게 활동을 전개하고 놀이할 수 있도록 한다.

⦿ 실외놀이
- 실외놀이 시 지켜야 하는 약속에 대해 이야기를 나눈다.
- 신발을 신고 실외놀이 준비를 한다.
- 자유롭게 실외활동을 한다.
- 정리 후 깨끗하게 손을 씻고, 식사 준비를 한다.</td><td>○</td></tr>
<tr><td>정리 및
손 씻기
(11:40
~12:00)</td><td>– 중략 –</td><td>○</td><td></td></tr>
</table>

<table>
<tr><td>주제</td><td>세계 속의 우리나라</td><td>날짜</td><td>2019년 11월 20일 수요일 날씨: 맑음</td></tr>
<tr><td>요일
활동/시간</td><td>활동 내용</td><td colspan="2">평가</td></tr>
<tr><td>점심
(12:00
~13:00)</td><td>– 중략 –</td><td>○</td><td rowspan="6">놀이
① 공기 안에 들어 있는 작은 가루를 바닥에 부어 자석으로 붙여 보고 가루의 변화되는 모습을 관찰하며 놀이하기도 한다

★ 오늘은 유아들이 형광펜에 대해 관심을 보이며 활동하는 모습을 볼 수 있었으며 다양한 종이를 사용해 활동해 보면서 종이에 따라 형광펜이 다르게 표현되고 느낌이 다르다는 것을 알고 종이에 따라 그림을 그리는 도구를 다르게 사용하여 표현하는 모습도 볼 수 있었다.

• 우리나라 전통놀이에 대해 이야기를 나누어 보면서 옛날 사람들은 겨울에 어떤 놀이를 하고 지냈는지에 대해 궁금증을 가지고 서로 이야기를 나누고 내일은 썰매놀이를 해 보자고 서로 놀이에 대해 계획하였다.

• 유아들이 열매에 대해 관심을 많이 보여 놀이를 하지만 교실에 제공된 열매의 양이 부족한 느낌이 있다.

• 유아들과 이야기를 나누어 본 후 금요일 숲활동 시 열매와 자연물을 찾아보는 시간을 갖고 교실에 비치해 둘 수 있도록 해야겠다.</td></tr>
<tr><td>특별활동
및
대소집단
활동
(13:00
~15:00)</td><td>– 중략 –</td><td>○</td></tr>
<tr><td>안전교육
(15:00
~15:15)</td><td>– 중략 –</td><td>○</td></tr>
<tr><td>오후간식
(15:15
~16:00)</td><td>– 중략 –</td><td>○</td></tr>
<tr><td>자유놀이
(16:00
~17:00)</td><td>*유아가 자유롭게 놀이를 계획하고 전개해 놀이한다.</td><td>○</td></tr>
<tr><td>통합보육
및 귀가
(17:00
~21:30)</td><td>– 중략 –</td><td>○</td></tr>
</table>

자유 놀이			
	정○○	임○○	김○○
놀이 관찰			
	놀이를 물어보는 교사에게 자신의 놀이에 대해 설명해 주면서 교사가 잘 알아듣지 못하자 놀이를 잠시 멈추고 자신의 놀이에 대해 설명해 준다. 교사가 알아듣고 이해하자 웃으며 놀이를 다시 시작하였다(다른 친구나 교사에게 자신의 생각을 이야기하는 것에 어려움을 보였으나 조금씩 자신의 생각을 이야기하는 모습을 보여 주고 있다).	친구들의 놀이를 지켜보면서 놀이하는 친구들의 주변을 서성이며 돌아다니고 있던 준형이는 다윤이의 놀이에 참여하고 싶었는지 다윤이 옆에 서서 바라보고 있지만 친구가 함께 놀이하자고 이야기해 주지 않자 원상이 옆에 앉아서 바라만 보고 있다.	윤후는 친구들과 놀이하다가 색깔 블록을 이용해 도미노를 만들어 보고 있는데 다른 유아들이 주변을 돌아다니며 잡기 놀이를 하다가 윤후의 도미노를 쓰러뜨렸다. 윤후는 웃으며 "아, 진짜. 하지마. 다시 만들어야 되잖아"라고 하며 도미노를 다시 만들기 시작하고 완성한 후 친구들을 불러 쓰러지는 모습을 보여 주며 즐거워한다.

(3) 보육일지를 활용한 놀이 관찰 3

보육일지는 영유아가 도착, 실내외 놀이, 점심, 휴식, 평가 및 귀가 등의 활동으로 시간대를 구분해서 계획을 세운다. 특히 시간대를 구분할 때는 시간상의 통합과 영유아들의 개별성과 자유를 강조하여 지나치게 세분화하지 않고 영유아들의 흥미와 관심 위주로 완만한 시간대로 구성한다(이소영, 임재택, 2020). 각 시간대별로 기록할 수 있는 내용들을 정리하면 다음과 같다.

날짜		
주요 활동		
시간 및 활동명	실천 내용	되돌아 보기
9:00~10:00 등원 및 교실 놀이	등원 후 교실에서 놀이하는 모습을 관찰 후 기록한다.	활동과 관련된 영유아들 사진 또는 관찰을 통해 교사가 생각하게 된 점을 기록한다.
10:00~10:30 하루 일과 이야기 나누기	교사와 영유아들이 어떠한 이야기를 나누는지 구체적으로 기술하되 교사의 말보다는 영유아들의 다양한 발화에 귀를 기울여 작성한다.	
10:30~12:10 혼자 그리고 같이 놀이	영유아들의 놀이를 관찰하여 구체적(장소, 놀이대상, 놀이전개상황, 나누는 대화 등)으로 기록한다.	
12:10~13:20 점심식사 및 양치질	점심식사를 하기 위해 준비하는 과정과 점심식사 시간에 일어나는 에피소드를 기록한다.	
13:20~14:00 혼자 그리고 같이 놀이	점심식사 후 일어나는 상황(놀이, 활동)을 기록한다.	
14:00~14:30 일과 마무리	일과가 마무리되는 상황(이야기 나누기, 인사 등)을 기록한다.	
14:30~14:40 귀가 준비	귀가를 준비하는 과정에서 관찰한 모습을 기록한다.	
14:40~	귀가 지도 및 방과후 활동에 관한 모습을 기록한다.	
내일의 계획	영유아들과 함께 지금 여기에서 흥미 있어 하는 것을 내일의 계획으로 세운다.	

출처: 이소영, 임재택(2020).

(4) 보육일지를 활용한 놀이 관찰 4

보육일지를 작성할 때 하루 일과 중 놀이가 이루어지는 시간에 어떤 '놀이지원'이 이루어졌는지를 기록할 수 있다.

<table>
<tr><th colspan="6">놀 이 기 록 지</th></tr>
<tr><td>반</td><td>○○○</td><td>연령</td><td>만 5세</td><td>날짜</td><td>2020년 10월 21일 수요일</td></tr>
<tr><td colspan="2">구분</td><td colspan="4">놀이 실행 및 지원 내용
(시간 · 공간 · 상호작용 · 자료)</td></tr>
<tr><td colspan="2" rowspan="3">놀이지원 및 활동 계획</td><td colspan="4">1. 줄을 활용한 놀이를 확장한다.</td></tr>
<tr><td colspan="4">2. 리듬 줄넘기를 확장하기 위해 새 노래를 준비한다.</td></tr>
<tr><td colspan="4">3. 긴 줄을 활용한 놀이를 소개한다.</td></tr>
<tr><td rowspan="4">하
루
일
과</td><td>등원
(~9:00)</td><td colspan="4">[오전 간식: 우유]
정ㅇㅇ가 9시 30분에 등원하였다(등원을 힘들어하므로 이에 관해 지도가 필요함).</td></tr>
<tr><td>화장실 및 놀이 계획
(9:00~9:30)</td><td colspan="4">• 하루 일과 소개 후 놀이 계획
– 유아들이 '꼬마야, 꼬마야'를 하고 싶어하여 자유선택놀이를 짧게 하고 마당으로 나가 놀이하기를 원한다.
• 놀이지원: '줄은 꼭 넘기만 할 수 있을까?', '교실에서 줄을 가지고 놀이할 방법은 없을까?' 등의 질문을 제시하여 사고를 확장시킨다.</td></tr>
<tr><td>자유선택놀이
(9:30~10:50)</td><td colspan="4">• 줄을 활용한 놀이의 아이디어 회의
– 개별 유아가 가진 줄로 줄넘기 외에 다른 놀이가 없을지에 관해 고민한다.
– 의자와 의자 사이에 줄을 연결하여 다른 나라를 표기하기로 한다.
– 모든 유아가 한 나라(줄 사이에 나뉜 공간)을 가질 수 없으므로 이를 어떻게 해결할지 의견을 조율한다.
– 가위바위보로 해서 한 나라에 2~3명씩 배치하여 놀이를 진행한다.
• 놀이지원: 놀이 중 분쟁이 생겼으나 유아들이 스스로 해결할 수 있도록 시간을 제공한다. 또한 새롭게 제시된 아이디어를 글자 또는 그림으로 기록할 수 있도록 활동지를 제공한다.</td></tr>
<tr><td>바깥놀이
(11:00~11:50)</td><td colspan="4">• 줄을 활용한 놀이 – '꼬마야, 꼬마야'
– 2~4명으로 소그룹을 나눠서 '꼬마야, 꼬마야'를 하기로 한다.
– 처음에는 교사가 긴 줄을 돌렸으나 유아들이 역할을 나눠서 줄을 돌리고 개별 줄넘기에서 단체 줄넘기로 놀이가 확장되었다.
– 다른 노래를 부르면서 긴 줄을 넘기도 한다.
• 놀이지원: 리듬 줄넘기의 새 안무를 알려 주려고 흥미를 유도하였으나 유아가 관심을 보이지 않아 다음에 다시 제시하기로 한다.</td></tr>
</table>

출처: i 누리 포털(https://i-nuri.go.kr/main/index.do).

<table>
<tr><th colspan="8">놀 이 기 록 지</th></tr>
<tr><td>반</td><td colspan="2">○○○</td><td>연령</td><td>만 5세</td><td>날짜</td><td colspan="2">2020년 10월 21일 수요일</td></tr>
<tr><td colspan="3">구분</td><td colspan="5">놀이 실행 및 지원 내용
(시간 · 공간 · 상호작용 · 자료)</td></tr>
<tr><td colspan="3" rowspan="3">놀이지원 및 활동 계획</td><td colspan="5">1. 줄을 활용한 놀이를 확장한다.</td></tr>
<tr><td colspan="5">2. 리듬 줄넘기를 확장하기 위해 새 노래를 준비한다.</td></tr>
<tr><td colspan="5">3. 긴 줄을 활용한 놀이를 소개한다.</td></tr>
<tr><td rowspan="2">하루 일과</td><td colspan="2">점심 및 화장실
12:00~12:50</td><td colspan="5">• 식사 전 가림판 및 손 씻기를 강조함.</td></tr>
<tr><td>오후 놀이
13:00~13:30</td><td>놀이 흔적</td><td colspan="5">• 긴 줄에 관한 흥미가 확장
– 긴 줄 놀이가 더 하고 싶은 유아들이 고리 블록을 길게 연결하기 시작한다.
– ㅇㅇ이가 고리 블록을 길게 연결하여 흔들어 본다. 그러고는 “이걸로 뭐하고 놀지?”라고 큰 소리로 말한다. 그 말을 들은 ㅇㅇ이가 ㅇㅇ에게 다가와 “와~ 엄청 길다! 우리 이걸로 꼬마야 할까?”라고 말한다. 그러자 ㅇㅇ이가 “내가 줄을 돌려 줄게!”하며 놀이에 참여한다.
• 놀이지원: ‘줄’ 아닌 ‘고리 블록’으로 줄넘기가 가능한지 호기심을 가진 유아가 실험을 해 볼 수 있도록 기회를 제공한다.</td></tr>
<tr><td colspan="3">출결 및 건강 상태</td><td colspan="5">• 결석 아동(사유): 김ㅇㅇ, 정ㅇㅇ
• 아픈 아동(가정 연락 및 지원 내용): 없음
• 투약 아동: 없음</td></tr>
<tr><td colspan="3">평가 및 다음 날 지원 계획</td><td colspan="5">도구 활동으로 줄넘기 놀이를 계속하고 있어서 줄에 대한 관심이 아주 많다. 이러한 유아의 흥미를 유지할 수 있도록 끈에 관한 활동을 더 제공해야겠다.</td></tr>
</table>

출처: i 누리 포털 (https://i-nuri.go.kr/main/index.do).

♣ 더 알아보기

https://i-nuri.go.kr/main/board/index.do?menu_idx=105&manage_idx=60&how_show=each

- i 누리 사이트에서 '관찰기록 프로그램'을 설치한 뒤 다양한 양식의 기록들을 남겨 보세요.

1) i 누리 사이트에서 '관찰기록 프로그램'을 설치합니다.

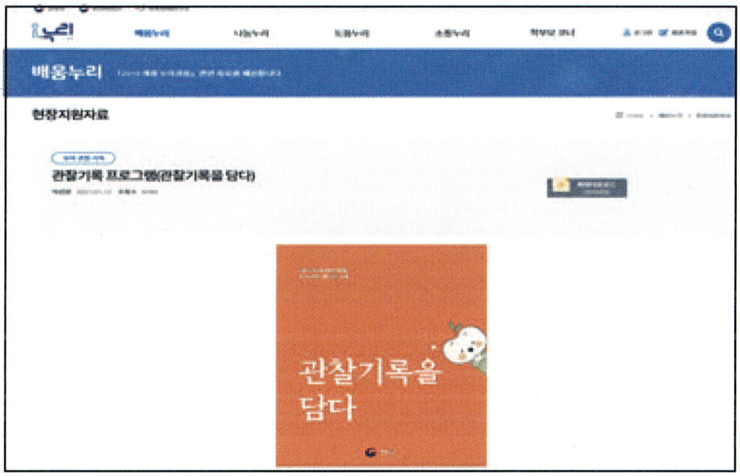

2) 컴퓨터 바탕화면에 '유아관찰기록'이라는 아이콘이 생기면 아이콘을 클릭합니다.

♣ 더 알아보기

3) 유아관찰기록 프로그램 '교사정보등록' 후 로그인합니다.

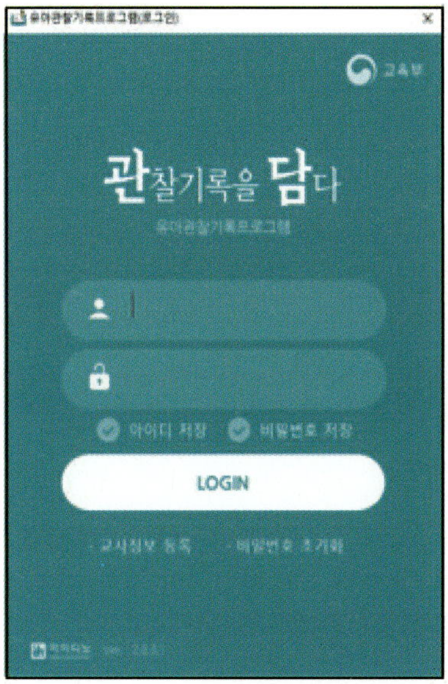

4) 로그인한 후 다양한 기록양식을 활용하여 기록할 수 있습니다.

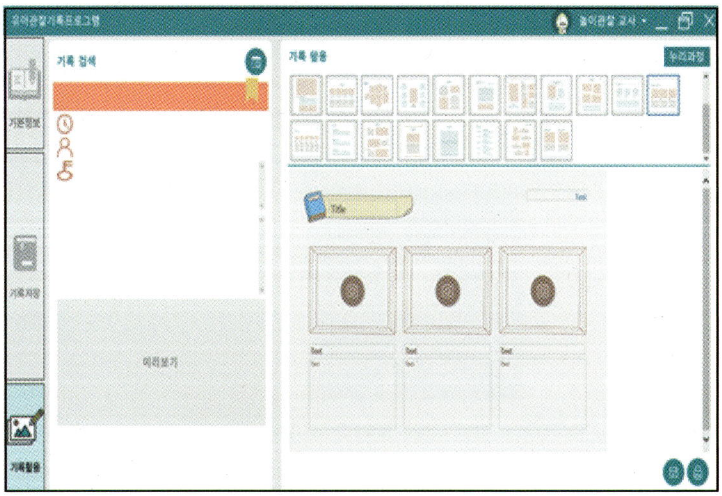

Chapter 10

문화가 반영된 영유아 놀이

놀이는 영유아가 자신의 주변 세계에 대하여 배우고 문화적 가치를 습득하는 중요한 수단이다. 영유아는 놀이를 통해 자기 자신을 이해하고, 다른 사람들과의 차이에 대해서 습득한다. 문화적으로 다양한 배경을 가진 영유아가 급속하게 증가하는 시대에 교사는 개별 영유아를 이해하기 위하여 놀이 내에 문화적 속성을 인지해야 한다. 그뿐만 아니라, 교사는 영유아의 삶에서 놀이의 중요성을 인식하고, 놀이를 문화적 인식을 고취시키는 수단으로써 활용할 수 있어야 한다.

본 장에서는 영유아의 놀이를 문화적 관점에서 살펴보고자 한다. 이를 위하여 놀이와 문화의 관계를 살펴보고, 문화가 반영된 영유아의 놀이, 그리고 문화가 반영된 놀이 환경 구성에 대해 알아보고자 한다.

1. 놀이와 문화의 관계

놀이와 문화는 역동적이며, 순환적인 영향을 주고받는다. 즉 놀이가 문화를 만들고 문화는 놀이 형태의 변화에 영향을 미치며 발전한다. 놀이는 보편적인 인간 행동의 특징으로 모든 사회에서 관찰된다. 문화인류학적인 관점에서 살펴본 놀이와 문화의 관계는 다음과 같다.

1) 놀이는 문화의 원인이자 결과이다

인간의 공동생활 자체는 놀이 형식을 가지고 있으며, 놀이는 문화의 원인이자 결과이다(Huizinga, 1938). 호이징가는 인간을 '놀이하는 인간(호모 루덴스)'이라고 정의하며, 고대 이후 어떠한 사회를 막론하고 모든 문화를 만들어 온 원동력이 놀이에 있다고 하였다. 즉 인간의 놀이는 새로운 문화를 파생시키는 삶의 총체인 것이다. 흥미로운 점은 문화 또한 놀이에 영향을 미치며 놀이의 결과로 표현된다는 것이다.

영유아에게 있어 놀이는 삶 그 자체이며, 본능이다. 이러한 주장은 놀이가 불가능할 것 같은 상황에서도 놀이하는 아동을 보면 이해할 수 있다. 케냐의 킵시기스(Kipsigis) 사회의 아동은 소를 지켜보는 동안에 술래잡기를 하거나 어린 동생을 감독하면서 놀이한다(Harkness & Super, 1983). 전쟁으로 인한 폐허 속에서도 아이들은 놀 거리를 찾아낸다. 영유아의 놀이는 어떠한 환경에서도 가능하다. 이러한 영유아의 놀이는 새로운 문화를 창조하는 원인이 되며, 영유아가 속해 있는 문화에 영향을 받아 결과로 나타나기도 한다.

파키스탄 난민 캠프의 어린이들 © UNICEF/NYHQ2009-0521/Ramoneda

출처: 유니세프 아름다운 우리(신나게 더 신나게!)

2) 놀이는 문화적 가치를 전달하는 '문화적 통로'이다

놀이는 문화를 학습하게 하고 전파하는 중요한 매개물이다(Schwatzman, 2012). 영유아는 놀이를 통해 사회 · 문화적 규범과 가치관에 대하여 습득한다. 영유아의 놀이는 그들의 문화에 기초한 것으로, 영유아의 문화를 반영하고 있다.

'문화적 표현'의 한 형태로서 놀이가 다음 세대에게 전달되는 과정은 [그림 10-1]과 같다(Goncu et al. 2007; Pufall & Pufall, 2008, p.396에서 인용). 첫째, 영유아의 가상놀이는 상징적 행동뿐만 아니라, 사회적이고 상징적인 언어를 활성화시킨다(Frost, Worthman, & Reifel, 2001). 놀이 장면 속에서 사회적 행동 및 사회적이며 상징적인 언어 사용을 통해, 영유아는 자신이 속한 사회의 문화적 가치를 습득한다. 문화적 가치는 놀이 요소(놀이 주제, 내용, 놀이 언어 등)에 반영되고 표현되며, 다음 세대로 전달된다. 이는 새로운 세대에 의해 변화하기도 하고 창조되기도 한다. 놀이 안에서 영유아는 현실세계를 표현한다. 또한 자기중심적 사고에서 벗어나 집단과 개인의 목표에 대하여 생각하는 경험을 하며 사회기술을 습득한다. 즉, 타인의 역할을 해봄으로써 자기중심성에서 벗어나고, 타인을 이해(other understanding)할 수 있다. 이러한 과정은 영유아의 사회정체감 발달에 영향을 미친다.

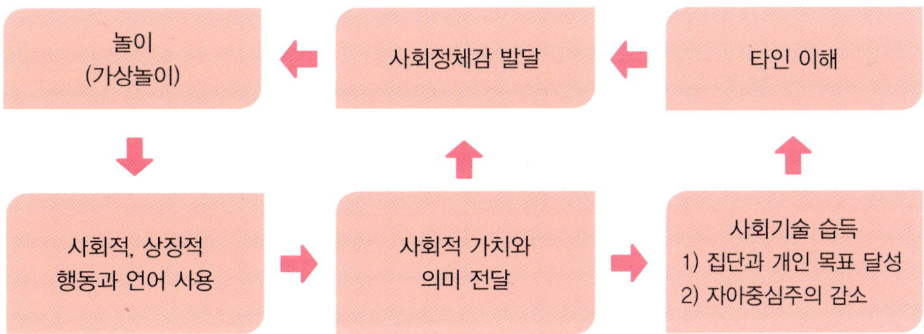

[그림 10-1] 문화적 통로로서의 놀이

연구자들은 놀이, 특히 영유아의 가상놀이에 그들이 속한 문화의 가치가 반영됨을 발견하였다(Farver & Shin, 1997). 농사와 사냥이 주된 환경에서 성장한 아프리카 탈렌시족의 아이들은 사냥 게임을 즐겨하고, 활과 화살 기술을 연습하며 어른으로서 필요한 기술을 익히고 놀이한다. 이런 종류의 놀이는 오늘날 우리나라 영유아가 스마트폰, 인형 등을 가지고 놀며, 자신의 역할을 습득하고 표현하는 모습과 대조된다. 영유아의 놀이는 그 사회의 문화와 가치를 반영하고, 다음 세대에게 전달된다.

3) 놀이는 새로운 문화를 창조한다.

문화인류학적인 관점에서 살펴본 놀이의 또 다른 중요한 역할은 새로운 형태의 문화를 창조하는 것이다. 놀이를 하는 동안 인간은 실제 상황의 제약에서 벗어날 수 있으며, 눈에 보이는 것을 넘어서서 새로운 관계를 만들어 낸다. 영유아는 놀이를 통해 자신의 생각과 흥미, 정서를 표현하며 타인과 공유한다. 영유아는 자유로운 놀이 환경에서 이야기를 변형하기도 하고, 만들어 내기도 한다. 놀이를 통해 영유아는 새로운 언어를 만들어 비밀을 공유하고, 새로운 놀이와 문화를 만들어 낸다. 즉, 놀이는 '새로운 문화'를 창조하는 것이다(Shahidi, 2012).

♣ 더 알아보기

- 호이징가(Huizinga, 1993)는 서양 문명의 역사를 놀이의 관점에서 해석하였다. 그는 고대 문화 형태에 새로운 놀이 요소가 결합되어 '전원생활'이나 '기사도적 삶'과 같이 놀이적 특성이 강한 중세 문화를 구성했다고 설명했다. 그에 따르면, 르네상스, 휴머니즘, 바로크, 로코코 시대까지 놀이적 문화가 과학, 예술, 의복, 정치 등에 퍼지며 놀이적 문명이 번성했으나, 19세기 물질문명을 중시하고 놀이를 배척하는 마르크시즘과 같은 사상이 유행하며 서양 문명이 놀이 요소를 크게 잃게 되었다(Huizinga, 2018)고 한다.

♣ 더 알아보기

그네, 로코코시대
프라고나르(Jean-Honore Fragonard)

출처: 나무위키.

2. 놀이와 문화의 관계에 대한 교사의 이해

1) 영유아 놀이와 문화의 관계

교사는 총체적인 삶의 방식으로서 영유아의 문화를 이해해야 한다. 영유아의 놀이 양상은 다양하게 나타나는데, 이는 영유아의 성장배경, 성별, 발달 수준, 성숙도, 사회 · 경제적 수준뿐만 아니라 인종, 언어, 종교, 신념 등이 다르기 때문이다. 다양한 놀이에 대한 교사의 생각과 행동은 차별적이지 않으며 공평해야 하며, 영유아의 다양한 놀이 양상이 동등하게 가치가 있다고 인식해야 한다.

교사는 영유아가 보이는 놀이 양상의 '차이'에 주목하고 총체적인 삶의 형태로서의 놀이를 통해 영유아의 문화적 배경을 이해해야 한다. 문화는 물 위에 떠 있는 빙산에 비유되는데, '수면 위의 문화'와 '수면 아래의 문화'로 구분할 수 있다. 구체적으로, 수면 위의 문화는 우리 눈에 비교적 쉽게 보이는 문화로서, 예술품, 음식, 의상, 언어, 축제와 휴일, 게임 등을 의미한다. 예를 들어, 미국에서 온 영유아는 "우리 맥도날드 놀이하자. 우리 모두 요리하는거야."라고 말하며, 역할 영역에서 햄버거와 밀크셰이크를 만들기도 한다. 이탈리아에서 온 영유아는 "우리 파스타를 만들자."라며 파스타를 만드는 놀이를 하기도 한다.

수면 아래의 문화는 눈에 쉽게 띄지 않는 문화로서, 놀이는 영유아가 속한 사회의 가치, 태도, 행동규범, 역할, 신념 등에 직간접적으로 영향을 받는다. 예를 들어, 회교도 영유아는 방석을 깔고 기도하는 놀이를 한다. 놀이과정에서 영유아가 놀이집단을 선택하거나, 또래와 의사소통을 하는 방식 역시 그들의 문화적 배경에 영향을 받는다.

교사는 놀이를 통해 새로운 문화를 만들어 내는 영유아의 역할을 이해해야 한다. 따라서 교사는 모든 영유아가 자신의 문화를 표현할 수 있도록 장려해야 한다. 다양한 놀이에 대한 교사의 생각과 행동은 차별적이지 않고 공평해야 하며, 영유아의 다양한 놀이 양상이 동등하게 가치가 있다고 인식해야 한다. 교사는 영유아가 문화적 차이로 인해 놀이 참여를 주저하거나, 자신이 속한 문화 속성이 놀이과정에서 위축되지 않도록 격려해야 한다. 다시 말해, 개별 영유아의 요구에 민감하게 반응해 주며 자유로운 놀이 기회를 제공해 줌으로써, 영유아가 주도적으로 놀이를 창조해 낼 수 있도록 도와야 한다. 교사는 영유아가 문화를 변경하고, 만들고 전달하는 역할을 격려해야 한다. 이를 통해 영유아는 새로운 방식을 고민하고 다양하게 표현하며, 새로운 문화를 창조할 수 있다.

2) 영유아의 문화가 반영된 놀이

문화가 반영된 놀이를 이해하기 위하여, 문화를 '가시적 문화'와 '비가시적 문화'로 구분하여 살펴볼 수 있다(Pang, 2010). 문화를 여러 하위 수준으로 명확하게 구분하는 것은 쉬운 일이 아니며, 이는 문화의 단편적인 부분만을 이해하는 제한점이 있다. 그러나 이러한 하위 수준들이 어떻게 문화를 구성하며 영유아의 놀이에 영향을 미치는지에 대하여 이해할 수 있다〈표 10-1〉.

〈표 10-1〉 영유아의 삶/ 놀이에 반영된 문화

가시적 수준	비가시적 수준	
물건 · 공예품, 게임	관습 혹은 전통 (사람들이 어떻게 사는가와 관련된 문화)	가치와 신념 (관습 뒤에 있는 이유와 관련된 문화)
의상 보석 음식 식기구 악기 춤 언어 이야기 장난감과 게임	기념행사(기념일) 휴일 의식 의사소통 방식 연령과 발달단계 가족역할 통과의례 식사패턴	사람에 대한 이해 아동에 대한 이해 사람들의 삶 속에서 자연의 역할 삶의 의미

(1) 가시적 수준의 문화가 반영된 놀이

가시적 수준의 문화가 반영된 놀이의 대표적인 예는 조상들로부터 전해져 오는 게임, 즉 전통놀이이다. 영유아는 게임을 통해 자신의 문화를 습득하며, 자신이 속한 문화에 대하여 자긍심을 형성할 수 있다. 또한 세계 여러 민족의 고유한 언어, 정서, 사상이 깃들어 있는 세계 여러 나라의 전통놀이 활동을 통해 영유아는 다른 사회의 문화를 이해하고 수용하는 태도를 가질 수 있다.

아래의 〈표 10-2〉는 기관에서 실행할 수 있는 가시적 수준의 문화가 반영된 전통놀이의 예이다. 영유아의 놀이 활동은 세계 어느 나라에서나 볼 수 있고 이러한 놀이는 그들이 속해 있는 사회의 독특한 문화를 반영하고 있다. 교사는 세계 여러 나라의 놀이 부스 운영을 통하여, 영유아가 자신이 하고 싶은 놀이를 선택하여 경험할 수 있는 기회를 제공한다. 영유아는 세계 여러 나라의 비슷한 놀이를 경험함으로써, 자신의 문화에 대한 자긍심을 형성하고 다른 나라의 문화에 대해 이해하며 수용적인 태도를 가질 수 있는 기회를 얻을 수 있다.

〈표10-2〉 가시적 수준의 문화가 반영된 놀이의 예 – 이름은 달라도 비슷한 놀이

<table>
<tr><th>주제</th><th colspan="2">이름은 달라도 비슷한 놀이</th></tr>
<tr><td>활동목표</td><td colspan="2">• 나라마다 고유한 전통놀이가 있음을 안다</td></tr>
<tr><td>활동자료</td><td colspan="2">우리나라와 다른 나라의 놀이 사진 혹은 동영상, 놀이할 수 있는 준비물</td></tr>
<tr><td>활동내용</td><td colspan="2">• 우리나라 고유의 놀이에는 무엇이 있을까?
– 다양한 우리나라 전통놀이의 사진과 영상을 감상한다.
• 무슨 놀이일까? 어느 나라의 놀이일까?
– 다른 나라의 고유 놀이 사진과 영상을 감상한다.
예) 까오치아오(중국)/ 티니클링(필리핀)/ 께오 꺼(베트남)/ Red light, Green light(미국)
• 이름은 달라도 비슷한 놀이를 찾아본다.
– 나라마다 전통놀이가 있음을 알고, 서로 비슷한 놀이가 있음을 안다.
• 이름은 달라도 비슷한 놀이: 영유아교육기관에서 다양한 나라의 전통놀이 부스를 만들어, 영유아가 선택하여 놀이할 수 있는 기회를 제공한다.</td></tr>
<tr><td rowspan="2">활동사례</td><td>

죽마(우리나라)
출처: 문화콘텐츠닷컴</td><td>

까오치아오(중국)
출처: https://blog.naver.com/gugu1226/220279220857</td></tr>
<tr><td>
고무줄(우리나라)
출처: 문화콘텐츠닷컴</td><td>
티니클링(필리핀)
출처: 유튜브 TV baigin(2011)</td></tr>
</table>

<table>
<tr><th>주제</th><th colspan="2">이름은 달라도 비슷한 놀이</th></tr>
<tr><td rowspan="2">활동사례</td><td>
줄다리기(우리나라)
출처: 한국학중앙연구원</td><td>
께오 꺼(베트남)
출처: https://cafe.naver.com/heredanang/3217</td></tr>
<tr><td>
무궁화꽃이 피었습니다(우리나라)
출처: https://blog.naver.com/lievekr/222518285329</td><td>
Red light, Green light(미국)</td></tr>
</table>

음식을 활용한 놀이 역시 가시적 수준의 문화가 포함된 놀이 활동이 될 수 있다〈표 10-3〉. 서로 다른 나라의 음식을 만들어 보고 맛 봄으로써, 자신의 식습관과 식사 스타일을 인식하며, 다른 나라의 식습관과 식사 스타일을 경험한다. 또한 나의 문화 경험을 다른 친구들과 공유함으로써 자신이 속한 문화에 자긍심을 키우고 다른 문화에 대해 상대적 존중감을 형성할 수 있다.

〈표 10-3〉 가시적 수준의 문화 요소가 반영된 놀이의 예 – 음식 축제

주제	음식 축제
활동목표	• 자신의 식습관과 식사 스타일을 인식한다. • 자신의 문화 경험을 다른 사람들과 공유한다.
활동자료	테이블, 의자, 식탁보, 서빙 도구, 식기, 매트, 냅킨
활동 유의점	• 가족을 초대하여 영유아와 함께 축제에 참여하도록 한다. • 가족들에게 요리법을 물어본다. • 요리책을 만들어 모든 가족들과 공유한다. • 요리법이 유아교육기관의 음식에 포함될 수 있도록 한다.
활동내용	• 음식 축제를 알리는 가정통신문을 보낸다. • 영유아의 각 가정에서 요리를 가져와 다른 친구들과 나눠 먹도록 요청한다. 혹은 영유아교육기관에서 준비한다. • 점심이나 저녁으로 축제 일정을 잡는다. • 설날, 추석 혹은 크리스마스 무렵이나 연말에 영유아와 가족들이 함께 활동할 수 있다.
활동사례	〈송편 만들기〉 • 명절 음식에 대해 알아보고 송편을 만들어 보는 경험하기 • 송편 안에 들어가는 여러 가지 재료와 우리나라 떡에 대해 알아보기 • 다양한 소를 넣어 송편 만들어 보기 • 함께 나누어 먹기
	〈베트남 쌈 만들기〉 • 베트남 음식을 먹어 본 경험에 대해 이야기하기 • 베트남 쌈에 들어가는 재료에 대해 이야기 나누기 • 라이스 페이퍼에 대해 이야기 나누기 – 무엇으로 만든 것일까? – 물속에 들어가면 어떻게 될까? • 다양한 재료를 넣어 베트남 쌈 만들기 • 함께 나누어 먹기
	〈타코 만들기〉 • 멕시칸 음식을 먹어 본 경험에 대해 이야기하기 • 타코에 들어가는 재료에 대해 이야기 나누기 • 다양한 재료를 넣어 타코 만들기 • 함께 나누어 먹기

(2) 비가시적 수준의 문화가 반영된 놀이

'비가시적 수준의 문화'는 눈에 보이지 않는 문화로 수면 아래의 문화에 해당된다. 영유아의 놀이에는 사람들이 어떻게 사는가와 관련된 문화로서 '관습 및 전통', 그리고 행동과 사고의 이유와 관련된 문화로서의 '가치와 신념' 등이 영향을 미친다.

(가) 기념일, 휴일, 종교가 반영된 놀이

영유아 놀이에는 영유아가 속한 가정 및 사회의 기념일, 휴일, 의식, 종교 등이 반영된다. 영유아는 관습과 전통이 반영된 놀이를 통해 자아정체성을 형성하며 다른 나라의 관습과 전통에 대해 관심을 가질 수 있다〈표 10-4〉.

〈표 10-4〉 기념일, 휴일, 종교가 반영된 놀이의 예 - 문화 달력

주제	문화 달력
활동목표	• 자기 가족의 기념일을 이해한다. • 자신의 문화적 정체성을 받아들인다. • 다른 나라의 기념일을 이해한다.
활동자료	12개월의 달력
활동내용	• 가정통신문을 통해 우리반 영유아 가족의 명절과 기념일을 달력으로 만들 준비를 한다. • 영유아의 가족이 매년 기념하는 명절과 기념일의 목록을 요청한다. • 모든 가족들의 휴일과 기념일을 달력에 표시한다. • 1년 내내 달력을 유지한다.
활동유의점	지역 이웃 또는 지역사회 휴일 또는 영유아교육기관이 참여하는 기념일을 포함한다.

비가시적 수준의 문화가 반영된 또 다른 놀이의 예는 명절과 관련된 활동이다. 영유아는 여러 나라의 명절과 관련된 놀이 활동을 통해, 우리나라와 다른 나라 명절의 비슷한 점과 다른 점에 대해 알아 갈 수 있다. 〈표 10-5〉와 같이, 교사는 영유

아와 함께 세계 여러 나라가 새해를 맞이하는 전통에 대해 이야기를 나누고, 실제 다양한 나라의 새해맞이 활동을 한다. 영유아는 세계 여러 나라가 새해를 맞이하는 방법은 다르지만, 한 해 동안 건강하게 지내기를 바라는 조상들의 마음은 같음을 이해할 수 있다.

〈표 10-5〉 비가시적 수준의 문화가 반영된 놀이의 예 – 세계 여러 나라의 새해맞이

<table>
<tr><th>주제</th><th colspan="2">세계 여러 나라의 새해맞이</th></tr>
<tr><td>활동목표</td><td colspan="2">• 우리나라의 새해맞이 방법을 이해한다.
• 다른 나라의 새해맞이 방법을 이해한다.
• 새해를 맞이하는 방법은 다르지만, 마음은 비슷함을 안다.</td></tr>
<tr><td>활동자료</td><td colspan="2">여러 나라의 새해맞이 사진, 영상, 동화자료 등</td></tr>
<tr><td>활동내용</td><td colspan="2">• 우리는 설날이 되면, 무엇을 하나요?
– 동화 혹은 이야기 나누기를 통해 우리나라 설날에 하는 일에 대해 이야기를 나눈다(세배, 제사, 한복 입기, 연날리기 등)
• 다른 나라의 새해맞이하기
– 다른 나라의 새해맞이 사진이나 영상을 본다.
예) 송끄란(태국) / 차강사르(몽골) / 뗏(베트남)
• 우리나라와 다른 나라의 새해맞이의 비슷한 점과 다른 점은?
– 새해를 맞이하는 방법은 다르지만, 한 해 동안 건강하게 잘 지내기를 바라는 마음은 같아요.
• '세계 여러 나라의 새해맞이' 놀이를 한다.</td></tr>
<tr><td>활동사례</td><td>
출처: https://samsungnanocityoy.tistory.com/497</td><td>• 설날(우리나라)
– 조상님께 차례 지내기, 세배하기, 윷놀이
– 음식: 떡국(몸도 마음도 하얗게 다스리라는 뜻)</td></tr>
</table>

주제	세계 여러 나라의 새해맞이	
활동사례	 출처: 태국정부 관광청.	• 송끄란(태국) – 서로에게 물을 뿌리며, 나쁜 기운을 씻고, 새해 축복을 비는 축제 – 음식: 카우채(정성껏 지은 밥에 물을 말아서 대접하기)
	 출처: 네이버 블로그 몽골리아세븐데이즈(2017. 2. 27.).	• 차강사르(몽골) – 우리나라 설날과 같은 명절, – 세뱃돈(아랫사람이 윗사람에게 돈이나 선물을 줌) – 음식:오츠(양고기), 보쯔(고기만두)와 수태차(우유차)
	 출처: http://www.chaovietnam.co.kr	• 뗏(베트남) – 꽃으로 복을 비는 풍습(노란 매화꽃) – 빨간색 봉투에 세뱃돈 – 음식:반쯩(찹쌀, 녹두, 돼지고기를 바나나 잎에 싸서 찐 음식)

(나) 가치와 신념이 반영된 놀이

영유아가 속한 사회의 가치와 신념은 영유아가 놀이집단이나 역할을 선택하거나 또래 친구들과 의사소통하는 방식, 감정을 표현하는 방식에 영향을 미칠 수 있다. 따라서 교사는 사회적 가치와 신념이 반영된 영유아의 놀이를 이해할 수 있어야 한다.

① 개인 지향과 집단 지향의 놀이 행태

문화의 두드러진 특징 중 하나는 집단행동이나 개인행동이 어느 정도 가치 있게 평가되는가이다. 어떤 문화는 협력, 집단의 목표와 같은 기본 용어를 강조하는 반면, 다른 문화는 개인의 책임, 자기 주도적 목표, 자기 자율성 등을 강조한다.

집단행동을 강조하는 문화에서는 의무와 충실도와 같은 가치를 중요시하며, 이러한 문화에서 언어와 교육은 집단주의적 가치가 강조되는 용어(예: 헌신, 충성, 사회적 집착)에 집중되었다(Saviki, 1999). 놀이의 가치에 관하여, 집단주의가 장려되는 문화에서는 경쟁 놀이보다는 협동 놀이가 중시된다(Taylor, Samuelsson, & Rogers, 2010). 또한 이러한 문화에서 성장한 영유아는 내면의 창조성 표현이 요구되는 가상놀이(pretend play)를 적게 하는 경향이 있다. 반면, 개인주의 문화적 특성을 지닌 집단의 영유아는 개별성과 자기표현을 중요하게 생각하기 때문에 창의적 표현과 관련된 가상놀이를 많이 하는 것으로 나타난다.

교사는 영유아의 놀이집단 선택이 영유아 개인의 특성에 기인할 수도 있으나, 문화적 가치와 신념에 기인하여 나타날 수도 있음을 인지해야 한다. 집단적이고 협력적인 문화 속에서 성장한 영유아는 대집단 활동에 포함되어 노는 것을 선호하고, 경쟁적인 측면에 관심을 덜 가진다. 반면, 개인행동을 가치 있게 평가하는 가정에서 성장한 영유아는 혼자 시간을 보내는 것을 선호하거나 적은 수의 친구들과 활동하는 것을 더 좋아하며 개인의 성취를 중요시한다.

개인놀이

집단놀이

② 역할 선택

영유아가 성장한 환경은 그들이 놀이에서 역할을 선택하는 데 영향을 미친다. 만일 농촌에서 성장한 아이가 있다면, 그들은 농사일을 하고, 동물을 돌보고, 트랙터를 운전하는 놀이를 할 것이다. 도시에서 자라난 아이들은 택시와 버스를 운전하고 그러한 종류의 역할을 놀이할 수 있다.

③ 감정표현

문화에 따라 영유아의 감정표현이 어느 정도 허용되는가의 정도가 다르다. 어떤 문화권에서는 자신의 감정을 절제하는 것이 중요하며, 감정을 숨기는 것을 우선시할 수 있다. 반면에 다른 문화권에서는 자신의 감정표현을 장려한다. 감정을 표현하는 모습은 때때로 상대방에게 공격적으로 보이거나, 횡설수설하는 것으로 보인다. 따라서 이러한 감정표현은 영유아의 놀이에서 의사소통 방법에 영향을 미칠 수 있다.

생각해 보기

- 다음 영상을 보고, 개별 영유아의 문화가 그들의 삶에 어떠한 영향을 미치는지 생각해 봅시다.

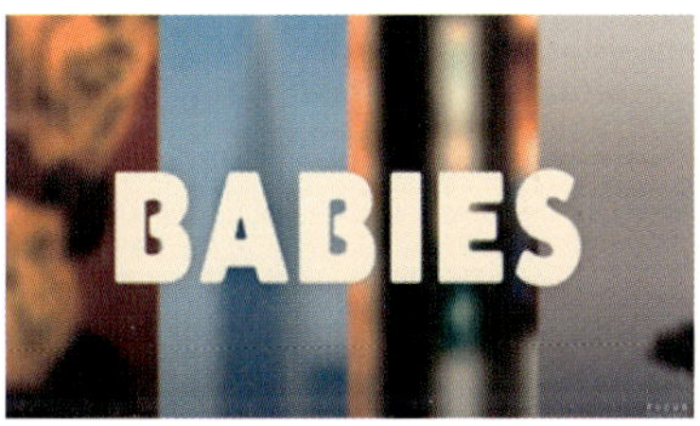

Babies–official trailer

출처: https://www.youtube.com/watch?v=vB36k0hGxDM

- 문화가 반영된 영유아의 놀이에 대해 생각해 봅시다.

예) 경쟁 놀이를 즐기는 유아, 협동놀이를 즐기는 유아

3. 문화가 반영된 놀이 환경 구성

육아지원기관에서 영유아의 문화를 반영한 놀이 환경 구성은 영유아의 놀이 참여와 몰입을 증진시키며, 건강한 발달을 촉진한다. 다음은 육아지원기관에서 개별 영유아의 문화가 반영된 영역별 놀이 환경이다.

1) 영유아의 문화가 반영된 영역별 놀이 환경

문화적으로 편향되지 않은 놀이는 개별 영유아의 가정 및 문화적 배경을 반영하는 것이다. 자신의 삶과 경험이 충분히 반영된 놀이를 통해 영유아는 자신의 고유 문화를 알고, 긍정적 정체성을 형성할 수 있다.

교사는 모든 영유아의 개별 문화를 반영하는 놀이 환경을 제공할 수 있도록 영유아의 가족과 상호작용해야 한다. 다음은 개별 영유아의 삶과 경험을 반영한 놀이를 지원하기 위하여 교사가 알아야 할 기본 전제이다.

- 영유아의 놀이는 개별 영유아의 문화적 가치와 신념이 내재되어 있다.
- 영유아의 놀이는 영유아의 일상생활의 경험에 기초한다.
- 교사는 영유아의 가족과 그들의 문화에 대해 배우려고 노력한다.
- 교사는 영유아의 문화적 정체성을 반영하는 영유아교육 및 보육 환경을 제공한다.
- 놀잇감, 책, 그리고 예술작품 등 영유아교육기관 환경 전체가 문화의 정체성을 반영한다.
- 놀이는 모든 영유아의 모국어를 포함한다.

이와 같이 영유아는 기관에서 자신이 속한 문화를 포함하여 다양한 문화를 탐구하고 경험할 수 있어야 한다. 개별 영유아의 가정 문화를 반영하는 놀이 환경 구성을 위한 놀이재료 및 놀잇감은 다음과 같다.

(1) 역할 영역

역할 영역은 영유아가 일상생활을 표현하고 성인을 모방하며, 다른 사람과의 관계를 탐구할 수 있는 공간이다. 이 놀이공간에서 아이들은 다른 문화에서 사는 것이 어떤 것인지 경험할 수 있다. 다양한 가족구조, 사회 · 경제적 계층, 장애, 나라 등을 포함한 여러 생활방식을 탐구할 수 있도록 한다. 다양한 집 모형, 전통적인 부엌, 음식의 종류, 식기의 종류, 다양한 종류의 옷 등 일상생활을 반영하는 소품을 준비한다. 영유아가 집에 가지고 있는 물건들을 배치하는 것부터 시작해서, 여러 가지 소품을 추가하는 것도 좋다. 인형은 다양한 얼굴 생김새, 표정을 가진 인형을 제공하는 것이 좋다. 인종, 문화, 직업, 성역할 등 다양성을 이해할 수 있는 인형을 제공한다.

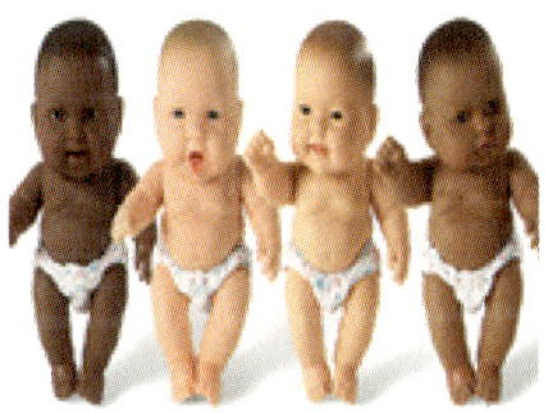

출처: https://www.howwemontessori.com/how-we-montessori/2017/01/multicultural-dolls-montessori-suggestions.html

출처: https://www.tts-group.co.uk/small-world-plastic-community-block-people/1003454.html

출처: https://www.tts-group.co.uk/small-world-plastic-community-block-people/1003454.html

(2) 미술 영역

미술 영역은 다양한 미술재료를 탐구하고 자신을 표현할 수 있는 기회를 준다. 미술 영역의 놀잇감 및 재료들은 다양한 색, 패턴, 질감을 포함해야 한다. 영유아가 자신이나 다른 사람의 피부색과 얼굴 이목구비를 관찰할 수 있도록 손거울을 설치하는 것도 좋다. 미술재료는 피부가 매우 밝은 영유아와 어두운 영유아도 피부색과 어울리는 색을 찾아 섞어 표현할 수 있도록 다양한 색을 제공한다. 색종이, 다양한 종류의 종이, 점토, 콜라주 소재도 이용할 수 있다.

(3) 블록 영역/쌓기 영역

블록은 영유아가 혼자서, 나란히, 혹은 협동적으로 놀 수 있다. 놀이가 다양한 방법으로 확장될 수 있도록 다양한 액세서리를 제공하는 것도 좋다. 블록 영역의 인물들은 다양한 옷을 입고, 표정 등 현실적인 이목구비를 갖추는 것이 좋다. 모든 연령대의 사람, 신체 크기가 다른 인물들을 선택한다.

(4) 음률 영역

음률 영역에서 영유아는 음악을 듣고, 자신만의 음악을 만들고, 소리를 비교하고 대조하며, 다른 악기들에 대해 배우고 연주한다. 부모에게 영유아가 집에서 즐기는 음악이 무엇인지 물어보는 것도 좋다. 자유놀이와 낮잠시간에 서로 다른 문화의 음악을 배경음악으로 사용할 수 있다. 다른 문화의 간단한 단어와 멜로디로 아이들에게 노래를 가르치고 함께 불러 본다. 칼림바, 마라카스, 티베트의 종, 징, 박, 금속, 봉고 드럼, 직조 주걱, 나무 플루트, 놋 방울, 소라 껍질, 캐스터네츠, 나무 실로폰, 기타 악기를 제공한다.

(5) 언어 영역

다른 문화와 관련된 동화책, 다양한 문화권의 문화작품, 그림책, 다양한 가족 구성원에 대한 책, 잡지류, 사전, 글자 카드를 제공한다. 또한 여러나라의 동화 CD와 헤드폰을 제공할 수 있다.

2) 새로운 놀이를 창조할 수 있는 환경

영유아는 놀이를 통해 다른 친구와 생각, 경험, 소통방식, 언어 및 감정의 표현방식의 다름을 발견한다. 또한 영유아는 다름을 배우고 즐기는 놀이 경험 속에서 서로의 차이를 이해하고 존중할 수 있다. 이러한 경험을 바탕으로 영유아는 새로운 놀이를 자유롭게 창조할 수 있다.

영유아교육기관의 환경은 그 안에 있는 사람들의 아이디어, 가치관, 태도, 문화가 반영되어야 한다. 또한 영유아의 창의력과 호기심을 자극할 만한 여러 재료가 배치되어야 한다. 자연광을 활용하거나 영유아의 작품을 전시하는 등 자연친화적이며 감각적으로 환경을 구성하고, 영유아가 창의적인 활동을 할 수 있도록 다양한 자극을 줄 수 있는 환경이 제공되어야 한다.

교사는 영유아의 다양한 아이디어를 수용하고, 우리 반만의, 혹은 우리 기관만의 놀이 문화를 창조할 수 있다. 하루 동안 기관에서 이동할 때, 자동차를 타고 이동하는 '드라이브 스루 데이', 자동차를 타고 영화를 보는 '자동차 극장 데이' 등 영유아와 교사는 우리 기관만의 혹은 우리 반만의 새로운 놀이 문화를 창조할 수 있다.

♣ 더 알아보기

■ 문화적으로 편향된 놀이는…
- 영유아의 인지적, 사회적 발달을 촉진하는 데 실패한다.
- 영유아의 삶의 경험과 동떨어져 놀이에 대한 참여와 몰입을 어렵게 한다.
- 영유아로 하여금 놀이에 거부감을 느끼게 하며, 등원을 거부하게 만든다.
- 영유아의 가족과 가정문화에 대한 연결을 약화시키고, 영유아의 정체성을 잃게 할 수 있다.

Chapter 11

기관과 부모의 놀이 파트너십

영유아의 놀이는 발달과 학습을 촉진하기 위한 것이기보다는 영유아에게 부여된 즐길 권리를 향유하는 차원에서 이루어져야 하며, 영유아를 보호하는 성인에 의해 보장되어야 한다. 영유아가 진정한 의미의 놀이를 할 수 있도록 하기 위해서 부모와 영유아교육기관의 협력은 필수적이다.

본 장에서는 육아지원기관이 부모와 놀이에 대한 관점을 공유해야 하는 필요성을 살펴보고, 부모와 공유해야 할 영유아 중심의 자유놀이에 대해 살펴보고자 한다. 또한 부모와 육아지원기관이 함께하는 영유아 놀이를 위한 다양한 전략과 사례를 알아보고자 한다.

1. 놀이에 대한 부모의 이해 돕기

육아지원기관은 놀이중심 누리과정의 효과적인 운영을 위하여 놀이에 대한 부모의 이해를 도와야 한다. 영유아기 놀이의 중요성에 대해 의문을 제기하는 부모는 극히 드물다. 부모들은 영유아에게 있어서 놀이가 필수적이라고 생각한다. 하지만 대부분의 부모는 자녀의 삶에서 놀이를 최우선에 두지 않는다. 부모는 자녀의 놀이를 단순한 '재미(fun)'로 정의하며, 자녀양육에 있어서 놀이보다 학습이 더 중요하다고 믿는다(PlayScience, 2015). 혹은 놀이를 학습의 수단으로만 인식한다. 부모는 영유아기 자녀를 어린이집이나 유치원 등 육아지원기관에 보내면서 자녀가 놀이를 통해 새로운 것을 학습하기를 기대하고 요구한다. 이러한 부모들의 요구가 틀렸다고 보기는 어렵지만, 부모들의 요구 이면에 담긴 '놀이'는 극히 제한적인 놀이의 의미만을 내포하고 있다.

2019 개정 누리과정에 따르면, 부모들이 인식하고 있는 단편적이고 제한적인 놀이에 대한 이해를 재점검할 필요가 있다. 개정 누리과정은 놀이를 유아중심, 자유놀이로 정의하며, 놀이의 주요 특성을 '자유로움, 주도성, 즐거움'으로 정의한다. 이는 교사가 미리 계획한 활동을 중심으로 진행되는 '성인중심'의 교육과정에서 영유아가 주도하는 놀이가 중심이 되는 '영유아 · 놀이중심' 교육과정으로의 변화를 강조하는 것이다. 개정 누리과정의 유아 · 놀이 중심 철학의 실현은 기관과 학부모가 놀이에 대한 관점을 공유하는 것에서 출발한다. 개정 누리과정에서 의미하는 진짜 놀이의 가치를 부모가 이해하고, 놀이가 자녀의 전인적 발달을 이끌어 '건강하고, 자주적이며 창의적이고 감성이 풍부한 인간, 더불어 살 줄 아는 인간'으로 성장시킨다는 믿음을 가지는 것이 중요하다. 부모가 놀이에 대한 철학을 이해하고 신뢰하게 되면, 가정에서도 영유아 · 놀이 중심의 양육이 이루어질 수 있을 것이다. 따라서 교사는 놀이의 가치 및 놀이중심 교육과정을 부모에게 지속적으로 안내하여 부모와 공유하고 협력해야 한다.

1) 부모가 알아야 할 유아 주도 놀이의 특성

영유아에게 있어 자유놀이가 중요함에도 불구하고, 부모들은 끊임없이 놀이를 통해서 본인의 자녀가 다른 자녀보다 더 나은 인지적, 사회적 기능을 갖기를 원한다. 교사들은 놀이를 통해 새로운 사실을 학습하기를 원하는 부모들의 끊임없는 요구에 직면하게 될 것이다. 또한 교사들은 이러한 요구에 직면해 어떻게 부모들을 설득할 것인가의 갈등 상황에 놓이게 될 것이다. 육아지원기관에서 교사가 부모들과 놀이의 개념에 대해 공유할 때, 반드시 포함해야 내용을 황옥경, 김정화, 명준희(2018) 연구에서 다음과 같이 설명하고 있다.

(1) 자유로움

영유아는 규칙을 바꾸기도, 없애기도, 새롭게 만들기도 하며 자유롭게 놀이한다. 영유아는 현실을 넘어서 상상하고 자유롭게 표현한다. 영유아는 자신의 의지에 따라 놀이를 선택할 수 있어야 하며, 구성할 수 있는 자유가 부여되어야 한다. 놀이는 과거, 현재, 미래를 넘나들고 교실, 복도 등 영역의 경계를 넘나들며 자유롭게 변형되고, 창조된다. 영유아는 자신의 의지에 따라 놀이를 선택할 수 있어야 하며, 놀이를 자유롭게 구성할 수 있는 자유를 가져야 한다.

(2) 주도성

놀이는 영유아가 자신의 방식대로 그리고 자신의 생각과 관심사에 따라서 선택하는 행동이다. 영유아는 스스로 선택한 놀이를 주도하고 싶어 한다. 성인이 주도하는 놀이는 이미 놀이로서의 의미를 잃게 될 우려가 크다. 성인의 개입이 많을수록 아동 발달에 있어서 놀이가 갖는 중요한 의미가 구현되지 않는다.

(3) 즐거움

놀이는 영유아가 하고 싶어서 하는 것이고, 아무런 목적과 이유 없이 하는 것이며, 즐거워서 하는 것이다. 영유아는 즐거움과 자유로움으로 놀이를 시작하여 재미와 기쁨을 느끼고 놀이에 푹 빠져 몰입한다. 아동이 즐겁게 놀기 위해서 자신이 원하는 놀이를 할 수 있도록 격려해야 한다. 강요된 놀이나, 해야만 하는 놀이는 놀이를 또 다른 과제로 인식하게 하여 영유아가 자발적으로 놀기를 거부하게 하고 놀 줄 모르는 아이로 만들 수 있다. 또한 영유아가 새로운 놀이를 제안할 경우, 이를 실행할 수 있도록 지원해야 한다.

2) 영유아 자유놀이에서 부모의 역할

육아지원기관은 영유아의 자유놀이 경험을 최대한으로 이끌어 낼 수 있도록, 부모에게 영유아 자유놀이에서의 역할을 안내해야 한다. 영유아의 자유놀이 촉진을 위한 부모의 역할은 다음과 같다.

(1) 관찰(observe)

부모가 자녀의 놀이를 자세히 관찰하면 자녀의 발달 수준과 좋아하는 놀잇감, 놀이 활동 등을 파악할 수 있다. 이러한 정보를 바탕으로 부모는 자녀의 발달과 흥미에 적합한 놀잇감과 놀이 활동을 선택할 수 있으며 적절한 놀이 환경을 만들어 줄 수 있다.

(2) 참여(participate)

자녀는 부모가 자신들의 놀이에 참여하는 것을 좋아한다. 자녀는 종종 부모에게 공동 놀이자로서의 역할을 부여할 것이다. 부모는 자녀와 함께 놀이를 하되, 궁극적인 놀이의 주도권이 자녀에게 있도록 해야 한다. 자녀의 놀이에 부모가 간

섭하는 것이 아니라 자녀의 연령과 발달 수준에 맞는 놀이가 진행되도록 도움을 줄 수 있어야 한다. 부모가 놀이에 참여하는 것은 즐거운 환경에서 자녀와 부모가 긍정적인 관계를 형성할 수 있도록 돕는다.

(3) 놀이의 확장(stretch boundaries)

부모가 자녀와 함께 놀 때, 부모는 자녀의 눈을 통해 세상을 바라보고, 자신의 과거 놀이 경험에 제한을 두지 않는 것이 중요하다. 부모는 내면의 아이를 재발견하고, 놀잇감을 가지고 놀 수 있는 방법이 한 가지 방법밖에 없다는 고정관념을 버려야 한다. 자녀의 놀이 활동을 확장하고 발전시키기 위해서 새로운 놀이방법을 제안하며, 놀이의 결정은 자녀가 하도록 한다.

(4) 재미있게 놀기(have fun)

놀이는 부모와 자녀가 서로에 대해 좋은 감정을 느낄 수 있는 시간을 제공하므로, 자녀가 할 수 있는 가장 중요한 일은 단순히 자녀와 함께 즐기는 것이다. 자녀에게 가장 중요한 놀이는 부모와 함께 노는 것이다. 부모는 매일 자녀와 놀 시간을 갖도록 노력해야 한다. 자녀에게 가장 긍정적인 강화는 부모의 칭찬에서 나온다. 부모의 긍정적인 표현이 영유아의 놀이를 지지하고 격려해 주는 역할을 하게 된다.

3) 놀이중심 교육과정 안내

육아지원기관은 놀이중심 교육과정을 부모가 이해할 수 있도록 정보를 제공하고 안내해야 한다. 육아지원기관은 정부에서 제공하는 다양한 종류의 홍보자료와 웹사이트를 활용하여 학부모에게 영유아중심, 놀이중심 교육과정에 대한 이해를 돕는다.

다음은 보건복지부에서 배포한 개정 누리과정에 대한 학부모 대상 안내문이다.

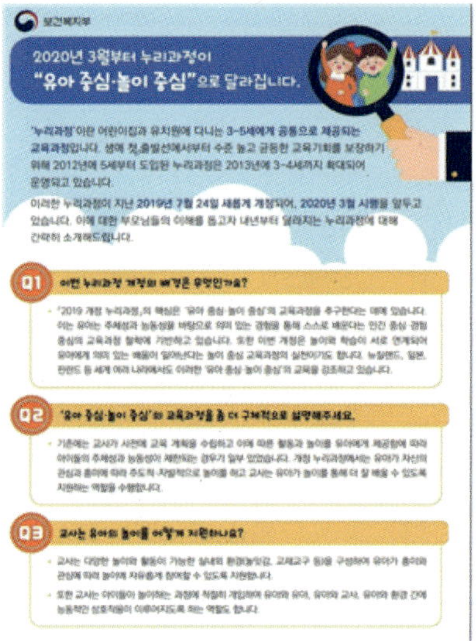
보건복지부

2020년 3월부터 누리과정이
"유아 중심·놀이 중심"으로 달라집니다.

'누리과정'이란 어린이집과 유치원에 다니는 3~5세에게 공통으로 제공되는 교육과정입니다. 생애 첫 출발선에서부터 수준 높고 균등한 교육기회를 보장하기 위해 2012년에 5세부터 도입된 누리과정은 2013년에 3~4세까지 확대되어 운영되고 있습니다.

이러한 누리과정이 지난 2019년 7월 24일 새롭게 개정되어, 2020년 3월 시행을 앞두고 있습니다. 이에 대한 부모님들의 이해를 돕고자 내년부터 달라지는 누리과정에 대해 간략히 소개해드립니다.

Q1 어떤 누리과정 개정의 배경은 무엇인가요?

- 「2019 개정 누리과정」의 핵심은 '유아 중심·놀이 중심'의 교육과정을 추구한다는 데에 있습니다. 이는 유아는 주체성과 능동성을 바탕으로 의미 있는 경험을 통해 스스로 배운다는 인간 중심·경험 중심의 교육과정 철학에 기반하고 있습니다. 또한 이번 개정은 놀이와 학습이 서로 연계되어 유아에게 의미 있는 배움이 일어난다는 놀이 중심 교육과정의 실천이기도 합니다. 뉴질랜드, 일본, 핀란드 등 세계 여러 나라에서도 이러한 '유아 중심·놀이 중심'의 교육을 강조하고 있습니다.

Q2 '유아 중심·놀이 중심'의 교육과정을 좀 더 구체적으로 설명해주세요.

- 기존에는 교사가 사전에 교육 계획을 수립하고 이에 따른 활동과 놀이를 유아에게 제공함에 따라 아이들의 주체성과 능동성이 제한되는 경우가 일부 있었습니다. 개정 누리과정에서는 유아가 자신의 관심과 흥미에 따라 주도적·자발적으로 놀이를 하고 교사는 유아가 놀이를 통해 더 잘 배울 수 있도록 지원하는 역할을 수행합니다.

Q3 교사는 유아의 놀이를 어떻게 지원하나요?

- 교사는 다양한 놀이와 활동이 가능한 실내외 환경(놀잇감, 교재교구 등)을 구성하여 유아가 흥미와 관심에 따라 놀이에 자유롭게 참여할 수 있도록 지원합니다.
- 또한 교사는 아이들이 놀이하는 과정에 적절히 개입하여 유아와 유아, 유아와 교사, 유아와 환경 간에 능동적인 상호작용이 이루어지도록 하는 역할도 합니다.

보건복지부

Q4 교육과정을 유아 중심·놀이 중심으로 운영하기 위해서는 교사들의 역량이 요구될 것으로 보이는데, 정부는 이에 대해 어떻게 준비하고 있나요?

- 보건복지부와 교육부는 교사들이 개정 누리과정을 잘 운영할 수 있도록 올 하반기에 누리과정 해설서, 놀이 이해·실행 자료 등을 개발하여 어린이집에 보급하고, 모든 어린이집의 원장 및 교사를 대상으로 개정 누리과정에 대한 교육도 실시할 예정입니다.

Q5 어린이집에서 놀이만 한다면 아이들이 초등학교에 입학한 후 적응하기 어렵지 않을까요?

- 개정 누리과정은 '놀이를 통한 배움'을 추구합니다. 주도적으로 놀이에 참여하고 몰입하는 과정에서 아이들은 재미와 행복을 얻는 동시에 자신감·문제해결능력·자율성·창의성 등을 기를 수 있는 기회를 얻게 됩니다.
- 또한 개정 누리과정은 초등학교 교육과정과의 연계를 위해 초중등 교육과정의 핵심역량(창의성, 감성, 사회성 등)을 반영한 인간상* 및 목표를 제시하고, 그에 맞는 내용을 체계적으로 구성하였습니다.

* 건강한 사람, 자주적인 사람, 창의적인 사람, 감성이 풍부한 사람, 더불어 사는 사람

Q6 그 밖에 달라지는 점이 있나요?

- 교육과정의 기존의 5개 영역*은 유지하되, 세부내용(369개)을 연령별로 구분하였던 것을 연령 구분 없이 유아가 경험해야 할 내용을 중심으로 간략화(59개) 하였습니다. 또한 어린이집의 상황과 유아들의 특성에 따라 다양한 교육방식이 발현될 수 있도록 어린이집 및 교사의 자율성을 확대**한 점도 「2019 개정 누리과정」의 주된 특징입니다.

* 신체운동·건강, 의사소통, 사회관계, 예술경험, 자연탐구

Q7 「2019 개정 누리과정」은 어디에서 찾아볼 수 있나요?

- 보건복지부 홈페이지(www.mohw.go.kr) 또는 국가법령정보센터(www.law.go.kr)에서 「3~5세 누리과정 고시」 검색을 통해 확인하실 수 있습니다.
- 현재 보건복지부와 교육부는 개정 누리과정에 대해 보다 구체적이고 알기 쉽게 소개하는 동영상 등의 홍보물을 제작 중이며, 연말까지 아이사랑보육포털(www.childcare.go.kr) 등에 업로드하여 아이들과 부모님들께서 참고하실 수 있도록 할 예정입니다.

출처: 보건복지부(2020).

영유아중심, 놀이중심 교육과정에 대한 정보는 정부에서 제공하는 홈페이지를 통해 부모에게 안내할 수 있다. 예를 들어 아이누리 홈페이지(https://www.i-nuri.go.kr/main/index.do), 보건복지부(www.mohw.go.kr), 교육부(https://moe.go.kr), 국가법령정보센터(www.law.go.kr)의 홈페이지 혹은 교육부 유튜브 채널을 통해서 영유아 중심, 놀이중심 교육과정에 대하여 부모에게 안내할 수 있다.

아이누리 홈페이지
https://www.i-nuri.go.kr/main/index.do

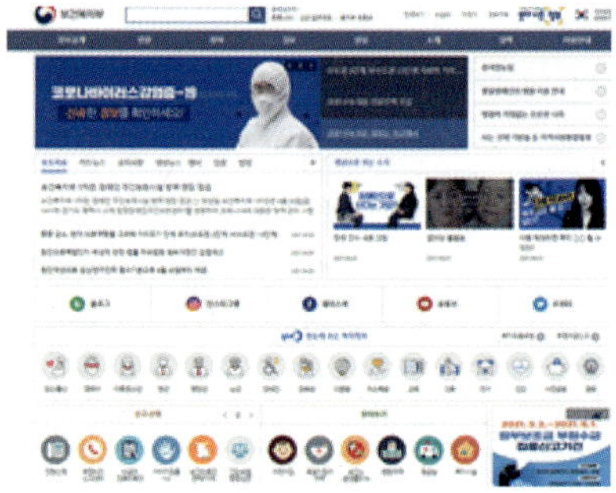
보건복지부 홈페이지
www.mohw.go.kr

생각해 보기

- '놀아 주기'와 '함께 놀기'의 차이점은 무엇일까요? 구체적인 상황을 제시하여 이 둘의 차이점에 대해 생각해 봅시다.
- 유아 주도 놀이에 대한 부모의 이해를 돕기 위한 방법에는 무엇이 있을지 생각해 봅시다.

2. 부모의 놀이 역량 강화 지원

1) 대집단 부모교육

대집단 부모교육은 전문가를 초빙하여 놀이와 관련된 정보를 부모가 이해하기 쉽게 전달하는 것이다. 대집단 부모교육의 목적은 유아 놀이중심 교육과정에 대한 소개 및 안내, 자유놀이의 가치 및 효과, 놀이가 자녀의 삶에 미치는 영향, 자녀와의 놀이에서 부모의 역할, 부모의 놀이성, 부모의 놀이 태도 점검 등의 정보를 제공하여 부모의 놀이 역량을 강화시키는 것이다. 대집단 부모교육은 단시간에 다수의 부모들에게 동일한 내용을 전달할 수 있는 경제적인 방법이다. 그러나 강사의 자질에 따라 교육효과나 만족도의 편차가 크고, 일방적인 전달방식으로 인해 부모의 참여가 소극적일 수 있는 단점이 있다. 부모의 적극적인 참여를 촉진하기 위하여 피드백을 제공하거나 질의응답 시간을 마련하는 것이 좋다.

[그림 11-1] 대집단 부모교육 강연회

2) 문서와 SNS를 통한 놀이정보 제공

육아지원기관에서는 가정통신문과 알림장과 같은 문서를 통해 정기적, 비정기적으로 놀이에 대한 정보를 수시로 제공할 수 있다. 가정통신문은 교육활동 및 행사 보고, 월간계획이나 주간계획안 등 기관 운영 안내, 행사 안내, 부모교육 참여 안내, 가정 연계 활동 등의 내용으로 작성된다. 알림장은 교사와 부모 간의 의사소통의 통로로써, 영유아의 하루 일과가 어떻게 이루어지는지 기록하고 부모와 교류하는 데 목적이 있다. 따라서 가정통신문과 알림장을 통해 영유아중심의 자유놀이에 대한 정보를 공유하며, 현재 영유아가 기관에서 하고 있는 '놀이'에 대해 소개하고 가정에서 확장할 수 있도록 지원한다.

또한 어린이집이나 유치원은 가정통신문이나 알림장 이외에 홈페이지, 애플리케이션 등 다양한 방법으로 놀이에 대해 부모와 의사소통할 수 있다. 보여 주기 위한 사진을 전시하거나 반복되는 일과를 보고하는 것보다는 놀이에 대한 구체적인 내용을 공유함으로써 놀이를 통한 경험과 배움에 대해 소통하는 것이 바람직하다.

[그림 11-2]는 월간 및 주간 보육 및 교육계획을 제공하던 것에서 놀이중심 누리과정의 실행 후 실제로 전개된 교육/ 보육과정과 예상 놀이 주제를 중심으로 작성하여 부모들에게 공유한 가정통신문(주간교육계획안)의 예이다.

<table>
<tr><th colspan="3">즐거운 새싹반의 한 주 이야기</th><th colspan="2">기간: 20○○. ○. ○.(월) – ○. ○.(금)</th></tr>
<tr><td rowspan="3">새싹반
이번 주
경험</td><td rowspan="2">놀이</td><td colspan="3">• 여러 가지 돌과 흙 탐색하기
• 광목 흙 인형놀이</td></tr>
<tr><td colspan="3">비 오는 날 산책하기, 흙이랑 놀아요, 모래놀이, 텃밭 가꾸기</td></tr>
<tr><td>활동</td><td colspan="3">• 『함께 놀아요, 흙이랑』(동화)
• 던지면 안 돼요(이야기 나누기)</td></tr>
<tr><td>놀이 사진</td><td colspan="2"></td><td colspan="2"> 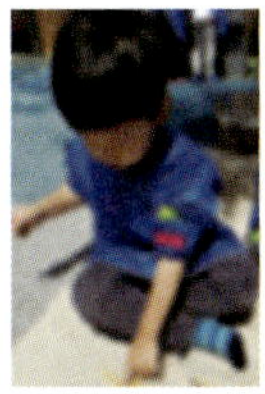 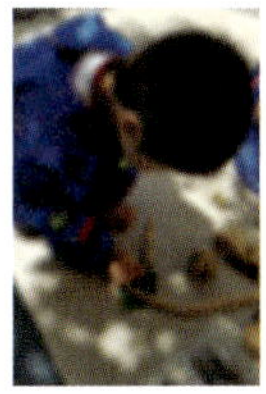
</td></tr>
<tr><td rowspan="2">이번 주
유아들의
관심</td><td colspan="2">• 흙이 서로 달라요
• 흙에도 색깔이 있어요</td><td colspan="2">• 돌은 여러 가지 종류가 있어요
• 돌로 여러 가지 놀이를 할 수 있어요</td></tr>
<tr><td colspan="4">이번 주가 끝나갈 즈음 우연히 채색한 투명 통을 창가에 올려놓은 유아들이 창가로 들어오는 빛을 통해 생긴 무지개를 보며 '빛'에 대해 관심을 갖게 되었다. 유아들은 채색된 통과 그렇지 않은 통을 올려놓고 보는 사람의 눈높이에 따른 빛을 관찰하며 즐거워했다.</td></tr>
<tr><td rowspan="2">다음 주
예상 관심
과 놀이</td><td colspan="2">빛은 예쁜 색깔이 있어요</td><td>무지개 빛이 궁금해요</td><td>빛은 왜 다 달라요?</td></tr>
<tr><td colspan="4">다음 주에는 새싹반 유아들과 반짝이는 '빛'에 대해 탐색하고 놀이할 것으로 예상된다. 한 주간 햇살처럼 반짝이는 유아들의 즐거운 시도가 가득하길 기대해 본다.</td></tr>
</table>

즐거운 새싹반의 한 주 이야기		기간: 20○○. ○. ○.(월) – ○. ○.(금)
학부모님과 함께할 내용	• 집 주변에서 볼 수 있는 흙과 돌에 관심을 가질 수 있도록 학부모님이 함께 놀이해 주실 수 있도록 안내하기 • 흙, 돌과 관련된 재미있는 놀이나 경험을 한 유아가 있다면 클래스팅에 관련 사진과 이야기를 올려 주시도록 안내하기. 다른 유아들과 함께 보며 자신의 경험을 즐겁게 나눌 것에 대해 안내하기 • 흙과 돌, 빛과 관련된 도서 및 자원을 기관으로 보내 주시도록 안내하기	

[그림 11-2] 놀이중심 가정통신문(주간교육계획안)의 예

출처: 교육부, 보건복지부(2019). 2019 개정 누리과정 놀이실행자료, 세종시.

3) 소그룹 워크숍

부모의 놀이 역량을 강화하기 위하여 소규모의 부모 그룹을 대상으로 실시되는 소그룹 워크숍을 실시할 수 있다. 소그룹 워크숍에서 부모는 교실에서 일어나는 자녀의 놀이 사진이나 동영상을 보면서, 놀이의 의미를 공유할 수 있다. 또한 소그룹 토론을 통해 부모는 유아중심의 자유놀이의 가치를 발견할 수 있으며, 자신의 놀이성 혹은 놀이 태도를 점검할 수 있다. 중요한 것은 기관의 교육적 관점을 일방적으로 전달하는 것이 아니라 학부모가 자신의 자녀를 포함한 영유아의 놀이를 이해하고 가정에서의 지원을 위해 놀이 참여자로서 어떤 역할을 해야 하는지를 이해하는 것이다. 또한 부모들이 가지고 있는 놀이에 대한 관점을 일시에 바꾸려는 시도보다는 놀이의 가치를 공유하고 점진적 변화를 모색하는 것이 바람직하다.

4) 부모 참여 놀이

육아지원기관에서 부모 참여 놀이는 부모가 자녀와 함께 놀이를 직접 해 보는 적극적인 참여유형이다. 부모는 어린이집이나 유치원에서 실행하는 놀이 참여를

통해 기관에 관심을 가지고, 자녀와 긍정적인 관계를 형성할 수 있다. 부모가 단순히 놀이를 관찰하기보다는 직접 놀이에 참여하는 것으로 영유아, 교사, 기관 그리고 부모 자신에 대해 깊이 있게 이해할 수 있다.

부모 참여 놀이는 특별한 프로그램을 준비하기보다는 평소의 활동대로 부모와 자녀가 함께 놀 수 있는 놀이 활동을 각 학급별로 흥미 영역에 준비하여 이들이 함께 자유롭게 활동을 선택하여 놀 수 있도록 하는 것이 좋다. 그러나 특별한 놀이 주제에 대하여 워크숍 형식으로 부모의 놀이 참여가 이루어지기도 한다. 예를 들어 평상시 교사들이 개별적으로 도움을 주기 어려웠던 요리 활동이나 자연관찰에 관한 활동 등을 가족과 함께 진행할 수 있다. 부모의 놀이 참여 시, 교사 주도적인 놀이가 될 수 있으므로 주의가 필요하다. 교사는 부모에게 유아중심 놀이의 의미를 충분히 설명하여 영유아가 놀이의 주체가 되도록 사전에 안내한다. 기관에서 실행할 수 있는 부모 참여 놀이의 예는 다음과 같다.

오리엔테이션: 파라슈트 놀이	비눗방울, 비누거품 놀이
• 유아교육기관을 가족에게 소개하는 시간을 갖고, 엄마, 아빠와 놀이함으로써 어린이집 공간에 대한 안정감과 편안함 느끼기 • 파라슈트에 가족과 자녀가 함께 둘러서서 놀이하기 • 파라슈트 위에 공 올리고 굴려 보기, 파라슈트 아래로 영유아가 들어가서 놀이하기	• 여러 가지 비눗방울, 비누거품 놀이를 통해 오감 놀이하기 • 여러 가지 비눗방울 놀이기구를 활용하여 비눗방울 놀이하기 • 비누거품으로 모자, 아이스크림 등 여러 가지를 만들어 보며 오감 놀이하기
썰매놀이	**크리스마스 요리 만들기**
• 겨울 놀이에 대해 알아보고 실내 썰매타기 경험하기 • 겨울 풍경을 꾸미고 포장용 완충제를 바닥에 깔기 • 가족이 밀어 주는 바퀴 달린 썰매 타기, 장애물 지나가기 놀이 해 보기	• 여러 가지 크리스마스 요리를 만드는 경험하기 • 크리스마스 파티에 먹으면 좋을 음식 알아보기 • 재료를 탐색하고 과일꽂이, 카나페, 케이크 만들기

♣ 더 알아보기

■ 자녀 놀이에 어떻게 참여하고 있는지 각 문항을 읽고 자신이 자녀에게 보이는 행동과 가장 일치하는 칸에 ∨표 해 주세요.

① 민감하게 놀기

문항	전혀 그렇지 않다(1)	그렇지 않다(2)	보통 이다(3)	그렇다 (4)	매우 그렇다 (5)
1. 아이의 표정이나 몸짓을 보고 놀이를 하고 싶은지 안다.					
2. 아이가 놀이를 하면서 하는 말이나 행동의 의미를 이해한다.					
3. 아이가 평상시 흥미를 느끼거나 관심을 가지고 있는 놀이가 무엇인지 안다.					
4. 놀이 중에 아이의 기분 변화를 안다.					
5. 놀이를 할 때 아이가 나에게 무엇을 원하는지(역할, 도움, 반응 등) 안다.					
6. 아이가 놀이에 집중할 때는 아이를 그냥 조용히 지켜본다.					
7. 아이가 어떤 놀잇감을 고를 때 그것을 가지고 무슨 놀이를 할지 안다.					
계					

② 반응적으로 놀기

문항	전혀 그렇지 않다(1)	그렇지 않다(2)	보통 이다(3)	그렇다 (4)	매우 그렇다 (5)
8. 아이가 놀잇감을 스스로 선택하도록 존중하고 기다린다.					
9. 아이와 놀 때 아이를 쳐다보면서 논다.					

♣ 더 알아보기

문항	전혀 그렇지 않다(1)	그렇지 않다(2)	보통이다(3)	그렇다(4)	매우 그렇다(5)
10. 아이가 놀이를 할 때 흥미를 보이는 대상에 함께 관심을 기울이며 반응을 한다.					
11. 아이가 놀이하면서 도움을 요청하면 도와주거나 스스로 할 수 있도록 돕는다.					
12. 아이가 놀이에서 하는 말이나 행동에 긍정적인 말(칭찬, 공감, 격려)을 해 준다.					
13. 아이가 놀이에서 보여주는 신호(예: 얼굴 표정, 동작, 의성어 표현 등)에 반응하려고 노력한다.					
14. 아이와 놀이할 때 내 목소리나 행동을 아이의 기분에 맞춘다.					
계					

③ 즐겁게 놀기

문항	전혀 그렇지 않다(1)	그렇지 않다(2)	보통이다(3)	그렇다(4)	매우 그렇다(5)
15. 아이와 함께 집중해서 논다.					
16. 아이가 즐기는 놀이라면 내가 익숙하지 않아도 관심을 갖고 함께 논다(낯선 싸움놀이, 딱지치기 등).					
17. 아이의 눈높이(놀이수준)에 맞추어 적극적으로 논다.					
18. 바빠도 아이와의 놀이시간은 가지려고 노력한다.					

♣ 더 알아보기

문항	전혀 그렇지 않다(1)	그렇지 않다(2)	보통이다(3)	그렇다(4)	매우 그렇다(5)
19. 아이와의 놀이 중 아이의 즐거운 감정을 함께 느낀다.					
20. 기존의 놀이규칙에 연연하지 않고, 아이와 새로운 아이디어를 내는 것이 흥미롭고 재미있다.					
21. 아이와 즐겁게 놀이를 시작해서 즐거운 기분으로 마무리한다.					
계					

출처: 공통부모교육 - 부모 양육태도 점검 부모교육 (부모용). 중앙육아종합지원센터

3. 놀이 아이디어 공유 및 놀이자료 제공

1) 자유놀이 실천 사례 및 아이디어 공유

육아지원기관은 가정에서 놀이를 격려하기 위하여, 놀이 실천 사례와 아이디어를 나눌 수 있도록 지원한다. 부모들은 가정에서 영유아와 실행한 자유놀이 사례를 공유하고 다른 부모들과 나눔으로써 이러한 사례 확산에 기여하고, 놀이 역량을 키울 수 있다. 이러한 육아지원기관의 지원은 영유아 중심의 놀이 개념을 어린이집 전체에 확장할 수 있다. 육아지원기관은 부모의 참여 동기를 높일 수 있도록 보상을 제공할 수 있다.

다음은 현재 영유아교육 관련 기관에서 실행하고 있는 놀이 아이디어 공유 사례이다.

주최기관	프로그램명	내용	출처
여성가족부 • 한국건강 가정진흥원	우리가족 돌봄 챌린지	가족 구성원이 집에서 함께하는 우리 가족 돌봄 노하우를 인스타그램에 공유하는 챌린지	https://blog.naver.com/
부산광역시 육아종합 지원센터	놀(go!) 찍(go!) 가족 놀이 콘테스트	집콕 놀이 가이드 영상 제공 – 직접 따라 하기 – 주제(신체, 미술, 조작, 전래, 음률 놀이, 산책)에 부합하면서 영상에 없는 새로운 놀이 방법 제시하기 콘테스트	http://www.bcsc.kr/2019/05/01.
울산동구 육아종합 지원센터	방구석 체험놀이	1. 방구석 체험 놀이 키트 제공 2. 놀이 및 체험 3. SNS 공유 1) 체험 키트 • 무순 새싹 키우기 • 콩나물 키우기 • 브라우니 믹스 • 호떡 믹스 2) 놀이 키트 • 플레이콘 놀이 3) 활동 • 플레이 유토 • 모스 캔버스 액자	http://www.udscc.or.kr/03/03_03.php?mode=view&uid=208
	집에서 이렇게까지 놀아 봤다!	자녀와 함께 가정에서 놀이한 사진 콘테스트	http://www.udscc.or.kr/04/08.php?mode=view&uid=3

<table>
<tr><th>주최기관</th><th>프로그램명</th><th>내용</th><th>출처</th></tr>
<tr><td>금천구
건강가정
•
다문화가족
지원센터</td><td>우리
가족만의
아무 놀이
챌린지</td><td>– 아무 놀이 챌린지 DIY 1–10 체험 프로그램 배송
<table>
<tr><th>구분</th><th>재료</th><th>추천 놀이방법</th></tr>
<tr><td>아무
놀이
DIY 1</td><td>색종이
빨대
종이컵
시트지</td><td>• 가족 인형 만들기
• 말하는 종이컵 인형 만들기
• 좋아하는 캐릭터 만들기</td></tr>
<tr><td>아무
놀이
DIY 2</td><td>접시
끈
깃털</td><td>나만의 드림캐처 만들기</td></tr>
<tr><td>아무
놀이
DIY 3</td><td>팔찌
나무 펜던트
목공 풀</td><td>자연을 담은 팔찌 만들기</td></tr>
</table></td><td>https://geumchfc.familynet.or.kr/center/lay1/bbs/S295T311C312/A/6/view.do?article_seq=52633&cpage=1&rows=10&condition=&keyword</td></tr>
</table>

2) 온라인을 통한 놀이 자원 제공

코로나19 팬데믹 확산으로 많은 어린이집이나 유치원은 기존의 부모교육을 온라인 체제로 전환하여 실시하였다. 특히 육아지원기관은 개정 누리과정과 연계하여 영유아가 집에서 머무는 동안 놀이가 위축되지 않도록 하기 위하여 부모의 놀이 역량 강화를 위한 온라인 부모교육 컨텐츠를 제공하고, 영유아 대상 놀이 자원을 제공하였다. 육아지원기관에서 제공한 놀이 자원으로는 놀이 꾸러미 혹은 놀이 키트가 있다.

어린이집이나 유치원에서 놀이 자원을 제공할 때 유의해야 할 점은 유아 주도 놀이의 특성인 '자유로움, 주도성, 즐거움'의 원칙에 벗어나지 않는 놀이 자원을 제공해야 한다는 것이다. 목적성이 있는 완성된 물품을 만드는 놀이 자원을 제공하는 것에 유의해야 한다.

〈비닐봉지 놀이〉

- 여러가지 비닐봉지를 탐색하고 다양한 대 · 소근육 활동 경험하기
- 유아교육기관에서 여러 가지 크기와 색깔의 비닐, 놀이방법 예시를 가정으로 보내기
- 비닐을 흔들어 안에 공기를 넣고 입구를 묶어서 비닐 공 만들기
- 비닐 주머니를 던지고 받기, 오래 공중에서 유지하기, 멀리 던지기 등의 놀이하기
- 우리 가족만의 비닐봉지 놀이 만들기

〈가족과 함께한 민속놀이〉

- 가족과 함께 여러 가지 민속놀이 경험하기
- 유아교육기관은 딱지, 팽이, 비석치기, 제기, 투호 등의 민속 놀잇감, 놀이방법을 가정으로 보내기
- 딱지 접어 보기, 비석 꾸미기, 제기 술 찢기, 투호 통 꾸미기
- 놀이방법을 알고 여러 가지 민속놀이 해 보기

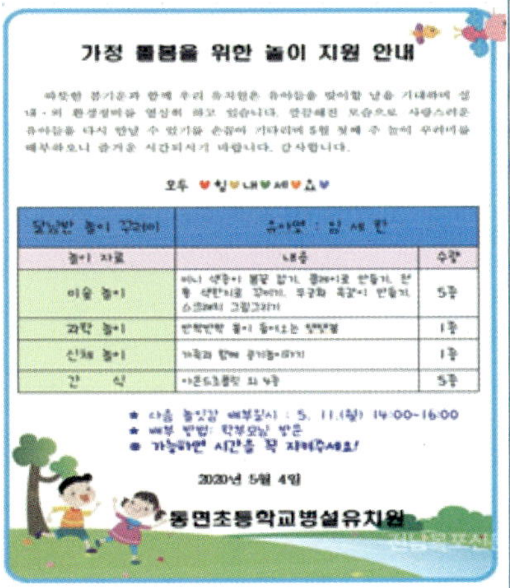

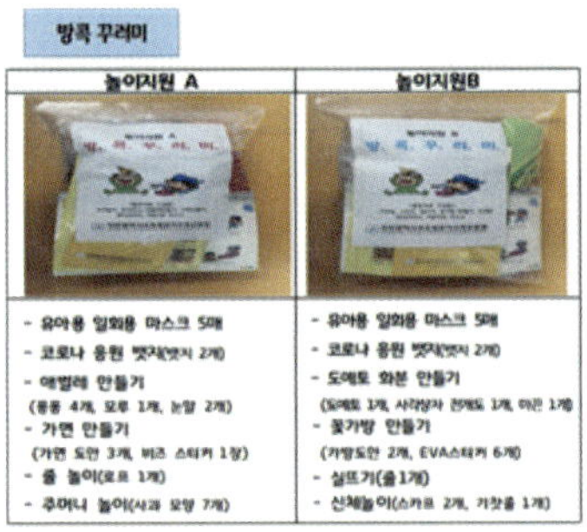

인천광역시 유아교육진흥원

1. 개정 누리과정과 연계한 놀이 소개
2. 가족과 함께 하는 신체활동, 놀이 꾸러미 제공

https://child.ice.go.kr/sub/board.php?mn=notice&fn=board&md=v&zest_bn=hana_board_36&bn=hana_board_36&seq=156&page=1&field=&keyword=&s_category

[그림 11-3] 놀이 자원 제공의 예

생각해 보기

- 현재 기관에서 실행하고 있는 부모 참여 놀이, 온라인 놀이자료 제공(놀이 꾸러미, 놀이 키트)이 유아 중심의 자유놀이인지 생각해 봅시다.
- 진정한 의미의 자유놀이가 구현되기 위해서 교사로서 어떠한 노력을 해야 하는지 생각해 봅시다.

Chapter 12

더 나은 놀이를 위한 도전과 전략

영유아는 스스로 어떤 행동을 하고, 직접 접촉해 보는 경험을 함으로써 세상을 배운다. 놀이는 최적의 영유아 발달에 매우 중요하여 모든 아동이 누려야 할 권리이다. 이 타고난 영유아의 놀 권리는 다양한 이유에서 위축되거나 중단될 수 있다. 어린이집과 유치원 등에서는 지나치게 많은 활동과 프로그램 때문에 영유아가 온종일 바쁜 일상을 보내야 해서 놀이가 방해될 수 있다. 영유아가 다양한 장치로 이루어진 놀잇감의 정해진 답을 찾거나 활용 방식을 따라가느라 자유로운 놀이가 방해를 받기도 한다. 부모나 보호자의 지나친 인지 학습 위주의 교육에 대한 요구, 조급하고 서두르는 양육과 과도한 개입 혹은 양육 부재 역시 영유아 놀이를 위축시킨다.

본 장에서는 영유아의 놀이 위기 상황을 살펴보고, 놀이가 중단되지 않을 수 있는 몇 가지 전략과 방안을 알아보고자 한다.

1. 영유아 놀이를 제한하는 환경

이용할 수 있는 자원이 풍부하고 상대적으로 풍요롭고 평화롭게 사는 영유아조차도 자유로운 놀이를 경험하지 못할 수 있다. 상당수의 영유아가 자기 주도 놀이의 혜택을 경험하지 못하고, 점점 더 활동이 제한되고, 더 서두르며, 다양한 압력을 받는 놀이를 할 것을 요구받고 있다.

어린이집이나 유치원 등에서조차 다양한 프로그램을 실행하기 위해서 영유아가 충분히 놀이할 시간을 주지 않고 놀이시간을 제한하거나, 놀이 주제를 정해 주거나, 동일한 놀이 주제를 다루도록 요구하여 이들의 자유로운 놀이를 위협한다. 2020년 전 세계를 덮친 코로나19 감염병은 영유아의 놀이를 크게 위축시켰다. 감염병의 확산을 우려하여 실외활동이 제한되었고, 신체의 움직임이 최소화되었다. 그 결과 영유아가 주변 세계에 대해서 배울 기회가 차단되었다.

영유아의 놀이를 제한하는 다양한 요인과 상황을 다음과 같이 정리할 수 있다.

1) 프로그램 과다 공급 유혹

영유아의 자유놀이가 위축되는 주요 요인 중 하나는 더 많은 프로그램과 활동, 그리고 학습을 위한 시간과 공간을 확보하려는 육아지원기관의 운영이다. 어린이집과 유치원 등은 영유아가 다양한 활동에 참여할 수 있도록 모든 기회를 제공해야 한다는 잘 계획된 마케팅 전략에 빠져들기 쉽다. 마케팅 전략에 넘어간 대부분의 기관은 영유아를 잘 양육한다는 기치 아래, 영유아가 신속하게 탁월한 능력을 발휘하도록 돕는 속성 프로그램이나 활동을 제공하고자 한다. 영유아는 잘 꾸려진 비디오와 컴퓨터 프로그램뿐만 아니라, 적절하게 자극할 수 있도록 만들어진 특별한 책과 장난감에 노출된다.

어린이집과 유치원은 하루 일과에서 활용할 수 있는 잘 꾸며진 전문 체험 시설 및 심화 프로그램이 많은 지역에 설립되고, 시설을 직접 방문하는 현장체험 활동을 많이 한다. 이러한 활동과 프로그램은 기관의 관심을 받고 있으며, 대다수 보육과 유아교육 현장에서는 이러한 활동에 참여하고 프로그램을 구입하여 아이들에게 적용하는 것이 영유아의 발달적 요구에 부응하는 것이라고 생각한다.

이런 프로그램에 참가하는 것이 영유아의 발달에 필수 요소라고 생각하는 부모의 요구도 영유아의 자유로운 놀이를 방해하는 요소가 된다. 대부분의 어린이집이나 유치원 등에서 특별 활동을 준비하거나 이러한 활동에 영유아를 데리고 다니는 것에 많은 시간을 소비한다. 시간과 더불어, 영유아에게 최고의 활동과 프로그램을 경험시키려고 많은 비용까지 부담한다. 조직화된 활동과 프로그램이 영유아에게 발달적 혜택을 주는 것은 분명하다. 그러나 하루의 일과가 교사 등의 지도와 감독이 지배하는 교사 주도의 활동으로 가득 채워지면 영유아가 자유롭게 자신의 시간을 활용할 수 있는 기회를 갖기가 어렵다.

영유아기는 자신의 시간을 갖는 것이 아주 중요하다. 활동과 프로그램의 정도와 수준을 계획하는 것은 기관을 운영하는 사람에게 달려 있다. 많은 육아지원기관은 영유아의 발달을 도모하기 위해서 마치 쉬지 않고 러닝머신을 달리고 있는 것처럼 영유아가 할 수 있는 무언가를 끊임없이 제공해야 한다고 느끼고 있는 것 같다. 기관 운영자는 영유아가 뒤쳐질까 봐 속도를 늦추지 못하고, 계속해서 무엇인가 프로그램을 제공해 주는 기관 운영 방식을 채택하지 않아서 기관의 역할을 제대로 하지 못하게 될까 봐 걱정하기도 한다.

계획된 활동과 프로그램에 참여한 대부분의 영유아가 잘 자라지만, 어떤 영유아는 불안 및 기타 스트레스 등이 증가하는 후유증을 보이기도 한다. 자유로운 놀이는 영유아를 압박과 스트레스의 영향으로부터 보호할 수 있다. 영유아기의 우울이 대학생 때 나타난다는 보고가 있다는 것을 기억해야 할 것이다(Campaign for America's Mental Health, 2005; US Public Health Service, 2006).

육아지원기관은 영유아의 건강한 성장과 발달을 도모하는 데 가치 있는 수단임을 암시하는 각종 활동과 프로그램에 대한 상업적 광고 메시지를 수동적으로 받아들이지 않아야 한다. 영유아를 위한 특별 프로그램의 구매자는 제품이 어떻게 더 성공적인 영유아의 발달을 도모하는지에 대한 객관적이고도 장기적인 증거를 확인해야 한다. 기관 운영자는 언제나 정해진 일과에 따라야 하는 영유아가 자기 중심의 자유롭고 창의적인 놀이를 할 시간이 적다는 점을 늘 염두에 두고, 영유아의 자유놀이를 방해하지 않는 하루 일과를 계획해야 한다. 모든 영유아는 자신이 갖고 있는 고유한 잠재력을 개발할 수 있는 기회를 제공받아야 하기 때문에 영유아 교사는 최적의 발달을 방해하는 모든 요소를 고려하여 영유아의 놀이가 위축되거나 제한되지 않도록 자기 역할을 해야 한다.

2) '장치'로 가득한 환경

생의 이른 시기에 읽기와 셈하기 등의 학문적 기초를 다지는 것을 중요하게 여기는 사회 분위기가 있다. 좀 더 이른 시기에 좀 더 많은 인지 학습의 기회를 제공하려는 부모와 보호자가 늘었다. 부모의 인지 학습 요구에 보육과 유아교육 현장은 놀이를 대체한 학습의 시간이 늘거나, 놀이를 학습의 수단으로 활용하는 경우가 많이 있다. 사정이 이렇다 보니, 영유아의 시간은 학습과 배움 위주로 구성되고, 이 시기에 해야 할 많은 사물을 통한 경험이 제한된다.

아이들의 서랍에는 온갖 장치들이 가득 들어 있다, 땡땡 소리를 내는 장치, 쑥쑥 소리는 나는 장치. 음악이 나오는 장치, 그러나 영유아기는 사물의 우월성과 사물에 대한 정복을 강조하는 시기 가운데 하나이다. 우리는 아이들에게 무언가를 부수라고 망치를 사다 주고, 목걸이를 꿰라면서 구슬을 사다 준다. 또 핑거 페인트를 사다 줘서 손가락으로 아무 데나 마구 그림을 그리도록 하고 조립용 장난감을 사다 준다. 부모는 아이들이 드라이버를 가지고 이 장치들을 분해하는 것을 보고 깜짝 놀란다. 아이들은 이 장치를 그저 사물로 바라볼 뿐이다. 아이들은 그 장치를 다시 조립하고 분해하면서 자기 마음속의 세상을 손으로 주무른다(시니어, 2014).

철학자 앨버트 보그만은 '사물'과 '장치'를 구분해서 설명했다. 사물은 우리가 극복하는 어떤 것이고, 장치는 우리를 위해서 그 일을 하는 어떤 도구이다. 보그만은 "장치로서의 스테레오는 사물로서의 스테레오와 대조된다. 사물은 실천을 요구하지만, 장치는 소비를 유혹한다"고 보았다. 정보 경제가 '지식 작업'을 맹목적으로 숭배하게 만든 바람에, 요즘의 영유아에게는 자기 스스로 사물을 선택하고 자기 손으로 어떤 것을 직접 만드는 과업을 통해서 얻을 수 있는 기쁨을 만끽할 기회가 주어지지 않는다. 어른들은 책을 읽는다거나 텔레비전을 보거나 스마트폰을 검색하면서 머리로 세상을 받아들이는 경향이 있다. 그렇기 때문에 어른들은 일상적인 사물의 세상에서 벗어나 있다. 반면에 아이들은 사물을 접촉해 보고 경험함으로써 세상을 배운다. 그래서 어른들은 영유아에게 인생의 보다 구체적인 즐거움, 만져 보고 느낄 수 있는 즐거움을 추구할 기회를 제공해야 한다.

아이들은 어떤 것을 할 수 있고, 그것의 효과를 직접 볼 수 있는 기회를 가져야 한다. 인지적 성취를 중시하는 사회 분위기와 온갖 장치로 만들어진 각종 구조화된 장난감이 영유아에게 주변의 사물을 마음껏 탐색할 기회를 빼앗아 버렸다.

미국에서도 2001년 「아동 낙오 방지법(No Child Left Behind Act)」이 생기면서 인지적 학습을 강조하는 사회적 추세가 강화되었다. 이러한 법을 규정하게 된 것은 아동의 심각한 기초학력 저하가 드러났기 때문이다. 그러나 기초학력 저하 방지법 규정은 영유아 및 아동에게 휴식, 창작 예술 및 체육 활동의 현저한 위축을 낳고 있다.

3) 놀이공간과 움직임 제한 환경

사회발전이라는 명분하에 지역사회가 아동들의 공간과 움직임을 제한한 지는 오래되었다. 공공 놀이터는 주차장과 어른들의 운동 공간으로 변모하였다. 진보와 성장의 물결로 도시가 지역 상점들로 채워지고 도시 외곽의 비즈니스 테마파크는 지역 공동체의 휴식과 여가 공간을 대체하였다.

영유아가 각종 놀이와 여가를 할 수 있는 지역사회의 인프라가 부족하다. 어느 놀이터나 비슷하고, 획일적이며 재미가 없다. 놀이터가 아동의 연령과 장애 등 특성에 적합한 설비를 갖추고 있지도 않다. 그네는 있지만 서구 사회에서 흔히 볼 수 있는 그 흔한 영아용 그네가 설치된 곳은 거의 찾아보기 어렵다. 영아들만이 안전하게 놀이할 수 있는 실외 놀이터도 본 적이 없다. 어느 놀이터든 설치되어 있는 미끄럼틀도 거의 비슷한 모양과 비슷한 유형의 설치물이다. 동네마다 지형에 따라서 미끄럼틀의 모양이 천차만별인 서구 국가들과 크게 대조된다. 줄타기, 배 모양의 움직이는 공간 설치, 단추 모양의 빙글빙글 도는 공간에서 부모와 함께 앉아 회전의 즐거움을 느껴 볼 수 있는 놀이기구 등 이름도 말하기 어려울 만큼 창의적인 놀이공간을 갖춘 곳이 전국 어디에나 널려 있는 서구 국가와 비교해 보면, 우리나라의 놀이터는 고만고만한 크기와 모양의 그네와 미끄럼틀, 그리고 줄타고 오르기 정도가 전부이다. 각기 다른 특성과 욕구를 가진 영유아가 정해진 방식이 아닌, 자신만의 방식으로 놀이를 시도해 볼 수 있는 실외 놀이공간이 전국에서 손가락에 꼽을 정도의 수에 지나지 않는다.

어린이집이나 유치원의 실외 놀이 환경도 사정이 크게 다르지 않다. 실외 공간의 크기가 기관마다 차이가 있을 뿐 배치된 실외 놀이기구는 거의 유사하다. 실내 공간 역시 영유아 놀이 중심보다는 가르침과 배움에 집중할 수 있도록 법규와 정책에 맞춘 공간 배치를 벗어날 수 없고, 천장과 복도, 교실 벽 등을 활용한 놀이 환경을 갖춘 기관을 보기가 어렵다.

4) IT 기기: 첫 친구와 첫 놀잇감

요즘 아동들은 TV나 컴퓨터, 비디오 게임을 통해 수동적으로 즐겁게 지내는 시간이 늘면서 자유놀이가 현저하게 감소하였다. 전자매체를 활용한 놀이는 일부 장점에도 불구하고 과도하게 노출되었을 경우 영유아에게 해로운 영향을 미친다는 많은 연구 결과가 있다.

각종 미디어와 컴퓨터 등 IT 기기가 그나마 있던 아동의 놀이와 여가 시간을 블랙홀처럼 빨아들였다. 어른들의 규율과 개입이 덜한 가상의 사이버 공간은 아동들의 사회적 상호작용과 우정의 본성을 과격하게 변화시켰다(황옥경 외 2014). 인터

넷 및 스마트폰 중독과 관련해서 초등학생의 16.3퍼센트, 중고생의 9.3퍼센트가 고위험군으로 밝혀졌으며 중고생의 경우 중독 고위험군이 2008년(1.3퍼센트)에 비해 7배 이상 증가했다(보건복지부, 2014). 최근에는 셀카를 찍는 영유아가 늘어나는 추세라고 한다.

5) 사회적 위기 상황

영유아의 놀이는 사회적 위기 상황에서 크게 위축된다. 감염병의 확산, 그리고 전쟁 등은 영유아의 생명과 건강을 위협하기 때문에, 놀이공간과 놀이시간을 제한시킨다. 2020년, 전 세계 코로나19의 확산 상황에서도 아동의 놀이가 크게 위축되었다(Human Rights Watch, 2020.5). 어린이집과 유치원, 그리고 학교 등이 폐쇄되어 영유아가 또래와 놀이할 기회가 거의 차단되었으며, 사회적 거리 유지 강화는 영유아가 집안에 머물도록 하였고, 각종 온라인 매체에 의존하여 시간을 보내도록 하였다. 코로나19 이전과 이후의 실외 놀이시간이 현저하게 감소하였다는 연구 보고(황옥경 외, 2020)는 사회적 위기 상황에서도 영유아가 중단 없이 놀이할 수 있는 환경을 조성해 주는 세계 각국의 노력이 뒤따라야 할 것을 촉구하였다.

역사적으로 볼 때, 영유아 등 아동기 놀이는 1,2차 세계대전의 참혹한 상황에서도 전쟁 당사국이었던 프랑스, 영국, 독일 등의 국가에서 평시의 활발하고 풍부한 놀이 상황은 아니더라도 아동들의 놀이가 이어졌다. 홀로코스트에 수용된 아동들조차 틈틈이 놀이를 하였다는 기록이 있다. 근래에는 시리아 난민촌 텐트에서도 아동의 놀이가 이어진 사진 자료가 보도되어 전 세계인의 관심을 끌었다. 이러한 일련의 상황에서 영유아의 놀이 욕구는 본능이며, 사회적 위기의 상황에서도 지속되어야 한다는 것을 재확인할 수 있다.

코로나19 팬데믹이 전 세계를 덮친 2020년에 유니세프 등의 아동 관련 국제기구는 중단 없는 영유아 놀이 실천 방안을 다양하게 제안하였다. 특히 감염 확산 예방 정책이 영유아기의 소중한 실외 놀이 활동을 억제하는 것을 최대한 자제할 수 있어야 할 것임을 강조하였다. 어떤 위기 상황에서도 최소한의 공공 실외 놀이 공간을 확보해야 할 것을 권고하였다(황옥경 외, 2020).

생각해 보기

- 어린이집과 유치원 등의 영유아기관의 어떤 환경적 요소가 영유아의 놀이를 방해하는지 생각해 보자.
- 보그만의 주장에 근거하여 '장치'에 해당하는 구조화된 장난감의 놀이 혜택이 전혀 없는 것인지 생각해 보자.
- '장치'와 상업주의, 그리고 부모 및 보호자의 양육 편리성을 연관지어 생각해 보자.

2. 더 나은 놀이를 위한 교사 반응과 개입 역량 키우기

아동의 놀이는 본능적인 것이다. 대부분의 경우 놀이를 지지하기 위해 할 수 있는 가장 중요한 것은 아동이 매일 놀기 위한 충분한 공간과 시간을 주는 것, 그리고 아동의 놀이를 이해하려는 자세이다. 스스로 놀이하고 있는 것을 교사가 기쁘게 지켜보고 있음을 알게 되면, 아동이 놀이하는 것을 더욱 즐길 수 있다. 라킨(Rakin)은 사회적 위기 속에서도 아동이 휴식과 여가를 누리고, 지속적인 신체활동과 놀이를 통해서 발달을 도모할 수 있도록 도와야 할 것을 주장한다(RaKin, (2020).

영유아의 놀이에 방해가 되지 않으려면 교사는 최적의 교사 반응과 개입 방식, 그리고 개입 시점에 대해 이해해야 한다. 교사는 영유아의 놀이를 영유아의 관심사와 전혀 다른 방향으로 유도하거나, 빼앗아 버리는 일 없이, 놀이를 지지하기 위한 역량을 갖추어야 한다. 이를 위한 몇 가지 방안은 다음과 같다.

1) 놀이를 바라보는 것의 '혜택' 인식하기

영유아가 놀이하는 것을 관심을 가지고 지켜보는 것은 영유아의 놀이방법을 이해하는 데 좋은 기회가 된다. 교사의 이와 같은 행동은 결과적으로 일과시간에 교사와 영유아가 서로 좋은 관계를 유지하도록 하는 데 도움이 된다. 교사 역시 재치를 발휘하고 놀이 역량을 높이는 데에도 도움이 된다.

영유아의 놀이는 항상 똑같지 않다. 아이들은 혼자서 놀이하기를 원할 때도 있고, 누군가와 함께 놀고 싶다고 생각할 때도 있다. 집에서 누군가와 함께 놀거나 부모의 핸드폰을 가지고 온라인으로 놀고 싶다고 생각할 때도 있다. 또한 놀이 상대가 애완동물이나 인형이기를 원할 때도 있다. 아이들은 활동적이고 에너지가 넘치는 놀이를 즐길 때도 있고, 조용한 놀이나 창조적인 놀이를 선택하기도 한다. 이 모든 것은 아동의 자연스러운 놀이방법이다.

아동의 놀이방법을 눈여겨 볼 수 있는 기회는 아이들과 함께 지내는 시간 중에서도 더욱 멋진 순간이다. 구체적으로 말하면 영유아의 놀이를 지켜보는 것은 다음과 같은 혜택을 준다.

- 영유아를 보다 잘 이해할 수 있게 된다.
- 영유아가 즐길 수 있는 아이디어를 얻을 수 있다.
- 아이들의 기분을 이해할 실마리를 얻을 수 있다.
- 함께 있는 시간이 서로에게 편안하고 즐겁다고 느끼는 생활을 할 수 있게 된다.

교사들은 영유아의 놀이가 놀이의 본질을 벗어나지 않도록 도울 수 있으려면 다음의 사항을 언제나 기억하고 있어야 한다.

- 자유놀이를 장려한다. 교사는 모든 영유아가 창의력을 발휘하고, 반성적 사고가 가능하며, 자신의 욕구와 잠재력을 확인할 수 있는 충분하고도 미리 정

해지지 않은, 독립적인 놀이시간을 갖도록 도와야 한다.

- 능동적 놀이의 장점을 강조하고 수동적 오락(예: 온라인 영상 시청하기, 컴퓨터 게임)을 과도하게 사용하지 않는다.
- 제한된 상상력을 활용하는 수동적인 놀잇감보다 영유아가 자신의 상상력을 최대한 활용하는 블록이나 인형과 같은 놀잇감의 이점을 인식한다.
- 교사는 영유아 중심의 놀이가 영유아의 건강한 신체 발달을 적극적으로 도모하는 가장 오래된 방법임을 기억한다.
- 교사는 영유아와 사전에 계획하지 않은 자유로운 놀이시간을 함께 보내고, 이런 교사가 양육적이고 생산적인 역량을 지닌 교사라는 것을 기억한다.
- 교사는 영유아를 위해 마련한 최상의 기회가 실제로는 최선의 기회가 아닐 수 있으며, 때로는 의도된 교육 프로그램을 제공하는 것보다 오히려 영유아의 요구를 존중하고 이야기를 나누며 자유롭게 놀이할 수 있도록 허용하는 교사의 역할이 중요할 수 있음을 기억한다.
- 교사는 안정된 정서를 가지고 있어야 하며, 영유아와 즐거운 시간을 보내고, 부모와 소통하는 것이 영유아에게 행복의 기반을 마련해 주는 교사의 역할임을 인식한다.
- 교사는 부모가 슈퍼마켓 아이를 생산하기 위해 만들어진 상업주의 기반 놀이 제품에 대한 평가를 제대로 할 수 있도록 도와야 한다.
- 교사는 책 읽기의 중요성을 자각해야 한다.
- 교사는 병행놀이에서 협동놀이로 이동하는 만 2세 반에서 만 3세 시기에 유아가 또래들과 어울려 놀이할 수 있도록 도와야 한다.

2) 놀이에 대한 최적의 교사 반응 실행하기

놀이는 아동이 스트레스를 해소하고 자신들 나름대로 상황에 대처하는 하나의 방식이다. 영유아는 놀이를 통해 자신의 생각과 질문, 그리고 세상에 대응하는 방법을 이해한다. 영유아가 고통을 느끼거나 제대로 놀지 못하는 것처럼 보이지 않는 이상, 대부분의 경우 영유아의 놀이 방식은 영유아가 선택한 대처 방법이라고 생각해도 무방하다.

- 놀이를 권유할 때까지 기다린다.
- 만약 아이들이 즐겁게 놀고 있다면 그대로 놀게 한다.
- 놀이가 방해받지 않도록 놀이를 지켜 준다.
- 만약 아이들이 놀이에 열중하고 있다면 TV나 컴퓨터 게임 등의 기기 스위치를 꺼 주고, 놀이를 멈추게 하여 무엇을 하고 있는지 일부러 묻거나, 다른 것을 하도록 권유하지 않는다.
- 아이들이 탐구하고, 틀릴 기회를 준다. 아이가 어리석다고 생각하거나, 못난 아이라고 판단하지 않고, 시행착오를 겪으며 자신의 생각대로 움직일 수 있도록 격려한다.
- 아동의 속도대로 기술과 역량을 배워 나가도록 한다. 영유아가 어려움에 부딪히는 것을 보면, 무심결에 대신 해 주고 싶어지지만, 영유아는 그러한 과정에서 배운다는 것을 잊지 않는다.
- 무엇을 하고 놀지는 아이들이 선택할 수 있도록 한다. 어른이 어려움을 느끼거나 기분을 나쁘게 하는 주제가 있다고 해도, 그것이 그 아이의 놀이이다.

단, 교사는 영유아가 다음의 두 가지와 같은 감정과 생각을 가지고 있다는 것을 언제나 기억해야 한다.

- 놀이 도구나 장소, 놀 수 있는 시간에 관하여 아동이 항상 어른에게 의존하는 경우가 있다. 어떤 경우에는, 이를테면 아이가 아프거나 정서적으로 불안정하거나, 자신감이 약해졌을 경우 교사의 확인을 받고 싶어할 수도 있다. 영유아의 이런 마음을 이해하고 헤아리면서 필요한 도움을 제공해 준다. 그리고 서서히 자신이 놀이를 이끌어 나갈 수 있도록 기회를 제공한다.
- 아이들은 자신이 안정감을 느낄 수 있도록 교사가 지켜봐 주기를 평소 이상으로 바랄 수도 있다. 어떤 경우에, 교사가 지켜봐 주는 걸 굉장히 행복해한다. 자신이 이끌어 나가는 놀이를 애정을 가지고 관심 있게 지켜봐 주는 교사를 느끼면서 놀이하기도 한다. 특별한 영유아의 경험과 계기가 영유아의 이런 행동을 촉발시킨다는 것을 기억한다.

3) 놀이 개입 타이밍 알아차리기

(1) 놀이 개입 전에 생각해야 할 것

IPA(International Play Association)는 놀 권리를 기본적 인권으로서 지키고, 유지하고 촉진하는 것을 목표로 하는 단체이다. IPA 대표 밀러(Millers)는 놀이를 아동기 즐거움의 중요한 부분으로 인식하고, 아동의 발달에 필수적 조건이며 위기 상황에서 아동이 평정심과 즐거운 마음을 되찾을 수 있도록 돕는 중요한 치료 역할을 할 수 있다는 것을 강조한다(IPA, 2020). IPA는 영유아 놀이에서 교사가 개입하기 전에 반드시 생각해 봐야 할 것으로 아래의 사항을 강조한다.

- 멈춰 서기
  영유아의 놀이에 관여하기 전에 멈추고, 보고, 듣기를 한다. 아이들이 놀이하는 그곳에서 무슨 일이 일어나고 있으며, 아이들이 무엇을 하고 있는지 먼저, 보고 듣는다.

- 생각하기

  다음으로, 아이들이 어떻게 놀이를 하고 있는지에 대하여 생각해 본다. 즉 교사가 갑자기 놀이에 참가하면 어떤 일이 일어날 것이라고 생각하는가, 만약 아이들이 놀이를 잘하고 있다면, 그 놀이에 참가할 필요가 있겠는가 등의 생각을 떠올려 본다.

- 결정하기

  다음으로, 교사 자신이 어떻게 행동할 것인지를 결정한다. 멈춰 서서 보고, 듣고, 생각한 다음에는 아이들이 교사의 참가를 원하는지 아닌지를 알 수 있게 될 것이다.

- 돌아보기

  영유아의 놀이에 참여함으로써 놀이가 어떻게 변화하였는지를 생각해 본다. 예를 들어 아이들의 놀이가 중단되지는 않았는가, 더욱 재미있어졌는가, 안정감을 줄 수 있었는가 등을 확인한다.

(2) 놀이 개입 타이밍 알아차리기

유아는 대부분 자신이 어떤 타이밍에 다른 아이들과 놀이하고 싶은지, 또는 혼자서 놀이하고 싶은지 알고 있는 것처럼 보인다. 교사는 타이밍을 판별하는 방법을 기억해 둘 필요가 있다. 효율적인 개입을 위해서 "선생님은 저쪽에 갔으면 좋겠어"라고 유아에게 말해 달라고 부탁해 두는 것도 좋은 방법 중 하나이다.

영유아는 "선생님이 왔으면 좋겠어", "놀아 줬으면 좋겠어" 등 자신의 욕구를 알리기 위해서 다양한 방법을 통해 표현한다. 그것을 말로 표현할 때도 있고, 아래와 같이 표정을 짓거나 행동할 수도 있다.

- 웃긴 얼굴을 보여 준다.
- 근처에서 서성거린다.

- 어깨를 톡톡 치고 도망간다.
- 주의를 끌기 위해 어른이 화가 날 만한 행동을 한다.
- 안아 달라고 한다.
- 장난감을 가지고 와 보여 준다.

생각해 보기

- 교사가 영유아의 놀이에 참여하는 방법은 여러 가지가 있다. 어떤 방법이 있을지 생각해 보자.

※ 몇 가지 예

- 박스나 소파 정도의 좁은 장소에서도 놀기 위한 공간을 만들어 준다.
- 아동이 놀이할 때의 기분에 맞춰 원에 있는 것 중에서 놀 만한 것을 찾을 수 있도록 돕는다.
- 노래를 부르거나, 음악을 듣거나, 이야기를 들려준다.
- 놀 만한 것을 찾아 준다(예: 비밀 기지를 만들기 위한 시트나 카페 놀이를 할 수 있는 냄비, 프라이팬 등)

3. '세 번째 교사', 놀이 중심 환경

1) 영유아 놀이와 공간의 관계 이해

영유아가 사용하는 공간은 세상을 알고, 살아가기 위해 필요한 역량을 습득하는 데 중요하다. 영유아는 환경에서 신체운동 기능을 익히고 숙련한다. 새로운 것을 만나는 경험도 환경에서 발생하며 관찰을 통해서 사회화되기도 한다. 레지오 에밀리아는 유아교육기관 등 영유아 시기 환경의 중요성을 강조하기 위해서 환경을 '세번째 교사'라고 일컫는다. 영유아가 머물거나 활용하는 공간을 계획할 때 가장 먼저 고려해야 하는 것은 공간의 배치와 구조화이다. 영유아기관의 공간 계획 시 고려해야 할 사항을 정리하면 다음과 같다.

- 영유아의 상상력을 자극하는가
- 교사와 보호자와 함께 놀이스러운 재미있는 활동과 상호작용이 가능할 것인가
- 공간이 영유아의 발달을 어떻게 지원할 수 있는가
- 공간 자체가 활동적인 놀이가 가능하도록 디자인되었는가

2) 유아기관의 공간 계획의 유연성

유아기관은 영유아의 놀이가 풍부하게 이루어질 수 있도록 수시로 공간을 점검하고 변형해 나갈 수 있어야 한다. 왜냐하면 공간 구성 그 자체가 놀잇감이 되기 때문이다. 영유아는 공간을 가지고 상상하며 놀이할 수 있다. 유아기관은 언제나 영유아의 놀이를 자극할 수 있는 놀이공간을 모색하며 공간 활용의 유연한 역량을 발달시켜야 한다. 한번 계획하고 구조화한 공간을 변형 없이 언제나 늘 그대로 배치하는 것은 동일한 놀이의 반복을 불러와 영유아가 창의적 유연성을 발휘하기 어렵다.

바너드(Banard, 2020)는 공간 활용이 놀이에 미치는 영향을 강조하면서 영유아의 놀이에 영향을 미치는 다양한 공간 활용의 예를 제시하였다. 그중에 몇 가지를 설명하면 다음과 같다.

- 언덕과 슬로프가 있는 부지의 지형, 경계, 나무 및 식물은 영유아의 놀이 가치를 향상시켜 주며, 그 자체로 놀이공간에 포함될 수 있다.
- 작은 언덕과 나무 사이에 반쯤 숨겨진 놀이공간은 놀이 장비가 설치된 넓은 놀이터에 비해서 놀이에 대한 욕구를 더 크게 만든다.
- 영유아는 똑바른 길보다 구불구불한 길에서 더 큰 호기심을 발동한다.

- 부지의 기존 지형의 특성, 높이 및 질감의 변화는 다양한 곡선 형태에 영감을 줄 수도 있다.
- 작은 언덕, 분리된 공간이 있는 터널 등과 같이 변화하는 지형은 영유아의 공간에 대한 인식을 확장하고 상상력을 자극하는 데 도움이 된다.

언덕과 슬로프가 있는 높이가 다른 공간은 내부와 외부의 분리가 가능하여 이 두 공간의 관계를 통해 호기심이 유발되고, 다른 관점에서 공간을 이해할 수 있도록 돕는다(Van ban, 2021).

육아지원기관은 영유아의 놀이를 자극하는 실내환경과 실외환경의 조성을 꾸준히 모색해야 한다.

3) 지역사회에 놀이 환경 담기

21세기에 자라고 있는 아동들이 수많은 새롭고 복잡한 도전에 직면하고 있다. 2020년까지 아동기 우울은 두 번째로 높은 장애 원인으로 예고되었다(World Health Organization, 2001). 그레고리 등(Gregory 외, 2004)은 문화의 창조적 진화(the creative transformation of culture)를 설파하면서 아동은 성인과 별도의 다른 세계가 아닌 동시의 세계에 살고 있음을 주장하였다. 아동은 여러 집단의 구성원 자격을 취득한다. 그 때문에 국가 운영과정에서 아동의 요구와 필요가 성인의 요구와 필요만큼 중요하게 고려되어야 한다.

영유아의 놀이 환경이 축소되는 현대사회의 문제를 해결하기 위하여 아동친화적인 지역사회 환경을 마련해야 할 필요성이 주장되었고 전국적으로 아동친화도시가 추진되고 있다(이재연, 황옥경, 최창욱, 이은주, 2010; 황옥경, 김영지, 2011). 세계의 아동 관련 기구들은 아동의 놀이 활성화를 도모하기 위한 다양한 전략을 제안한다. 유니세프는 '플레이 타임, 애니타임'이라는 기치 아래 부모의 상호작용 역시 영유아와의 놀이 수단인 점을 강조하고, 연령별로 가능한 다양한 놀이방법을 안내하고 있다.

미국에서는 대표적으로 필라델피아에서 '더 나은 교육 결과, 더 강력한 커뮤니티(https://www.brookings.edu/blog/the-avenue/2019/06/06/imagining-playful-learning-landscapes-for-every-community/)'라는 기치 아래 지역사회 전체를 아동 놀이가 가능한 환경이 되도록 노력하고 있다. 필라델피아의 Playful Learning Landscapes Project에서 가장 독특한 점은 재미있는 놀이가 작동하는 지역사회 환경 조성에 박차를 가하면서 이를 아동의 학습과 발달을 향상시키고자 하는 것이다. 그 주요 목표 중 하나가 지역의 물리적 공간을 변화시키고자 하는 것이다. 예를 들어 필라델피아에서는 공터와 버스 정류장을 개조하여 재미있는 학습이 가능하도록 설계하여 학습의 기회를 확대하고 지역사회가 변모하는 두 가지 목표 모두를 성취하였다. 예를 들어 필라델피아 지역 버스 정류장의 벤치는 어른과 아동이 함께할 수 있는 퍼즐로 바뀌었다. 이와 같은 지역사회 환경의 놀이 중심 개조 작업은 비어 있거나 잘 사용되지 않는 부지에 새로운 생명을 불어 넣고, 공공 공간을 개선하며, 공원과 광장에 흥미로운 새 기능을 부여하고 있다. 이러한 재투자는 주변 주민의 활력을 향상시키는 동시에 다른 지역에 살고 있는 가족과 아동이 새로운 지역을 탐험하도록 이끌어 주기도 한다.

영국 플레이 잉글랜드는 놀이에 대한 비전을 제시하고 아동 놀이를 촉진하기 위해서 놀이헌장을 발표하였다. 놀이헌장은 아동에 대한 놀이 전략을 수립하고 지역사회 아동과 청소년 정책을 개발하고 실행하는 데 지침으로 활용된다. 지방정부, 민간단체, 보건의료기관, 교육기관 및 사회서비스 제공 기관은 이 헌장을 채택하고 정책 수립의 기초로 활용한다.

4. 멈추지 않는 놀이를 위한 국제기구의 노력

아동 관련 국제기구들은 위기 상황에서도 영유아의 놀이가 중단되는 일이 없도록 하기 위한 다양한 자료들을 내놓고 있다. 유니세프는 레고사와 공동으로 집에서 할 수 있는 간단한 놀이방식에 대한 안내를 하고 있다(UNICEF, 2020). 세계보건기구(WHO)는 글로벌 주요 18개의 게임 회사와 공동으로 사회적 거리 두기 상황하에서 놀이를 유지하는 PlayApartTogether 캠페인을 진행하였다. 세계보건기구, 유니세프, 유네스코 등의 국제기구는 아동의 신체활동과 사회적 관계가 위축되지 않도록 간단하고 쉽게, 그리고 재미를 느끼고 뭔가를 배울 수도 있는 놀이를 적극적으로 개발 · 보급 중이다. 국제기구의 이러한 놀이지원은 아동의 놀이가 어떤 경우에도 위축될 수 없으며, 학교가 폐쇄되고 온라인으로 대체되는 교육 현실에서 오프라인상의 놀이가 더욱 중요하다는 것을 방증한다. 실제로 하버드 아동발달 연구소는 놀이와 뇌 건축의 관계를 설명하면서, 서브 앤 리턴(Serve and Return)을 통해서라도 아동의 사회적 관계와 놀이가 계속되어야 할 것임을 주장한다(Harvard University, 2020).

위기 상황에서도 놀이는 오히려 영유아에게 안정감을 주고, 위기에 대한 불안감을 낮추는 데도 도움이 된다. 놀이는 영유아가 자신의 마음을 잘 이해하고, 모든 것을 걱정하지 않아도 되고, 괜찮아질 것이라는 편안한 감정을 유지하도록 돕는다. 위기 상황에서 영유아의 놀이는 다음과 같은 의미가 있다.

- 마음의 건강을 유지한다.
- 세계에서 일어나고 있는 새로운 경험과 변화를 이해한다.
- 몸을 움직인다.
- 어려움 또는 공포스러운 기분과 마주한다.
- 마음을 편하게 하고 걱정을 잊어버린다.

어린이집과 유치원 등의 육아지원기관은 어떤 위기 상황하에서도 영유아의 놀이가 중단되지 않도록 필요한 자원을 확보하고 다양한 조치를 취해야 할 것이다.

유엔아동권리위원회(2013)는 놀이와 여가 환경 조성 여건을 다음과 같이 제안하였다. 어린이집과 유치원 등 육아지원기관은 〈표 12-1〉에 나타난 바의 유엔아동권리위원회의 놀이 환경 조성 원칙을 살펴보고, 이에 따라 기관의 놀이 환경을 구성할 수 있도록 해야 할 것이다. 특히 안전을 염려하는 부모 및 보호자들의 요구를 충족하면서, 새로운 세상을 탐색하고 영유아 자신의 호기심을 시험해 볼 수 있는 모험적인 놀이 환경을 어떻게 구성할 수 있을지, 그리고 영유아가 모험적인 놀이를 시도할 때 교사와 기관은 어떤 반응을 보여야 하는지에 대한 면밀한 전략을 가지고 있어야 할 것이다.

〈표 12-1〉 놀이와 여가 환경 조성

놀이와 여가 환경	구체적 내용
아동이 31조의 놀이와 여가를 누릴 수 있으려면 다음과 같은 상황에서 생활할 수 있어야 한다.	• 스트레스로부터의 자유 • 사회적 배제, 편견 혹은 차별로부터의 자유 • 사회적 위험이나 폭력으로부터 안전한 환경 • 낭비, 오염, 교통체증, 아동이 살고 있는 지역 내의 물리적 환경 위험으로부터의 자유 • 연령과 발달에 적합한 휴식 제공 • 여가를 누리고 다른 사회적 요구로부터의 자유 • 놀이할 장소와 시간 제공, 성인의 통제와 감독으로부터의 자유 • 다양하고 모험적인 환경을 통하여 바깥놀이 활동이 가능한 공간과 기회 제공, 필요할 경우 성인의 도움 • 자연생태환경과 동물 세계에서 놀거나 함께 상호작용하는 경험을 할 수 있는 기회 제공 • 상상력과 아동 자신의 언어를 사용하여 그들만의 세계를 창조하고 변형시킬 수 있는 시간과 공간 제공 • 문화와 전통예술을 이해하고 탐색하며 스스로 창조해 보고 이를 재구성해 볼 수 있는 기회 제공 • 다른 아동들과 게임, 스포츠, 그리고 오락 활동에 참여할 수 있는 기회 제공, 필요한 경우 훈련받은 전문 인력의 도움 • 31조항 놀 권리에 대한 가치와 제도의 필요성에 대한 부모, 교사, 사회의 인식

♣ 더 알아보기

■ 한국 아동이 놀이하고 싶은 50가지

번호	놀이 이름	활동 예
1	까르르 신나게 달리기	
2	껑충껑충 한 발 뛰기	
3	꼬마야 꼬마야 줄넘기	혼자서도 팔짝팔짝….
4	꼭꼭 숨어라 숨바꼭질	
5	꽁꽁 눈을 뭉쳐 던지거나 나만의 작품 만들기	스르르 사라지는 모습도 지켜보기….
6	꽃이나 잎사귀로 왕관 만들기	떨어진 꽃잎, 나뭇잎, 솔방울, 조개껍질, 돌멩이 등 자연의 흔적을 주워 나만의 보물로 간직하기….
7	나 잡아봐라 술래잡기	
8	냠냠 소꿉놀이	
9	넘어가라 딱지치기	
10	높이 높이 연날리기	
11	던져 던져 비석치기	
12	돌멩이 모아모아 공기놀이	
13	동글동글 공놀이	축구, 농구, 야구, 족구, 탁구….
14	두둥실 물에 나뭇잎 배 띄우기	
15	떴다 떴다 종이 비행기 날리기	
16	무궁화 꽃이 피었습니다	
17	뭉게뭉게 구름에 별명 짓기	늘어지게 누워서 단 하루도 같지 않은 변화무쌍한 하늘 보기, 반짝반짝 별 보기, 뜨는 해 지는 해 보기, 초승달 · 반달 · 보름달 달님의 변신 지켜보기….

♣ 더 알아보기

번호	놀이 이름	활동 예
18	바스락 바스락 낙엽 밟기	
19	발갛게 봉숭아 물들이기	
20	보슬보슬 소복소복 손으로 비나 눈 맞기	빗 속에서 비옷 입고 뛰어 다니기….
21	비틀비틀 균형 잡기	구석구석 동네 걸어 다니기, 바람 부는 대로 훨훨 날아가듯, 강이나 해변 따라….
22	뽀드뽀득 아무도 밟지 않은 눈 밟기	
23	삘 릴리 풀피리 불기	
24	성큼성큼 그림자 밟기	
25	슈웅 그네 타기, 힘껏 그네 밀기	
26	쌩쌩 언덕에서 썰매 타기	미끌미끌 빙판에서 미끄러지기….
27	쏙~ 통에 던져 넣기	
28	씨앗 심어 파릇파릇 새싹 보기	채소 길러 먹어 보기….
29	아슬아슬 돌탑 쌓기	
30	안녕? 동물, 식물과 친구하기	관찰하고,이름을 알고, 인사하고, 안아 주고…. 비 온 뒤 길에 나와 있는 지렁이를 흙에 데려다 주기, 개미 따라가기, 새 모이 주기, 반딧불이 만나기, 새 둥지 찾아보기, 개구리알 찾기, 물고기 키워 보기….
31	알록달록 꽃과 나뭇잎을 이용하여 물들이기	
32	영차영차 줄다리기	
33	오르락 내리락 계단에서 가위바위보!	나뭇잎 하나씩 떼어 내기 가위바위보!
34	요리조리 사방치기	
35	울퉁불퉁 맨발로 걷기	흙길, 갯벌, 시냇가나 강가 걷기….

♣ 더 알아보기

번호	놀이 이름	활동 예
36	자연에서 야영하기	
37	잡고 말테야, 꼬리잡기	
38	조심조심 보도블록 금 안 밟고 걷기	
39	주렁주렁 야채나 과일 따 먹기	주인 몰래 따 먹으면 안 돼요.
40	쫑긋 자연의 소리 듣고 따라 하기	소라 껍질 속 바다 소리, 새 소리….
41	찾아라 찾아라 보물찾기	
42	첨벙첨벙 물놀이	빗물 고인 웅덩이에서 철퍽거리기, 강 · 개울 · 계곡 · 바다에서 물놀이, 얕은 물에서 노 젓기….
43	킁킁 자연의 냄새 맡기	비 냄새, 은행 냄새, 꽃 내음….
44	토닥토닥 흙놀이	모래로 두꺼비집 만들기, 갯벌에서 진흙놀이, 바닷가에서 모래찜질….
45	통통 퐁 물수제비 뜨기	퐁당퐁당 돌 던지기….
46	폴짝폴짝 고무줄놀이	
47	폴짝폴짝 징검다리 건너기, 만들기	
48	한 걸음 한 걸음 언덕이나 산에 오르기	야호~ 메아리 만들기….
49	후~ 민들레 홀씨 불기	
50	후우 후우~ 비눗방울 불기	

출처: 한국유니세프와 황옥경 연구팀(2014).

부·록

【 놀이 사례 소개 】

2020 우리 어린이집은 나의 최고 놀이터

놀이 주제	바다야, 고마워! 바다 동물아, 사랑해!		
대상 연령	만 4세	출처	구립서일대학교부설어린이집

♣ 시작되는 놀이

유아들의 창의적인 만들기를 지원하고자 다양한 미술재료와 도구, 재활용품 등을 제공하였다. 그중 재활용 상자에 많은 관심을 보이며 그림을 그리거나 집을 만들면서 놀이하는 모습을 보였다. 어느 날 재활용 상자로 놀이하던 유아 중 한 명이 주말에 낚시터에 갔던 경험을 이야기하였고, 낚시터에서 보았던 '뗏목'과 상자의 모양이 비슷하다고 말하며 바닥에 깔고 앉아 놀이하기 시작하였다. 이야기를 들은 여럿의 유아들이 관심을 보이며 재활용 상자를 들고 와 기다란 뗏목을 완성하였다.

재희: 재활용 상자에 엄청 예쁘게 큰 그림을 그려야지!

지원: 근데 이거 엄청 커서 여기 위에 앉아도 될 것 같다.

민서: 여기 위에 앉으니까 뗏목 같다. 우리 뗏목 만들까? 선생님, 이걸로 뗏목 만들어도 돼요?

교사: 정말 뗏목 같네! 우리 같이 만들어 볼까?

♣ 흘러가는 놀이

1) 뗏목을 만들어서 떠나요!

재활용 상자 위에 자유롭게 그림을 그린 뒤, 바닥에 놓고 길게 연결하여 뗏목을 완성해 보았다. 놀이가 지속되면서 뗏목을 탈 때 필요한 것이 무엇인지 이야기를 나누는 유아들의 모습이 관찰되었다. 가장 먼저 '노'가 필요하다고 말하였고, 다음으로 '물'과 '바다'가 있었으면 좋겠다고 말하였다. '노'는 사전에 제공된 재활용품을 이용하여 만들었고, 완성된 뗏목과 노를 이용하여 극놀이를 시작하였다. 직접 만든 뗏목 위에 올라가 노를 젓고 항해하는 흉내를 내며 놀이하는 모습을 볼 수 있었다.

우리 같이 예쁜 뗏목을 만들자

뗏목과 노만 있으면 어디든 갈 수 있어!

교사: 멋진 뗏목과 노를 완성했네! 뗏목이 움직이려면 뭐가 더 필요할까?

민서: 선생님, 물이 있어야 움직여요.

주안: 바다에 가면 탈 수 있지 않을까요?

교사: 그럼 우리 교실에 바다를 만들어 볼까?

이에 교사는 유아들의 놀이가 확장될 수 있도록 물과 바다를 표현할 수 있는 파란 색의 커다란 천을 지원해 주며 놀이의 확장을 도왔다.

2) 우리 교실에 바다가 생겼어요!

교사가 커다란 파란색 천을 제공해 주자 호기심을 표현하며 탐색하는 모습을 보였다. 파란색 천을 넓게 펼친 뒤 그 위에 올라가 헤엄치듯 움직여 보기도 하고, 발바닥이 그려진 매트를 파란색 천 위에 올려 두고 징검다리처럼 건너 보기도 하였다. "선생님, 우리 교실에 바다가 생겼어요."라고 표현하며 즐겁게 놀이를 진행하는 모습이었다.

놀이가 점차 확장되면서 교실에 있는 물고기 인형을 파란색 천 위에 올려 두고 자석 낚싯대를 이용하여 낚시놀이를 시작하였다. 물고기와 관련된 도서를 제공하였더니 물고기 이름에도 관심을 보이며 잡은 물고기의 이름을 말해 보기도 하였다.

민서: (파란색 천을 바닥에 넓게 펴 놓고) 여기는 바다야. 여기서 수영할까?

서희: 여기는 바다니까, 징검다리를 만들어서 건너 보자!

진우: 바다낚시도 해 볼까?

하율: 나는 청새치를 잡았어!

주안: 나는 철갑둥어를 잡았어!

우리 교실에 바다가 생겼어요

바다에 빠지면 안 돼~ 조심조심!

그물망으로도 잡자!

바다낚시는 재미있어!

3) 바다가 궁금해요!

뗏목에서 시작된 놀이는 바다와 물고기를 연상하게 하였고 유아들의 호기심에 따라 자발적으로 놀이가 진행되었다. 유아들의 놀이를 지원하기 위하여 바다 관련 도서와 바다 동물 피규어를 제공해 주었고 자유롭게 놀이할 수 있도록 도왔다.

특히 바다와 관련된 도서를 꾸준히 읽으며 탐색하는 모습을 보였다. 유아들의 흥미를 고려하여 각 가정에서 바다 관련 도서를 지원받아 제공하였다. 바다의 풍경이나 바다 동물들의 생김새가 자세히 묘사되어 있는 책들에 굉장히 많은 관심을 나타내었다. 자신이 가져온 도서의 내용을 친구들에게 설명해 주면서 유아들의 상호작용이 긍정적으로 순환하는 모습도 볼 수 있었다.

재희: 여기 대왕오징어가 있다!

하율: 이거 내가 가져온 책이야, 같이 보자! 이 물고기 이름 알려 줄까?

지원: 바다 거북이 등껍질이 진짜 딱딱해!

정우: 나는 백상아리가 제일 좋아!

바다 동물이 궁금해요

아귀는 상어보다 작아!

바다 책은 재미있어!

바다 동물이 어떻게 생겼는지 볼까?

4) 행복한 2반의 아쿠아리움

다양한 방법으로 바다를 표현하는 유아들과 함께 바다 동물이나 물고기를 본 경험이 있는지 이야기를 나누는 시간을 마련하였고, 대부분의 유아들이 '아쿠아리움'에 갔던 경험을 이야기해 주었다. 이야기를 나눈 후 우리 교실에도 아쿠아리움이 있으면 좋겠다고 말하는 모습을 보였다.

교사: 얘들아, 너희들은 바다나 고래, 물고기를 직접 본 적이 있어?

서희: 네! 나는 아쿠아리움에 가서 엄청나게 큰 상어 봤어요~

성하: 난 니모도 본 적 있어!

교사: 수족관에 가 봤던 친구들이 많구나~ 코로나 바이러스가 없었다면 우리 같이

수족관에도 가고 참 좋았을 텐데!

민서: 선생님, 우리 교실에 수족관이 있으면 좋겠어요~ 물고기 많이 보게요!

나는 수족관 가서 엄청 큰 물고기들을 봤어!

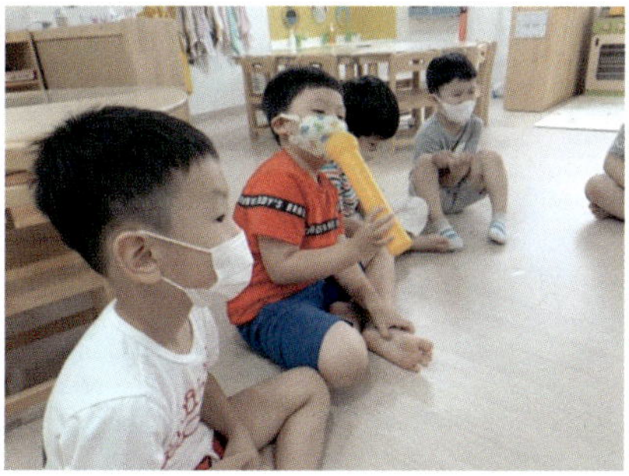

우리 반에도 아쿠아리움이 있으면 좋겠어요 ~ 물고기 많이 볼 수 있잖아요

유아들의 의견을 중심으로 어떤 방법으로 아쿠아리움을 만들면 좋을지 이야기를 나누어 보았다. 대부분의 유아들이 커다란 통유리 수족관을 떠올렸고 머리 위에서 헤엄치는 바다 동물들에 대해 설명해 주었다. 교사는 유아들의 경험을 토대로 이전에 제시했던 파란색 천을 천장에 붙이고, 그 안에 직접 만든 물고기를 넣어 보는 방법을 제시하였다. 교사의 방법을 긍정적으로 받아들인 유아들이 자유롭게 바다 동물들을 만들어 냈다.

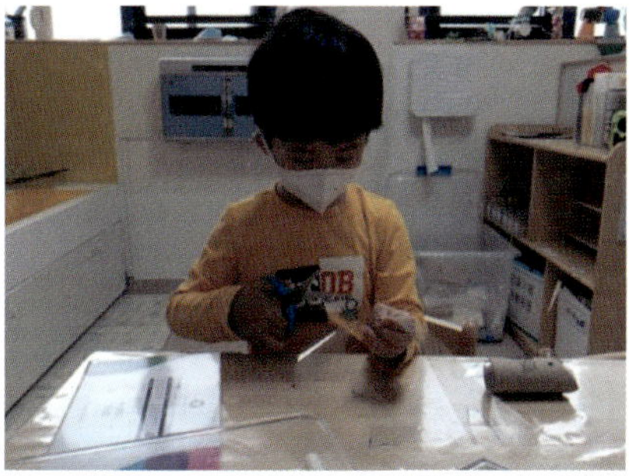

휴지심으로 상어 만들 거야

점토로 물고기를 만들어도 좋을 것 같아

행복한 2반의 아쿠아리움이에요!

우리 반 아쿠아리움을 관람해요!

5) 바다를 표현해요!

바다와 바다 동물에 관련된 도서를 읽은 유아들이 이번에는 각자 생각하는 바다를 자유롭게 표현하는 모습을 보였다. 몇몇 유아들은 바다와 관련하여 '물'에 관심을 나타내었고 바다를 표현하기 위해 화장솜과 스포이트로 물들이기 놀이를 시도하기도 하였다.

교사는 물에 관심을 보이는 유아들을 위해 마블링 물감을 제공해 주었고, 마블링 물감을 종이에 찍어낸 뒤 물결의 모양을 탐색할 수 있도록 도왔다.

서희 : 선생님, 휴지가 알록달록하게 물들었어요.

재희 : 나는 물고기 비늘을 꾸며 줄 거야.

지원 : (마블링 물감을 보며) 물결 모양이 움직인다!

성하 : 마블링 물감이 너무 예쁘다. 파도 모양 같아.

예쁜 바다 글자를 만들어야지

물결 모양이 너무 예뻐!

또 다른 유아들은 바다 동물에 관심을 보이며 놀이하였고 좋아하는 바다 동물을 직접 그려서 극놀이나 신체놀이에 활용하였다. 바다 동물을 표현할 때 미리 제시한 도안을 색칠하기보다는, OHP 필름을 책 위에 올려 두고 똑같이 그리기도 하고 관련 도서를 보며 곧바로 따라 그리기도 하였다. 유아들은 각자 원하는 방법을 선택하여 탐구와 관찰, 그리기 등의 놀이를 자유롭게 진행하는 모습을 보였다.

책을 보면서 나만의 고래를 그릴 거야!

직접 만든 고래 모자 쓰고, 고래로 변신!

몇몇 유아들이 커다란 바다 동물에 관심을 보여 크게 출력한 바닷속 풍경 도안을 제시해 주었다. 커다란 색칠 도안에 관심을 보이는 유아들이 많았고 각자 색칠하거나 꾸미고 싶은 부분을 정하여 자유롭게 활동해 보았다.

상어가 정말 커요!

같이 하니까 더 멋지다. 그치?

6) 바다가 아프대요!

유아들이 바닷속 풍경이나 실제 바다 동물이 헤엄치는 모습을 궁금해하고 반복적인 호기심을 나타냈다. 교사는 유아들의 요구에 따라 태블릿 PC와 멀티미디어를 사용해 볼 수 있도록 도왔다. 다양한 멀티미디어 자료를 탐색하던 중 의외로 뜻밖의 새로운 주제에 관심을 나타내는 유아들의 모습을 볼 수 있었다.

교사: (멀티미디어 자료를 보여 주며) 오늘은 어떤 바다 풍경을 관찰해 볼까?
서희: 선생님, 근데 바다가 왜 이렇게 더러워요? 더러워서 잘 안 보여요.
성하: 나 TV에서 고래 배 속에 쓰레기 엄청 많은 거 봤는데!
주안: 나는 상어 좋아하는데! 상어가 쓰레기 먹으면 어떡해?
교사: 그러게, 선생님이 보기에도 바다가 좀 더러운 것 같네. 바다에 무슨 일이 생긴 걸까?

새로운 주제에 관심을 보이는 유아들을 위해 바다와 환경에 관련된 자료들을 제시해 주었고 호기심을 해결할 수 있도록 도왔다. 바다와 쓰레기, 아픈 바다 동물들에 많은 관심을 표현하였고 그에 따른 해결방법을 찾는 것에도 호기심을 나타냈다.

바다 환경 관련 책을 읽어요

환경 퍼즐을 맞춰요

『쓰레기는 어디로 갈까』라는 도서를 지원받아 읽어 주었더니 집중하여 이야기를 듣는 모습이었다. 책을 통해 쓰레기들이 바다로 유입되는 과정을 살펴보았고 바다가 병들어 가고 있다는 것을 인지할 수 있었다. 다양한 자료와 도서를 경험한 유아들은 '분리수거하기' 게임에 적극적으로 참여하는 모습을 보였다. 게임을 통하여 분리수거하는 방법을 자세히 알아보았고 쓰레기를 줄이기 위해서 어떻게 해야 하는지 호기심을 표현하기도 하였다. 유아들 스스로 쓰레기를 줄이는 방법을 생각하며 이야기를 나누는 모습도 관찰할 수 있었다.

바다 쓰레기 분리수거 게임

바다 쓰레기 분리수거 신체 게임

【 게임 방법 】

1. 종이류, 플라스틱류, 유리류, 캔류가 구분되어 있는 주사위를 준비한다.
2. 여러 가지 종류의 쓰레기 그림들을 보며 이야기를 나눈다.
3. 주사위를 던져서 나온 그림을 보고 알맞은 곳으로 분류해 본다.

(신체놀이 시, 교사가 던져 주는 주사위 그림을 보고 달려와 알맞은 종류의 쓰레기를 먼저 가져오는 유아가 승리하는 방식으로 진행함)

7) 바다 동물들아, 우리가 지켜 줄게!

주말을 지내고 온 유아들이 "선생님, 나 어제 엄마랑 쓰레기 버리러 같이 갔어요. 가서 분리수거도 했어요", "선생님, 나는 음식 하나도 안 남기고 다 먹었어요."라고 뿌듯하게 말하는 모습을 보였다. 교사가 유아들에게 "분리수거해서 재활용할 수 있는 물건들이 많아졌겠네!" "OO이가 음식을 남기지 않고 먹었구나! 멋지다!"라고 말해 주자 굉장히 뿌듯한 표정을 지었다. 교사가 유아들의 긍정적인 성취감을 위해 '즐거운 지구 살리기' 스티커 판을 준비해 주고, 유아들 스스로 자신의 행동을 칭찬할 수 있는 기회를 마련해 보았다.

자신을 스스로 칭찬할 수 있도록 하였더니 바다를 지킬 수 있는 다양한 방법들을 생각하고 실천하는 모습을 보였다. 이미 사용한 물건을 재활용하는 것, 음식을 남기지 않고 먹는 것, 분리수거하는 것 등의 방법으로 바다를 지켰다고 말하며 뿌듯함을 표현하였다.

주원: 선생님, 이건 어디에다 버려요?

교사: 종이 쓰레기니까 하얀 상자에 넣어 볼까?

주원: 선생님, 종이끼리 모으면 나중에 다시 쓸 수 있죠?

서희: 나는 재활용통에 있던 걸로 잠수함을 만들었어.

성하: 우리 물에 띄워서 놀이해 보자!

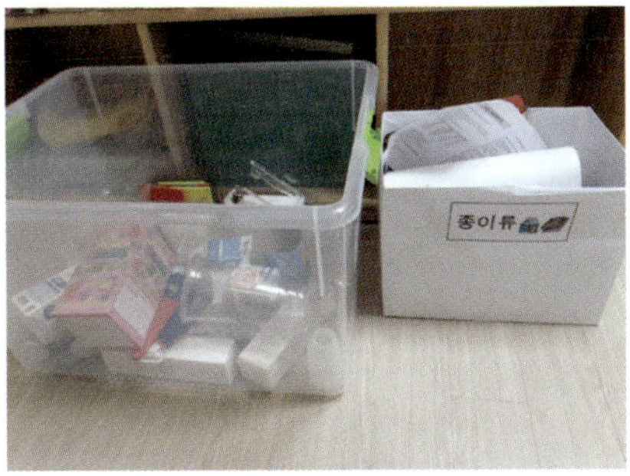

분리수거해요

재활용품으로 만들어서 놀이해요

8) 바다야, 바다 동물들아, 사랑해!

유아들이 바다를 지키려는 이유는 바다의 소중함을 알고 그 안에 살고 있는 바다 동물에 대한 애정 덕분이었다. 자신들이 좋아하는 바다와 바다 동물들을 지키기 위해 스스로 노력하는 모습이 굉장히 따뜻한 기억으로 남아 있다. 코로나19 바이러스로 인하여 물놀이나 여름 캠프, 수족관 방문이 어려웠고 교사는 현 상황에서 경험할 수 있는 최대한의 환경을 마련해 주었다. 범고래 튜브, 미니 풀장 등을 제공하여 간접적으로나마 바다와 바다 동물들을 경험할 수 있도록 도왔다. 유아들은 누구보다 즐겁게 놀이에 참여하였고, 바다를 지키기 위한 노력은 지금까지도 계속되고 있다.

진우: 얘들아, 우리 바닷속에 들어가서 놀까?

주원: 파란색 천 안에 들어오니까 바닷속에 있는 거 같아!

하율: 나는 수영해 볼 거야~

지원: 범고래 타고 떠나자!

서희, 성하, 현준: 나도 탈래! 같이 가자~

지원: 다 같이 출발!

바다야, 고마워!

고래야, 사랑해!

♣ 함께 자라나는 놀이 - 교사의 소감

우리 교실의 주인은 누구일까? 원장님도 담임 교사도 아니다. 교실의 주인은 바로 우리 아이들일 것이다. 교사 놀이지원 사례를 제시함에 앞서 교실의 주인이 누구인지 짚고 넘어가는 시간은 반드시 필요하다. 교실의 주인은 아이들이며 교실의 공간을 주도하는 것도 아이들이다. 이는 이번 개정 누리과정에서 강조하는 유아 자율성의 의미와도 같다.

학기가 시작되고 놀이와 공간의 자율성에 대해 생각하는 상황은 곳곳에서 발견되었다. 다수의 유아들이 "선생님, 양팔저울 들고 역할 영역 가도 돼요?", "선생님, 블록으로 만든 자동차 가지고 미술 영역 가도 돼요?"라고 질문하는 모습을 보였다. 이 질문은 이전 보육방식에 대한 현실을 나타낸다. 우리는 각 공간의 이름을 붙여 두고 그 안에서 관련된 놀이만 할 수 있도록 지도해 왔다. 심지어는 이름표를 만들고 한 영역에 4~5명의 유아들만 들어가 놀이할 수 있도록 규칙을 정한 적도 있었다.

그러나 개정된 누리과정의 내용에 따라 어떤 영역이나 공간이든 자유롭게 활용할 수 있도록 이야기를 나누고 놀이에 적용할 수 있도록 도왔다. 처음에는 유아들도 주춤거리며 여러 영역의 놀잇감을 융화되게 놀이하지 못하였다. 쌓기와 역할, 수 · 조작과 과학 등 연계가 쉬운 놀이에서만 약간의 놀잇감을 섞어 사용하며 놀이하는 모습이었다. 하지만 유아들의 놀이 연계가 점차 자연스러워지고 다양한 공간을 자유롭게 활용하기 시작하였다.

어느 날은 쌓기놀이를 위해 제공해 둔 종이컵을 언어 영역으로 가져와 책과 함께 높은 탑을 쌓아 보았다. 또 어느 날은 미술 영역에 있는 재활용 상자에 자유롭게 그림을 그린 뒤 역할 영역으로 가져와 집을 만들어 보기도 하였다. 유아들은 정해진 영역을 넘어서서 조금씩 변화하며 '공간의 자율성'을 경험하고 있었다.

공간을 자유롭게 활용하기 시작하면서 놀이에 대한 확장도 자연스럽게 이루어졌다. 재활용 상자에 관심을 가지던 유아들이 상자를 바닥에 깔고 앉은 뒤 '뗏목' 같다고 이야기하였다. 뗏목을 연상한 유아들이 노 젓기에 필요한 노를 만들고, 뗏목이 뜰 수 있는 '물'과 '바다'에도 관심을 나타냈다.

처음에는 생활 주제 없이 일과를 진행하는 것이 낯설고 어렵게 느껴지기도 하였다. 교사는 유아들의 놀이를 조금 더 세밀하고 자세하게 관찰해야 했고, 요구와 필요를 빠르게 충족해 주어야 했다. 그러나 어느 순간부터 확장되는 유아들의 놀이 체계와 창의적인 생각들이 교실 안에 펼쳐지자 어떻게든 유아들의 놀이에 도움이 되고 싶어졌다. 한 주의 놀이를 자세히 기록하고 다음 주에 필요한 것들을 예상하여 제공해 주었더니 점점 더 많은 생각들이 교실 안에 가득해졌다. 교사의 의도와는 다르게 유아들은 '환경'에 대해 많은 관심을 갖고 있었다. 유아들이 '환경'에 대한 관심이 많지 않을 거라는 색안경을 끼고 있었던 것도 사실이다. 어려운 주제라고 생각했던 내용을 유아들 스스로 주도하여 이끌어 가는 모습에 교사 자신도 반성하게 되었고 더 많은 놀이지원을 해 주어야 한다고 다짐하였다.

활동을 지원하게 될 많은 교사가 유아들의 놀이에 한계를 두지 않고 접근하는 것이 필요하다. 유아들의 놀이와 생각에는 한계가 없고 나아가 더 많은 것들을 해 낼 거라는 열린 생각이 중요한 것이다.

누리과정 개편은 교사 주도 학습이 익숙한 경력 교사에게 새로운 기회의 장을 마련하였다. 교사의 주도 없이도 하루 일과가 즐겁게 진행되었고 유아들의 생각대로 창의적인 놀이들이 물 흐르듯 자연스럽게 이루어졌다. 이에 교사는 유아들이 주도하는 놀이를 아낌없이 지원하고 긍정적으로 상호작용해 주는 역할을 해야 함을 다시 한번 마음속에 새기게 되는 시간이었다.

이제 아이들은 교사에게 다가와 "선생님, 이 놀잇감 다른 영역으로 가져가도 돼요?"라는 질문이나 "이거 여기에 전시해도 돼요?"라는 질문을 하지 않는다. 유아들은 이번 누리과정 개편을 통해 '자율성'을 얻었고 그 누구보다 자유롭게 놀이한다. 교사 또한 유아들에게 놀이나 활동을 강요하지 않는다. 그저 유아들의 놀이가 어떻게 하면 지속적이고 창의적으로 확장될 수 있는지 고민하고, 함께 놀이하며 자유롭고 행복한 교실을 만들기 위해 노력할 뿐이다.

참·고·문·헌

고선옥, 김경신, 임경례, 한성민(2018). 놀이지도. 정민사.
곽노의 (2011). 숲 유치원에서의 놀이와 인성교육에 관한 연구. 홀리스틱융합교육연구, 15(3), 1-23.
교육부(2019). 2019 개정 누리과정 해설서.
교육부(2019). 유치원 교육과정 고시문.
교육부(2020). 2019 개정 누리과정 운영지원 관찰에 기반한 유아 놀이지원 교사용 핸드북. 교육부.
교육부, 경기도교육청(2016). 놀이, 아이 성장의 무한한 공간. 교육부, 경기교육청.
교육부, 보건복지부(2019), 2019 개정 누리과정 해설서. 세종: 교육부, 보건복지부.
교육부, 보건복지부(2019). 2019 개정 누리과정 놀이실행자료.
교육부, 보건복지부(2020). 2019 개정 누리과정 놀이운영사례집: 놀이, 유아가 세상을 만나고 살아가는 힘.
교육부, 보건복지부(2020). 2019 개정 누리과정 놀이운영사례집: 놀이를 지원하는 교사의 역할.
교육부, 보건복지부(2020). 2019 개정 누리과정 놀이운영사례집: 유아의 삶 놀이로 물들다.
교육부, 보건복지부(2020). 2019 개정 누리과정 놀이운영사례집: 자연과 아이다움을 살리는 생태놀이.
권혜진(2013). 교사의 놀이성과 놀이신념, 놀이교수효능감이 문제행동지도전략에 미치는 영향. 한국보육지원학회지, 9(1), 175-200.
김경철, 이인선(2017). 영유아기 경험에 따른 뇌 발달 양상과 유아교육의 지원전략. 예술인문사회 융합 멀티미디어 논문지, 7(12), 287-294.
김경철, 홍정선(2006). 뇌과학에 기초한 유아 놀이의 이해. 교원교육, 22(4), 21-46.
김두정(2010). 뇌 과학: 학교 교육과 교육과정에의 시사점. 교육과정연구, 28(3), 127-145.
김보연(2017). 성인여성 집단 미술치료의 자연물 매체와 일반 미술매체 비교연구. 동국대학교 문화예술대학원 석사학위논문.
김성일(2006). 뇌기반 학습과학: 뇌과학이 교육에 대해 말해 주는 것은 무엇인가?, 인지과학, 17(4), 375-398.
김수영, 김수임, 정정희(2017). 놀이지도. 경기도: 양서원.
김유미(2009). 두뇌를 알고 가르치자. 서울: 학지사.
김은주(2012). 스트레스와 해마. 한국심리학회지: 인지 및 생물, 24(1), 65-88.
김인숙, 남미경(2021). 숲 체험과 언세한 바깥놀이가 영아의 사회정서 발달과 놀이행동에 미치는 효과. 생태유아교육연구, 20(1), 23-50.
김지선(2018). 숲체험 활동이 영아의 정서지능과 또래상호작용에 미치는 영향. 광주교육대학교 교육대학원 석사학위논문.
김현자, 이상희, 이영, 김반재, 이현주(2021). 영유아놀이지도 개정판. 동문사.
김혜원, 장영숙(2015). 자연물을 활용한 협동조형 활동이 유아의 창의성 및 친사회적 행동에 미치는 영향. 열린부모교육연구, 7(4), 51-70.
남효순, 신지혜, 전선영(2018). 예비 영유아교사를 위한 놀이지도. 경기도: 어가.

박낭자, 이순영, 이미정(2002). 영아 놀이 활동프로그램. 교문사.

박인순, 박병운(2003). 뉴로피드백을 이용한 뇌기능 최적화 연구-임상사례 중심. 한국정신과학회 학술대회논문집, 18, 64-85.

박찬옥, 정남미, 곽현주(2014). 놀이지도. 정민사.

박찬옥, 정남미, 곽현주(2016). 놀이지도. 경기: 양성원.

배소연(2014). 두뇌발달 연구에 기초한 유아교사교육의 방향. 유아교육연구, 34(4), 327-353.

보건복지부(2020). 2020 개정 누리 과정 사례집.

보건복지부(2020). 보육사업안내.

보건복지부(2020). 제4차 어린이집 표준보육과정 고시문.

보건복지부(2020). 제4차 어린이집 표준보육과정 해설서.

보건복지부(2021). 보육사업안내.

보건복지부 · 중앙육아종합지원센터(2013). 제3차 어린이집 표준보육과정에 기초한 연령별 보육프로그램의 활용.

서울중랑구육아종합지원센터(2020). 놀이를 부탁해.

손영숙(2001). 유아의 실외놀이 활성화를 위한 연구. 경남전문대학학술논문집, 29(1), 311-324.

송선어, 권경숙(2021). 가을어린이집 만 2 세 영아반 실외놀이의 효율적 운영을 위한 실행연구. 유아교육연구, 41(1), 205-231.

신재한, 김영희(2020). 영유아 놀이지도의 이론과 실제. 박영스토리.

신지연, 이선영, 서원경, 이미화(2021). 놀이지도(아이와 교사의 행복을 위한 개정 누리과정 중심). 서울: 신정.

안경숙(2013). 뇌 기반 연구가 유아 행복에 주는 교육적 시사점. 한국영유아보육학, 80, 1-17.

안혜준, 송승민, 조형숙, 권희경(2016). 놀이지도. 파워북.

오연주(2020). 유아중심 놀이지도. 서울: 창지사.

오향지, 임부연(2021). '코로나 위드' 시대 유아교육공간의 대안으로서 바깥놀이의 가치 재조명. 학습자중심교과교육연구, 21, 1237-1267.

우미라(2007). 뇌과학이론에 기반한 초등문학교육 모형 개발. 열린교육연구, 15(1), 129-151.

유다정(2019). 고래를 삼킨 바다 쓰레기. 와이즈만books.

유승연(2020). 2019 개정 누리과정에 기초한 유아의 놀이 실행과정 및 교사의 놀이 지원에 관한 연구. 유아교육학논집, 24(6), 75-100.

유애열(1994). 유아의 상상놀이와 교사개입에 관한 관찰연구. 박사학위논문.

유효순, 조정숙(2004). 놀이이론과 실제. 한국방송통신대학교 출판부.

이소영, 임재택(2020). 2019개정 누리과정에 따른 아이중심 · 놀이중심 관찰기록. 경기도: 공동체.

이숙재(2018). 영유아 놀이 이론과 실제. 서울: 창지사.

이순행, 이희연, 정미라(2018). 한국판 성인놀이성 척도(K-APTS) 타당화 연구: 대학생 집단을 중심으로. 한국심리학회지: 건강, 23(2), 397-425.

이시형(2005). 우뇌가 희망이다. 서울: 풀잎.

이연화(2020). 자연물을 활용한 창의인성교육 프로그램 개발 및 효과. 전남대학교 대학원 박사학위논문.

이현경(2003). 걸음마기 영아의 실외놀이 프로그램 개발 연구. 중앙대학교 대학원 박사학위논문.

장미연, 임재택(2010). 생태유아교육연구, 9(3), 81-108.

전국국공립어린이집연합회(2021). 영유아 놀이: 아이를 성장시키는 힘-놀이.

전인옥, 안명옥(2020). 영아발달 놀이지원활동 지침서(교사와 부모를 위한). 에페스테메.

정미라, 권정윤, 강수경(2016). 영아기 부모를 위한 뇌기반 양육코칭 프로그램 모형 개발. 유아교육연구, 36(2), 561-583.

정미라, 권정윤, 박수경(2011). 영유아 뇌발달 연구에 대한 고찰. 유아교육연구, 31(2), 207-232.

정수인, 안현의(2019). 한국판 성인용 놀이성 척도의 타당화. 한국심리학회지: 문화 및 사회문제, 25(4), 353-375.

정종진(2015). 뇌기반 학습의 원리와 실제. 서울: 학지사.

정지은, 김민태, 오정요, 원윤선(2009). 아이의 사생활. 서울: 지식채널.

정혜영, 조안나(2020). 자연물을 활용한 실외놀이가 만2세 영아의 자연친화적 태도와 정서지능에 미치는 영향. 열린유아교육연구, 25(4), 301-324.

중앙육아종합지원센터(2017). 제3차 어린이집 평가인증 컨설팅 매뉴얼.

중앙육아종합지원센터(2020). 제4차 어린이집 표준보육과정: 놀면서 자란다.

지성애(2012). 놀이지도. 서울:정민사.

지성애, 채영란, 신금호, 박희숙, 박유영(2012). 놀이지도. 서울: 정민사.

채종옥, 이경화, 김소양(2010). 영유아를 위한 놀이지도. 경기: 양서원.

최석란(2006). 놀이와 유아발달. 경기: 양서원.

폴 샤워스(2005). 쓰레기는 어디로 갈까. 경기: 웅진씽크빅.

푸르니보육지원재단(2016). 3-4세 푸르니 보육프로그램(사고력 증진에 중점을 둔). 다음세대.

푸르니보육지원재단(2016). 5세 푸르니 보육프로그램(초등연계에 중점을 둔). 다음세대.

하정연, 좌승화, 조채영(2015). 영유아놀이지도. 경기: 공동체.

한국보육진흥원(2020). 발달이 느린 우리 아이를 위한 최선의 선택(부모용).

황옥경, 김영지(2011). 청소년 친화마을 조성방안 연구. 한국청소년정책연구원.

황옥경, 김정화, 명준희(2018). 유니세프 맘껏 놀며 배우는 학교 체크리스트 개발 연구. 유니세프 한국위원회.

황옥경, 김정화, 명준희(2019). 아동권리협약에 근거한 학교 놀이 환경 체크리스트 개발: 초점집단 면접연구를 중심으로. 한국산학기술학회, 20(8), 286-294.

황옥경, 이영애, 박지윤, 명준희(2020). 코로나 19 놀이 대응 방안. 보건복지부.

https://www.phila.gov/programs/playstreets/

황옥경, 한유미, 김정화(2014). 한국아동의 놀 권리 현주소와 대안. 유니세프 한국위원회 · 한국아동권리학회.

황옥경, 한유미, 김정화(2018). 초, 중, 고등학교 학생의 놀이 · 여가 실태에 대한 연구 –연령별, 지역별, 성별 차이를 중심으로. 한국산학기술학회논문지, 19(5), 296–302.

황옥경, 한유미, 김정화. 양효현((2015). 권리로서의 놀이와 여가에 대한 아동의 인식과 행복감의 관계, 19(4), 755–774.

i–누리 https://i–nuri.go.kr

Bateson, G. (1971). The message "This is play". In R. E. Herron and B. Sutton–Smith (Eds.), *Child's play*(pp. 261–266). New York: John Wiley & Sons.

Berlyne, D. E. (1960). *Conflict, arousal and curiosity*. New York: McGraw–Hill.

Bruce, T. (1991). *Time to Play in Early Childhood Education*. Sevenoaks: Hodder and Stoughton.

Bruner, J. S. (1972). The nature and uses of immaturity. *American Psychologist, 27*, 687–708.

Caine, G & Caine, R, N. (1994). *Making connection*. New Jersey: Dale Seymour Pudlication.

Campaign for America's Mental Health. Finding hope and help: college student and depression pilot initiative. Available at: www.nmha.org/camh/college/index.cfm. Accessed June 22, 2005.

Chown, A. (2014). *Play therapy in the Outdoors: Taking play Therapy Out of the Playroom abd into Natural Environments*. London Jessica Kingsley Publishers.

Chown, A. (2017). *A Practical Guide to Play therapy in the Outdoors: Working in Nature*. London: Routledge.

Dorothy Justus Sluss(2019). *Supporting play in early childhood: Environment, Curriculum, Assessment*. Cengage Learning Inc(3rd edition).

Dorothy Justus Sluss(2018). *Supporting Play in Early Childhood: Environment, Curriculum, Assessment 3rd Edition*, Cengage Learning.

Elizabeth Jones, Gretchen Reynolds(2011). *The Play's the.Thing: Teachers' Roles in Children's*. Tjeachers College Press.

Ellis, M. J. (1973). *Why people play*. Englewood Cliffs, NJ: Prentice–Hall. Erikson, E. H. 송제훈 역(2014).유년기와 사회. 경기: 연암서가(원전은 1950년에 출판).

Erikson, E. H. (1977). *Toys and reason*. New York: Norton. Erikson, E. H. (2000). Childhood and society (3rd ed.). New York: Norton. (Original work published 1950)

Fein, G. (1981). Pretend play in childhood: An integrative review. *Child Development, 52*, 1095–1118.

Freud, S. (1961). *Beyond the pleasure principle*. New York: Norton.

Fröbel, F. (1887). *The education of man*. New York: Appleton.

Fromberg, D. P. (2002). *Play and meaning in early childhood education*. Boston: Allyn and Ba-con.

Frost J.L., Klein B. L. (1979). *Children's play and playgrounds*. Boston: Allyn & Bacon.

Frost, J. L. (1992). *Play and Playscapes: Instructor's Guide*. Delmar Publishers.

Frost, J. L., Wortham, S. C., & Reifel, S. (2001). *Play and child development*. New Jersey: Merrill Prentice Hall.

Garvey, C. (1977). *Play*. Cambridge, MA: Harvard University Press.

Hall, G. S. (1916). What we owe to the tree-life of our apelike ancestors. *Pedagogical Seminary, 23*, 94-119.

Harkness, S., & Super, C. M. (1983). The cultural construction of child development: A framework for the socialization of affect. *Ethos, 11*(4), 221-231. https://doi.org/10.1525/eth.1983.11.4.02a00020

Holland, P. (2003). *We don't play with guns here: War, Weaphon, and superhero Play in the Early Years*. Madenhead and Phildelphia: Open University Press.

Huizinga, J. (1938). *Homo ludens: A study of the play element in culture*. 이종인 역(2018). 호모 루덴스. 경기: 연암서가.

Hutchison, M. (2000). 지금여기 5-3 별책자료: 뇌파연구와 깨달음. 박창규, 김현철 역. 서울: 문양사.

Moyles, U.(1998). *To play or not to play? That is the question!*. in S. Smidt 9ed. The Early years. A reader, London: Routledge.

https://pz.harvard.edu/projects/pedagogy-of-play).

James E. Johnson, James F. Christie, Francis Wadle(2005). *Play, Development and Early Education*. 이진희, 손원경, 안효진, 유연옥 역(2006). 놀이, 발달, 유아교육. 아카데미프레스.

Jeffrey Trawick-Smith(2012). 놀이지도: 아이들을 사로잡는 상호작용. 다음세대.

Jensen, E. (2000). Brain-based learning: A reality check. *Educational Leadership, 57*, 76-80.

Jensen, E. (2007). *Introduction to brain-compatible learning*. CA: Corwin Press.

Jensen, E. (2008). *Brain-based learning*. CA: Corwin Press.

Jensen, E. (2010). The (perceived) returns to education and the demand for school-ing. *The Quarterly Journal of Economics, 125*(2), 515-548.

Jenson, F. (2018). 10대의 뇌: 인간의 뇌는 어떻게 성장하는가. 김성훈 역. 서울: 웅진지식하우스.

Johnson, J. E., Christie, J. F., & Waralle, F. (2005). *Play development and early education*. Boston, MA: Allyn and Bacon.

Johnson, J. E., Christie, J. F., & Yawkey, T. D. (1999). *Play and early childhood development*. Glenview, IL: Scott, Foresman and Company.

Pang, V. O. (2010). *Multicultural education: A caring-centered, reflective approach* (2nd ed.). San Diego, CA: Montezuma.

Pang, V. O. (2018). *Diversity and equity in the classroom*. Boston, MA:Cengage.

Paretn, M. (1932). Social participation among pre-school children. *Journal of Abnormal Psychology, 27*, 243–269.

Pellegrini, A. D., & Perlmutter, J. C. (1988). The diagnostic and therapeutic roles of children's rough-and-tumble play. *Children's Health Care, 16*(3), 162–168.

Pellegrini, A. (2009). *The role of play in human development*. New York: Oxford University Press.

Pellegrini, A., & Boyd, B. (1993). The role of early childhood development and education: Issues in definition and function. In B. Spodek(Ed.), *Handbook of research in early childhood education*(pp. 105–121). New York: Macmillian.

Pellegrini, A.D.(1991). *Applied child study: A developmental approach*. Hillsdale, N.J.: Erlbaum Associates.

Pestalozzi, J. (1894). *How Gertrude teaches her children*. Translated by Lucy E. Holland and Frances C. Turner. Edited with an introduction by Ebenezer Cooke. London: Swan Sonnenschein. (Original work published 1801) imitation in childhood.

Piaget, J. (1951/1962). *Play, dreams, and imitation in childhood*. New York: Norton.

Piaget, J. (1952/1974). *The origins of intelligene in children*. New York; Basic Books.

PlayScience(2015). Parents' play perspectives. Retrieved from https://thegeniusof-play.org/app_themes/tgop/pdfs/research/PlayScience102015.pdf.

Proyer, R. T. (2017). A new structural model for the study of adult playfulness: Assessment and exploration of an understudied individual differences variable. *Personality and Individual Differences, 108*, 113–122.

Pufall, P. B., & Pufall, E. (2008). The relationship between play and culture. *Human Development, 51*(5–6), 390–398.

Radin, J. (2009). *Brain-compatible teaching and learning: Implications for teacher education*. Educational Horizons, 40–50.

Ratey. J.(2009). 운동화 신은 뇌. 이상헌 역. 서울: 북섬(원전은 2008년에 출판).

Savicki, V. (1999). Cultural work values for supervisors and managers: A cross-cultural look at child and youth care agencies. *Child & Youth Care Forum, 28*(4), 239.

Schiller, F. (1954). *On the aesthetic education of man*. New Haven, CT: Yale University Press.

Schwatzman(2012). Transformations: The Anthropology Of Children's Play. Springer. 1978th edition kindle edition(Dec. 6, 2012)

Shahidi, M. (2012). Culture within play and play within culture. *International Journal of current research. 4*(10), 282–286.

Shen, X., Chick, G., & Zinn, H. (2014). Playfulness in adulthood as a personality trait: A reconceptualization and a new measurement. *Journal of Leisure Research, 46*(1),58–83.

Sutton–Smith, B. (1967). The role of play in cognitive development. *Young children, 22*, 361–370.

Taylor, S. I., Samuelsson, I. P. & Rogers, C. S. (2010). Perspectives of Play in Three Nations: A Comparative Study in Japan, the United States, and Sweden. *Early Childhood Research & Practice, 12*(1). Retrieved from http://ecrp. uiuc.edu/v12n1/izumi.html

UN Committee on the Rights of the Child(2013). General comment No. 17(2013) on the right of the child to rest, leisure, play, recreational activities, cultural life and the arts(art. 31) Adopted by the Committee at its sixty–second session(14 January – 1 February 2013).

Unicef(2020). Indoor play ideas to stimulate young children at home. Safe fun and learning during the coronavirus disease(COVID–19) outbreak.

Unicef(2020). Coronavirus(COVID–19) guide for parents. What you need to know to keep your loved ones safe.

US Public Health Service. Report of the Surgeon General's Conference on Children's Mental Health: A National Action Agenda. Washington, DC: Department of Health and Human Services; 2000. Available at: www.hhs.gov/surgeongeneral/topics/cmh/childreport.htm. Accessed June 22, 2006.

Vygotsky, L, S. (1976). Play and its role in the mental development of the child. In J. S. Bruner, A. Jolly, and K. Sylva (Eds.), *Play: Its role in development and evolution*(pp. 537–554). New York: Basic Books.

Wolf, D., & Grollman, S. H. (1982). Ways of playing: Individual Differences in Imaginative Style. In D. J. Pepler and K. H. Rubin (Eds.), *The play of children: Current theory and research*(pp. 46–63). Basel, Switzerland: Karger.

Wolfgang, C. H., Mackender, B., & Wolfgang, M.E. (1981). *Growing learing through play: Activities for Preschool and Kindergarten Children*. Instructo/McGraw–Hill.

저자 소개

황옥경

숙명여자대학교 아동복지학 박사

현) 서울신학대학교 보육학과 교수

김정화

숙명여자대학교 아동복지학 박사

현) 국립목포대학교 아동학과 교수

유준호

이화여자대학교 유아교육학 박사

현) 을지대학교 유아교육학과 교수

윤란호

숙명여자대학교 아동복지학 박사

현) 서일대부설어린이집 원장

정연아

플로리다 주립대학교 유아교육전공 박사

현) 숙명여자대학교 교육대학원 교수

명준희

클레어몬트-샌디에고 주립대학교 교육학 박사

현) 한양대학교 연구교수

놀이지도

초판 1쇄 인쇄 2022년 2월 14일
초판 1쇄 발행 2022년 2월 18일

지 은 이 | 황옥경 · 김정화 · 유준호 · 윤란호 · 정연아 · 명준희
펴 낸 이 | 김기섭
편 집 인 | 조진주
펴 낸 곳 | 창지사 www.changjisa.com
08589 서울시 금천구 가산디지털 1로 83 파트너스타워 1차 9층
전화 (02)719-2211~3
팩스 (02)701-9386
등 록 | 1977년 4월 28일 · 제1-421호

ISBN 978-89-426-1489-9 (93370)

값 22,000원